# 브랜딩의 7가지 원칙

# 브랜딩의 7가지 원칙

## 이야기로 배우는 브랜드 성장 전략

인터브랜드 재팬 지음
박재영 옮김

**| 참고 |**

* 브랜딩의 7가지 원칙을 10가지의 엄선된 사례에 녹여냈습니다. 독자들은 사례를 통해 자연스럽게 브랜딩의 원칙을 이해할 수 있습니다.
* 각 사례에서 7가지 원칙이 드러나는 부분은 별색으로 표시하였습니다.
* 일본 기업의 명칭은 영문만 병기하였음을 알려드립니다.

# 들어가며

최근 들어 브랜드에 주력하는 기업이 늘고 있음을 실감한다. 우리는 브랜드에 주력한다는 것, 즉 브랜딩branding은 부서나 직무와 상관없이 모든 임직원이 참여해 활동함으로써 브랜드의 가능성을 최대한으로 끌어내는 것이 대전제라고 끊임없이 알리고 있다.

그렇지만 아직까지도 로고나 명칭을 개발하는 고전적인 CICorporate Identity(기업 이미지 통합 전략)와 커뮤니케이션에 한정된 활동을 가정하는 기업에서 의뢰를 받을 때가 있다. 하지만 그런 경우라도 논의를 거치며 우리의 생각을 이해하고 공감해서 부서와 무관한 일로 프로젝트를 재정의하는 사례가 많이 늘어났다. 이는 브랜딩을 이해한다는 점에서 격세지감마저 느껴지는 엄청난 진보라고 생각한다.

브랜딩이 대응해야 할 영역을 알고 나면 그다음에 담당자가 고민하게 되는 포인트는 '그럼 구체적으로 무엇을 해야 할까?', 좀 더 구체적으로 말하자면 '어떤 활동이 적절할 것인가?'이다. 전사적으로 대응한다고 해도 모든 것을 처음부터 다시 시작하기는 어렵다. 게다가 실마리를 찾았음에도 다른 회사는 어떻게 하고 있는지 몰라서 어찌할 바를 모르는 경우가 많다.

기업이나 조직을 바꾸기 위한 대처로 추진되는 진정한 의미에서의 브랜딩의 경우, 그 과정에서 무엇을 어떻게 대응하는지 눈으로 볼 수 있는 경우는 드물다.

한편 처음에 기업 측의 브랜딩에 대한 이해가 나아지고 있다고 했으나 브랜딩을 추진하는 측에 있는 기업이나 그 담당자는 본질적인 면에서 과연 진보한 것일까?

CI와 VIVisual Identity(기업을 상징하는 심벌마크나 로고 등의 시각적 통일), 경험, 사용하는 단어는 매력적으로 변화했지만 실제로는 CI의 연장일 뿐인 디자인 대응인 경우가 대부분이다. 브랜딩에 관한 발언도 결과적으로 디자인과 표현에 대해 이야기하는 경우가 여전히 많은 것이 현재 상황이다.

이러한 이유로 브랜딩이라는 활동 자체에 주목하여 그 실천 사례를 여러분에게 소개하고자 이 책을 출간했다.

책에서 소개하는 각 회사의 대응 방법을 읽고 '이런 접근법은 우리 회사에도 적용할 수 있겠다', '이 방법을 사용할 수 있게 준비해야지' 등 독자 여러분이 좀 더 현실적인 미래로 나아가기 위한 가이드를 얻는 것이 우리의 바람이다.

앞으로 소개할 각 브랜딩 사례는 인터브랜드 재팬Interbrand Japan(런던, 뉴욕에 이은 인터브랜드 제3의 거점으로서 1983년에 도쿄에서 설립되었다. 일본계 기업, 외자계 기업, 정부 관공서 등 여러 조직·단체에 대해 브랜딩 서비스를 제공한다)이 주최한 재팬 브랜딩 어워즈Japan Branding Awards 2018에서 수상한 브랜딩 사례들이다. 이에 관해서는 뒤에서 소개하겠다.

이 책은 여러분이 각 사례에서 소개하는 각 회사의 일원으로서 브랜딩에 관한 대응에 몰입할 수 있도록 집필했다. 물론 내용 면에서도 실무에 도움이 될 수 있도록 각 장을 '배경/과제', '전략/실행', '성과' 3부로 구성하였다. 각 회사의 관계자 인터뷰에는 외부인에게 좀처럼 말하기 어려운 부분까지 인터뷰해서 독자가 알고 싶은 부분을 담았다. 관계자 인터뷰를 통해 향후 기업이 브랜드로 세계와 경쟁하기 위한 이해와 협력에 대한 힌트를 얻을 수 있을 것이다.

앞으로는 비즈니스 평판을 높일 뿐만 아니라 브랜드를 구축하기 위한 대처 방법을 강구하는 수준의 브랜딩으로 발전해야 한다. 그다음 방법은 '무엇을 목적으로 대응해야 하는가'로 초점이 바뀐다.

현재 상황으로는 '브랜드의 가치를 높이고 싶다'라는 비즈니스 기반을 구축한다는 목적의식이 선행되는데, 브랜딩 활동의 대전제로서 매우 찬성한다.

그와 동시에 그 이후의 방법으로는 투자 유치, 가격 프리미

엄의 실현, 성장 로드맵 작성, M&A 또는 카브아웃Carve out(기업 공개를 통하여 전체 사업 부문 가운데 특정한 사업 부문을 분리하거나 모회사가 보유하고 있는 자회사 지분을 증권시장에 상장하는 것)의 성공, 신규 수익원 탐색, 사원의 잠재력 탐색, 신규 고객 개척, 신규 시장 창출, 포트폴리오 최적화, 고객 경험 가치의 향상, 신제품 론칭, KPI 재구축 등 비즈니스에 주는 영향을 목적으로 활동하는 것이 바람직하다고 생각한다. 이 책에서 제시한 브랜드 가치를 높이는 방법을 실천할 때에는 아무쪼록 비즈니스에 긍정적인 영향을 미치는 것을 목적으로 한 브랜딩으로 시작하길 바란다.



그 생각을 세상에 알리기 위해서 이 책이 출간되기까지의 과정을 함께해 준 인터브랜드 사원을 비롯하여 여러 가지로 지원해 준 수많은 분들에게 이 자리를 빌려 깊이 감사드린다.

무엇보다도 훌륭한 브랜딩 사례를 이 책에 수록하고 취재하는 데 협력해 주신 각 회사의 여러분에게 진심으로 감사 인사를 올린다. 또 이 책의 기획, 집필을 이끌어준 인터브랜드 사원인 나카무라 마사미치Nakamura Masamichi, 매우 바쁜 업무 중에도 시간을 내준 미쓰하타 쇼지Mitsuhata shoji, 구로키 히데아키Kuroki Hideaki, 우에노 신지Ueno Shinji, 히로이 유고Hiroi Yugo, 야마무로 모토후미Yamamuro Motohumi, 오카모토 가요Okamoto Kayo, 다나카 히데토미Tanaka Hidetomi, 야베 히로유키Yabe

Hiroyuki, 스스키 아사코Susuki Asako, 하타케야마 히로미쓰Hatakeyama Hiromitsu, 사토 노리코Sato Noriko, 마쓰모토 유이치로Matsumoto Yuichiro, 고마키 이사오Komaki Isao, 미야기 요시히코Miyagi Yoshihiko씨에게 진심으로 감사드린다. 본문 중에 등장하는 각 회사 분들의 경칭은 생략했다.

인터브랜드 재팬은 '브랜드는 성장의 지렛대로서 모든 기업, 조직, 단체의 경영 방침을 뒷받침하는 하나의 기둥으로 명시된다. 그 결과 기업, 조직, 단체가 성장하고 사회가 풍요로워지는 세계'의 실현을 목표로 한다.

이를 실현하기 위해서는 이 책에서 다루는 '브랜딩은 이렇게 해야 한다'라는 깨달음을 한 사람이라도 더 많은 사람이 느끼게 하고 도전하게 해야 한다. 이러한 생각에 용기를 주는 것이 매우 중요하다고 생각한다.

이 책을 선택해 준 독자 여러분이 부디 지금부터 세상을 바꾸는 동지로서 함께 나아가기를 바란다. 우리를 둘러싼 환경은 더욱 혹독해져서 점차 경쟁이 치열해지고 있지만, 여러 기업이 세계적인 규모로 성공하는 것에 일조할 수 있다면 그보다 기쁜 일은 없을 것이다.

# 차례

이야기 1

## 산토리 홀딩스



이야기 2

## 다이와 하우스 공업

이야기 3

## 잇푸도

이야기 4

## 요코가와 전기

이야기 5

## 카야노야

이야기 6

## 파나소닉



이야기 7

## 반다이 남코 엔터테인먼트

이야기 8

## 마쓰모토키요시 홀딩스

이야기 9

## 야마하 모터



이야기 10

## B.리그

## 정리하기

# 브랜딩의 기본

1 브랜딩이란 무엇인가?

2 브랜딩의 7가지 원칙

3 지속적인 비즈니스 성장을
이루는 브랜딩

# 1
# 브랜딩이란 무엇인가?

◇◇◇◇◇◇◇◇◇◇◇◇◇◇◇◇◇◇◇◇◇◇◇◇◇

## (1) 브랜딩에 대한 오해

요즘 '브랜딩Branding'이라는 단어는 하루라도 안 듣는 날이 없을 정도로 널리 보급되었다. 하지만 그 단어를 말하는 사람들이 생각하는 브랜딩의 모습은 각양각색이다. 조금 과장해서 표현하자면 브랜딩이라는 단어만큼 정의하기 어려운 것이 없다. 막연하고 모호한 상태로 각자의 해석에 따라 유리하게 사용되는, 매우 다루기 어려운 단어가 아닐까?

우리 인터브랜드는 회사 이름 그대로 '브랜드'를 생업으로 삼아 지금까지 반세기 가까이 전 세계 수많은 클라이언트의 브랜딩을 지원해 왔다. 그리고 지금도 여러 클라이언트와 브랜딩을 주제로 비즈니스 과제 해결을 위한 논의를 거듭하고 있다.

그렇기에 클라이언트와 브랜딩을 주제로 논의할 때마다 그 단어의 정의를 재확인하도록 유념하고 있다. 당사자 사이에서 이 단어의 정의가 모호한 상태로 시작되는 프로젝트는 대부분

실패하기 때문이다.

다음 장의 그림에서 볼 수 있듯이 사람들이 브랜딩을 말할 때 의미하는 것은 크게 둘로 나뉜다. 하나는 브랜딩을 '마케팅'의 연장선상에 있는 '업무'로 평가하는 경우다. 이런 경우 브랜딩은 대체로 광고, 커뮤니케이션 활동을 의미하며 이와 관련된 한 부서가 담당하는 사례가 많다. 현재도 대부분의 기업이나 그 경영진이 연상하는 브랜딩의 개념이 이런 형식이지 않을까?

그러나 브랜딩에 관한 이러한 인식은 일본 기업 고유의 산물이다. 글로벌 리딩 브랜드가 전개하는 브랜딩과는 커다란 괴리가 있음을 먼저 언급해 두고 싶다.

그럼 글로벌 리딩 브랜드는 어떤 관점으로 접근해서 브랜딩을 실천할까? 단적으로 말하자면 사업 전략과 브랜드 전략을 분리하지 않고, 브랜드가 조직 전체의 활동에 영향을 미친다고 생각한다. 이런 관점을 근거로 하면 브랜딩의 대상이 기업 브랜드Corporate Brand일 경우 인사 및 채용, 연구 개발, 상품 개발, 제조, 영업, 홍보 및 IRInvestor Relations(기업 홍보 활동) 등 모든 활동의 기점에 브랜드가 자리를 차지하고 있다. 광고, 커뮤니케이션을 포함하는 마케팅은 그 일부에 지나지 않는다. 즉, 회사 전체가 브랜드를 중심으로 경영되며 최고경영자가 브랜드의 홍보대사가 되는 경우가 많다. 이에 따라 조직 전체가 브랜드가 지향하는 방향성을 이해하고 일관된 활동을 수행하게 되는 것이다. 우리는 이상적인 브랜딩으로 이 접근법을 추천하며 관련된 모든 프로젝트에서 실천하고 있다.

브랜딩의 이론에 입각한 훌륭한 브랜딩 실천 사례를 널리 소개하며 '현실적으로 브랜딩이란 어떤 활동을 말하는가? 어떻게 실천해야 하는가?'라는 질문에 답하는 것이 이 책을 출간한 이유이자 목적이다.

사례를 소개하기 전에 브랜딩 이론의 개요를 간단히 소개하고자 한다.

| 브랜딩의 두 가지 의미

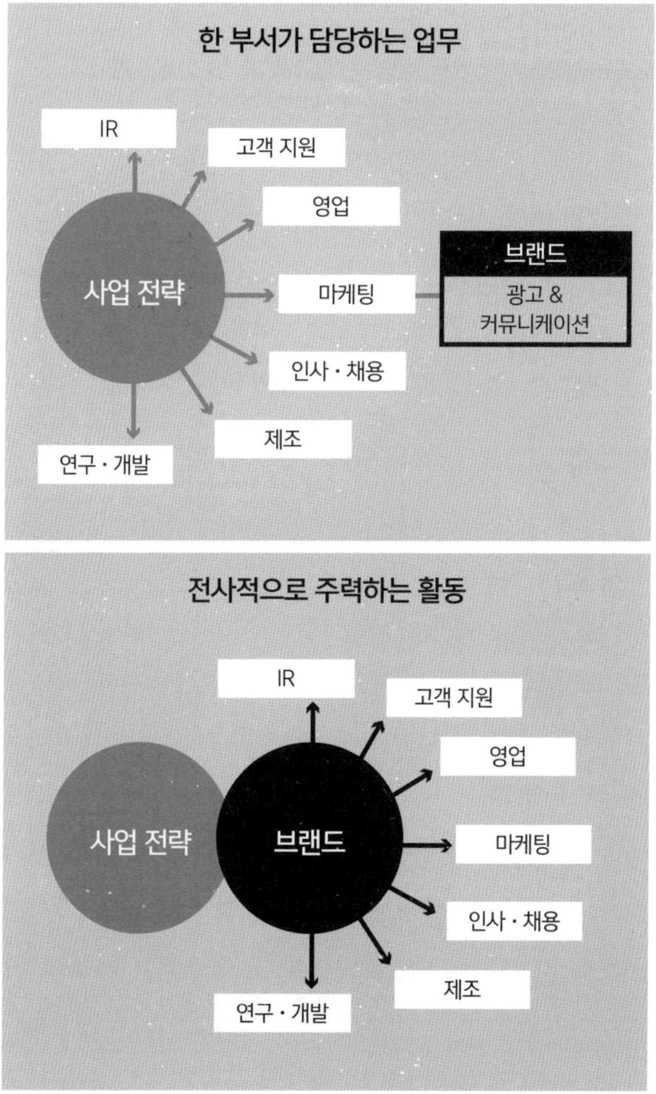
한 부서가 담당하는 업무
IR
고객 지원
영업
사업 전략
마케팅
브랜드
광고 &
커뮤니케이션
인사 · 채용
제조
연구 · 개발
전사적으로 주력하는 활동
IR
고객 지원
영업
사업 전략
브랜드
마케팅
인사 · 채용
제조
연구 · 개발

### ⑵ 살아 있는 비즈니스 자산, 브랜드

기업이 비즈니스를 성공으로 이끌기 위한 한 가지 포인트는 기업이 보유하는 기술력, 서비스, 상품력뿐만 아니라 이를 브랜드의 가치를 어떻게 구축할 수 있느냐에 달렸다. '브랜딩=광고 활동'이 아니라 브랜드 가치와 그 가치를 담아낸 활동을 모든 조직 구성원이 일관되게 행하는 것이 강력한 브랜드를 구축하는 비결이며 중장기적인 비즈니스 성장으로 이어진다.

인터브랜드는 브랜드를 다음과 같이 정의한다.

> "브랜드란 'Living business asset', 즉 '살아 있는 비즈니스 자산'으로 정의된다. 브랜드 경험은 기업의 모든 활동을 통해서 만들어지며, 이상적으로 관리되었을 때 식별성Identification과 차별성Differentiation과 가치Value를 창출한다."

그 정도로 브랜딩은 모든 비즈니스 활동을 관리해서 브랜드 가치를 최대화하는 것을 목표로 하는 활동이다. 그 핵심은 고객들이 우리 브랜드를 선택할 수 있도록 유도하는 모든 활동에서 발생하는 고객 경험을 정성껏 관리하는 것에 있다. 따라서 브랜딩은 로고 마크 배치 방법을 규정하는 것도 아니고 광고로 일시적인 이미지를 만드는 것도 아니며 종합 커뮤니케이션 전략도 아니다. 브랜딩 대상이 기업 브랜드일 경우 인사 및 채용, 연구개발, 상품 개발, 제조, 영업, 홍보 및 IR 등 모든 비즈니스 활동을 총동원해서 자산으로 삼은 브랜드 가치를 최대화시키는 것이 브랜딩의 본질이다.

모든 비즈니스 활동을 총동원해서 형성되는 브랜딩, 그 활동의 기반이 되는 것이 '브랜드 아이덴티티brand identity(지향하는 방향)'이다. 제품 및 서비스, 임직원의 행동, 환경과 채널, 커뮤니케이션, 저마다의 접점을 통해 브랜드의 아이덴티티가 고객에게 전달되면 고객의 인식 속에 확고한 평판이 형성된다.

성공적인 브랜딩은 고객의 인식 속에 우리 브랜드만의 차별적인 모습을 '각인'시키는 것이다. 제품은 공장에서 만들어지지만, 브랜드는 고객의 머릿속에서만 만들 수 있다.

브랜드 아이덴티티는 조직 전체가 목표로 하는 '약속'과 같다. 그러므로 이것을 임직원이 확실히 이해하고 행동으로 옮기는 것이 브랜딩 실천의 첫걸음이다. 이것이 다양한 활동을 통해서 고객과의 접점으로 전개되고 그 가치가 고객에게 적절히 전달되면 브랜드를 각인시키게 되어 최종적으로는 경제적인 가치를 창출한다.

| 브랜드 아이덴티티를 중심으로 모든 활동에서 브랜드가 형성된다

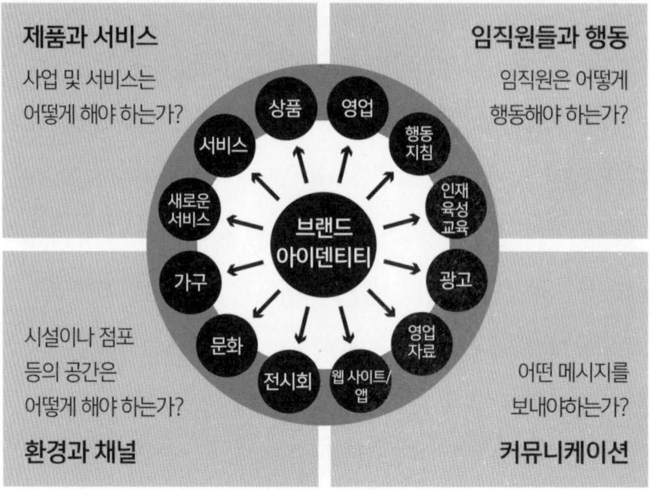


| 브랜딩의 필수 요건은 임직원이 브랜드 아이덴티티를 이해하는 것이다

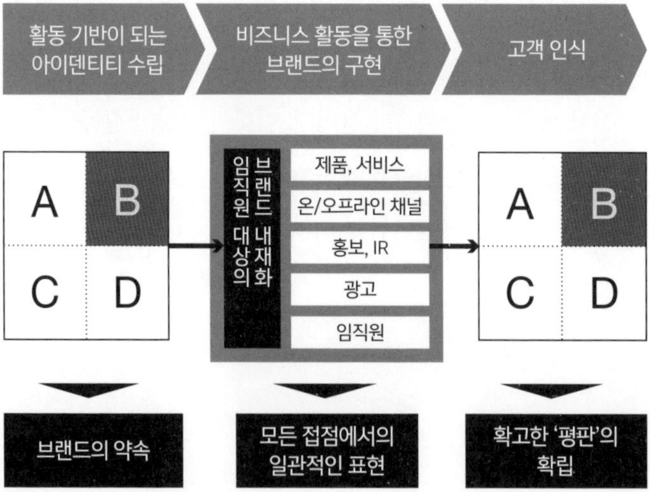

## | 사례 연구 |

스타벅스

브랜딩의 좋은 사례로 스타벅스를 들 수 있다. 스타벅스는 전 세계에 수많은 팬을 보유한 커피 체인점으로 인터브랜드가 발표하는 글로벌 브랜드 순위인 베스트 글로벌 브랜드Best Global Brands에서도 매년 톱100에 이름을 올리는 리딩 브랜드Leading Brand 중 하나다.

스타벅스는 집도 사무실도 아닌 '제3의 장소The Third Place'를 제공하는 것을 브랜드 아이덴티티로 삼고 '스타벅스 경험Starbucks Experience'이라고 불리는 고객 경험 제공을 기반으로 한 브랜딩을 실천하고 있다.

상품 전략에서는 고급 아라비카 원두만 사용하여 오리지널 상품을 개발하며, 자사 임직원으로 '바리스타'를 육성해서 엄격한 품질 관리Quality Control를 실시한다. 또한, 서비스 전략에서는 고용 형태에 상관없이 파트너라고 부르는 임직원 중시 경영을 실천하고 있다. 점포 전략에서는 공간, 가구, 도구, 음악, 패키지, 점포 내 미디어에 이르기까지 브랜드를 일관적으로 관리하기 위해서 직영점을 중심으로 한 운영을 고수하며 경험 가치를 끊임없이 높이고 있다.

기존 방식의 광고 캠페인을 거의 하지 않고 제품, 서비스, 점포 및 공간 등 고객과의 접점을 중심으로 높은 브랜드 가치를 구축해 온 점도 주목해야 할 특징이다.

강력한 브랜드는 인재를 확보하고(Attract), 유지하는데 도움을 주며(Retain), 그들에게 동기부여를 제공한다(Motivate). 이를 통해 형성된 임직원의 진정성은 고객들에게 전해져 그들이 제품 및 서비스를 선택하게 하고(Choice), 높은 가격대를 정당화시키며(Premium), 재구매를 유도하여(Loyalty) 경제적 가치를 창출한다. 스타벅스 사례를 통해 조직 구성원이 브랜드가 지향하는 바를 깊이 이해하고 공감하는 것의 중요성을 알 수 있다.

| 스타벅스의 브랜드 경험

Products and services
제품과 서비스
People and behaviours
임직원들과 행동
제3의 장소
Environments and channels
환경과 채널
Communications
커뮤니케이션

| 브랜드는 임직원과 고객에게 영향을 주어 경제적인 가치를 만들어 낸다

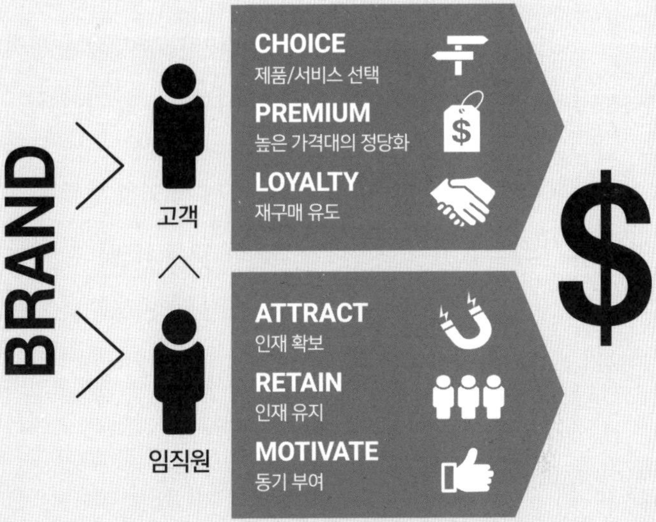

### (3) 브랜딩의 대상이 되는 주제의 변화

지금까지 브랜드와 브랜딩의 기본적인 개념을 설명했다. 그 다음으로는 브랜드가 갖는 의미와 브랜딩의 대상이 되는 주제가 시대에 따라 변화하는 것에 대해서도 다루도록 할 것이다.

34페이지의 그림은 약 30년 동안 브랜드의 역할 변화를 보여 준다. '브랜드란 무엇인가'라는 질문에 대해 브랜드가 갖는 의미와 브랜딩의 대상 주제는 그를 둘러싼 시장 환경과 함께 늘 변화하고 있음을 나타낸 것이다.

1단계는 로고나 네이밍 등에 따른 식별과 차별화가 주제인 '아이덴티티Identity(정체성)의 시대'다.

2단계는 브랜드 스타일과 톤앤매너Tone and manner(어조와 태도. 디자인에서는 전체적인 콘셉트와 분위기를 시각적으로 표현한 것을 말한다)에 따른 표현의 질을 중시하는 '가치의 시대'다. 브랜드 가치를 중심으로 브랜드라는 무형적인 자산의 계량화와 환산이 가능해진 시기도 이 시대이다.

3단계는 고객을 비롯한 모든 기업의 이해관계자와의 접점을 중시하는 '경험의 시대'다. 브랜딩에서 중요한 것은 로고 디자인과 네이밍 이상으로 '브랜드 경험'이라고 말하게 된 시대이다. 특히 양방향 커뮤니케이션의 중요성이 커지며, 기업이 고객에게 일방적으로 소통하던 기업 중심 경영에서 고객 중심 경영으로 변화하고 있다.

또한, 현재 브랜드 경험은 한층 더 개인적인 것으로 변화하여 4단계가 도래했다. 이른바 '공동 가치 창조의 시대'다.

디지털 커뮤니케이션이 발전함에 따라 우리가 날마다 받는 정보량은 30년 전과 비교하면 5배나 늘어났으며 테크놀로지는 우리와 우리를 둘러싼 세계의 관계를 크게 바꾸고 있다. 고객의 기대도 어지럽게 변화하여 그들의 주목을 끌기가 더욱더 어려워졌다. 세계는 고객의 기대 변화에 맞춰서 계속 진화하고 브랜드는 테크놀로지의 힘을 빌려 이러한 기대에 온갖 새로운 방법으로 대응하려고 한다. 이미 '브랜드'는 기업의 소유물이 아니다. 고객을 포함한 모든 내·외부 이해관계자들이 함께 브랜드를 만들어가는 공동 가치 창조의 시대가 도래한 것이다.



일관성의 추구에서 욕망의 자극으로, 마케팅 중심에서 비즈니스의 중심으로, 기능과 감정의 단순한 차별화에서 비즈니스의 근본적인 변혁으로, 소비 경험 전달에서 고객 경험의 완성으로 끊임없이 변화하는 환경 속에서 브랜드 또한 그 역할과 형태를 계속 진화시켜 나가야 한다.

우리는 현재 구글Google, 애플Apple, 페이스북Facebook, 아마존Amazon 등 '플랫포머Platformer'라고 불리는 기업이 정보를 독차지하고 에코 시스템 전체의 기준이 되는 시대에 살고 있다. 정보가 석유를 대체하는 자원이 되며 그 중요성이 점점 더 확대되는 시대에 정보 덩어리라고 말할 수도 있는 브랜드의 역할은 과거에 유례를 볼 수 없을 정도로 중요도가 높아지고 있다. 그러므로 비즈니스를 성공으로 이끌어 그 지속 가능성을 높이려면 브랜드 가치를 최대화하는 일이 반드시 필요하다.

| 브랜드의 역할과 브랜딩 대상 주제의 변화

1
아이덴티티 의 시대
로고나 네이밍 등 식별과 차별화
· 아이코닉 애셋 (Iconic Asset, 상징 자산)과 일관성, 계승성 중시의 전략
2
가치의 시대
비즈니스의 의사 결정을 촉진하는 도구
· 톤앤매너와 품질 중시 전략
· 브랜드 가치의 정량화
3
경험의 시대
에코 시스템의 일부로 경험을 형성하는 것
· 오감에 호소하는 경험 중시 전략
4
공동 가치 창조의 시대
기업 이해관계자와의 공동 가치 창조
· 개인 맞춤형과 상호 작용 인터페이스 중시 전략

## 2
# 브랜딩의 7가지 원칙

◇◇◇◇◇◇◇◇◇◇◇◇◇◇◇◇◇◇◇◇◇◇◇◇

인터브랜드에서는 브랜드 가치를 최대화하는 프레임워크framework로 '7가지 원칙'을 규정하고 있다. 이는 우리가 지금까지 전 세계의 다양한 기업 브랜딩Corporate Branding을 추진하는 동안 발전시키고 갈고닦아 온 최상의 원칙이다.

### (1) 브랜드 오너의 의지

브랜딩을 성공으로 이끌 수 있는가? 없는가? 그 운명은 기업의 의지가 결정한다. 그럼 기업의 의지란 무엇일까? 이때, CEO를 포함한 경영층의 의지가 필수적이지만, 모든 기업 구성원의 의지와 해당 기업의 문화 또한 커다란 영향을 미친다. 브랜딩을 시작하려면 이러한 요소들을 근거로 하여 최고경영자로서 자신의 브랜드에 대한 의지를 명확히 할 필요가 있다는 점을 유념해야 한다.

| 브랜딩 프레임워크

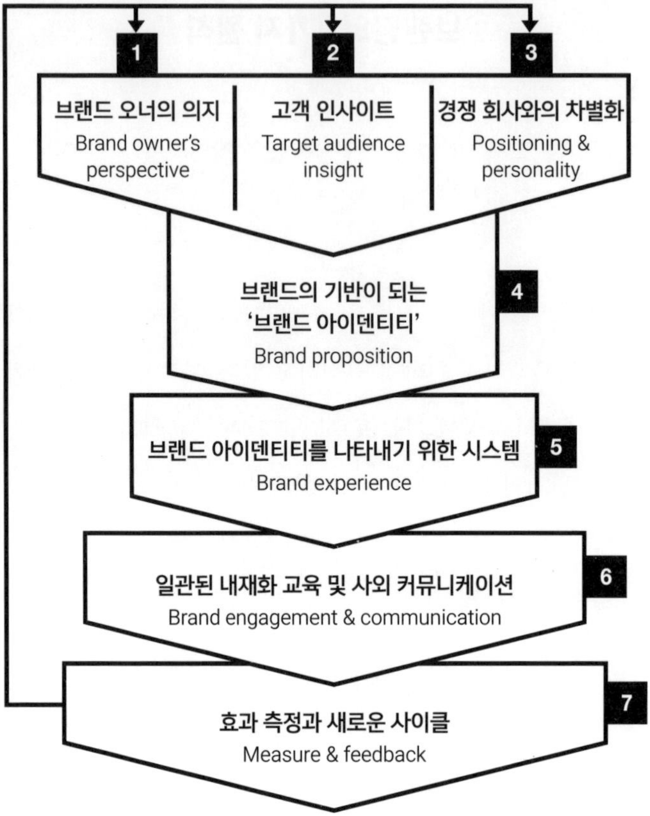

1
2
3
브랜드 오너의 의지
Brand owner's perspective
고객 인사이트
Target audience insight
경쟁 회사와의 차별화
Positioning & personality
4
브랜드의 기반이 되는
'브랜드 아이덴티티'
Brand proposition
5
브랜드 아이덴티티를 나타내기 위한 시스템
Brand experience
6
일관된 내재화 교육 및 사외 커뮤니케이션
Brand engagement & communication
7
효과 측정과 새로운 사이클
Measure & feedback

최고경영자들이 브랜딩에 앞장서는 많은 글로벌 리딩 브랜드들과는 달리 일본의 경우, 기업내 의사결정자들의 강력한 의지를 기반으로 하는 브랜딩 사례가 아직 많지 않다. 오히려 내부구성원의 동의와 공감을 얻고, 전사적 차원에서 브랜딩을 진행하는 것이 일본 풍토에 적합하다고 할 수 있을지도 모른다.

| 브랜드 오너의 의지를 구성하는 요소

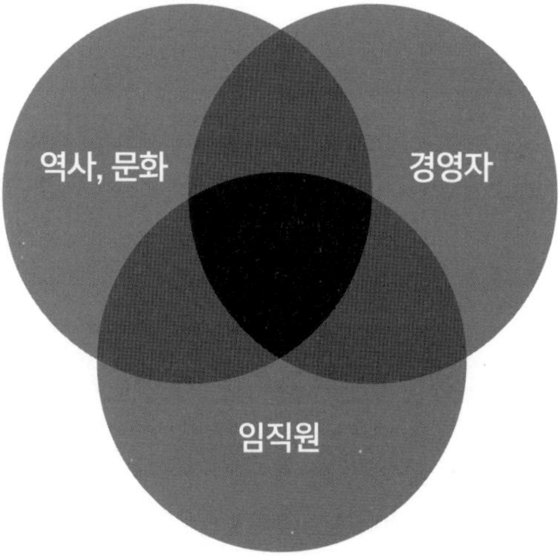

### (2) 고객 인사이트

고객의 니즈Needs(요구)는 어디에 있을까? 이를 철저히 파악하는 것도 브랜딩을 추진하기 위한 필수 요소다. 아직 파악하지 못하여 경쟁 회사나 고객조차 깨닫지 못하는 욕구를 미충족 욕구Unmet needs라고 하는데, 이것을 어떻게 찾아내느냐에 초점을 맞춰야 한다.

형식적인 정량, 정성 조사로 미충족 욕구를 찾아내기란 어렵다. 고객의 행동을 자세히 관찰하여 가설을 발견하는 '에스노그라피Ethnography', SNS나 인터넷을 통한 '입소문Buzz 분석', 숫자나 문자 정보에 비주얼 정보를 가미하여 정리하는 '고객 여정Customer journey' 등 다양한 조사 분석 방법을 도입해 가며 고객 인사이트를 발견하도록 끊임없이 노력해야 한다.

최근에는 온라인상의 커뮤니티 플랫폼을 활용하여 고객 간의 대화, 고객과 임직원 간의 대화를 통한 새로운 고객 인사이트 발견이나 고객과 깊고 안정적인 관계 형성에 기축을 둔 대처가 주류가 되기 시작했다. 이러한 '공동 가치 창조'가 강력한 브랜드 형성의 원천이 되어가는 것은 분명하다.

### (3) 경쟁 회사와의 차별화

브랜딩에 가장 필요한 요소는 바로 '차별화'다. 앞에서 말한 대로 브랜드는 고객의 머릿속에서 만들어지는 것인데, 다른 회사와 차별화된 무언가가 있어야 비로소 선택받는 존재가 된다. 선택받으려면 다른 회사와 무엇이 어떻게 다른지 브랜드의 독자적인 포지션을 정해야 한다.

먼저 자사의 강점과 자사 고객이 평가하는 포인트를 명확히 해야 하는데 그것만으로는 부족하다. 경쟁 회사의 움직임이나 다른 회사의 고객을 포함한 시장 니즈를 근거로 삼아 '지금'뿐만 아니라 '앞으로' 어떤 브랜드 포지션을 목표로 하는 것이 효과적인지 검토해야 한다.

다른 회사와는 차별적 존재임을 좀 더 확실하게 하기 위해서 브랜딩에서는 인간의 인격에 해당하는 '브랜드 개성Brand Personality'을 규정한다. 브랜드 포지셔닝Brand Positioning, 브랜드 개성의 설정은 브랜드 경쟁 회사와의 차별화에 효과적으로 작용한다.

| 브랜드의 포지셔닝에는 미래의 시점이 반드시 필요하다

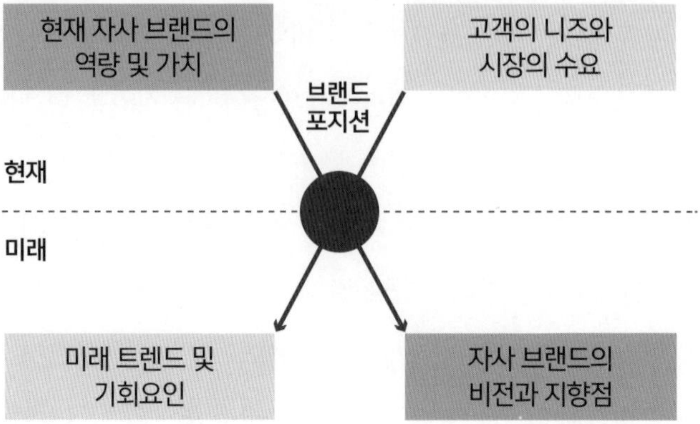




## (4) 브랜드의 기반이 되는 '브랜드 아이덴티티'

브랜드 아이덴티티의 설정은 브랜딩을 추진해 나가는 데 필수적인 원칙이다. 지금까지 설명한 '브랜드 오너의 의지', '고객 인사이트', '경쟁 회사와의 차별화'는 이 아이덴티티를 이끌어 내기 위한 자극이다. 자사의 역량과 지향점을 확인하고 고객 인사이트를 발견하며 경쟁 회사와의 차별점를 발굴하는 활동은 그 브랜드의 '존재 이유'를 설정하는 작업이다. 이는 '브랜드 포지셔닝'이나 '브랜드 약속Brand Promise'으로 불리기도 한다.

이것은 기업이 실시하는 다양한 사업 활동과 커뮤니케이션 전략은 물론 유통 전략, 출점 전략, 상품 전략, 인사 전략 등 모든 기업 활동의 기점으로 간주되어야 하는 것이다. 브랜드 아이덴티티를 정의할 때는 단순히 듣기 좋은 표현이 아닌, 모든 기업 활동을 아우를 수 있는 정체성을 표현할 수 있어야 한다.

인터브랜드가 지금까지 수많은 글로벌 브랜드를 평가 및 분석하여 브랜드 가치를 산출한 결과, 전 세계적으로 브랜드 가치가 높은 기업에는 그 브랜드에만 있는 명확한 아이덴티티가 존재했다. 브랜드의 활동 기준으로 최고경영자 및 경영층을 비롯하여 모든 임직원이 이를 이해하고 실천에 힘쓴다. 또한, 그것을 추진해 나가기 위한 교육에도 힘을 쏟고 있다.

### (5) 브랜드 아이덴티티를 나타내기 위한 시스템

아이덴티티가 정해지고 나면 이를 구체적으로 어떻게 표현할 것인지 설정해야 한다. 설정된 아이덴티티가 충분히 차별성이 높은 것이라도 기업의 이해관계자에게 전해지지 않으면 탁상공론에 불과하기 때문이다.

고객은 다양한 접점을 통해서 그 브랜드를 인식하고 그 브랜드다운 세계를 느낀다. 브랜드를 공고히 하려면 그 브랜드'다움'을 표현해서 고객에게 적합한 브랜드 경험을 모든 영역에서 일관성 있게 제공해야 한다.

그러기 위해서는 브랜드 아이덴티티에 따른 '언어적 요소Verbal Identity'와 '시각적 요소Visual Identity'가 세부적으로 규정되어야 한다. 이런 것을 근거로 한다면 명함이나 봉투 등의 비즈니스 도구와 같은 기본 아이템에서부터 광고, 판촉물, 점포, 웹, 전시회, 상품 패키지, 영업사원의 영업 화술에 이르기까지 브랜드가 표현하는 세계관을 추적해서 모든 접점마다 그 브랜드다움을 느낄 수 있는 고객 경험을 만들어 내는 것이 가능해진다.

브랜드의 개성을 표현해서 그 브랜드다운 고객 경험을 실현하려면 제대로 된 브랜드 매니지먼트 가이드라인을 갖춰서 관계자 간에 의식 차이가 생기지 않도록 공유하는 것이 중요하다. 대부분의 글로벌 브랜드는 정밀하게 운용하기 쉬운 브랜드 가이드라인과 포토 라이브러리, 각종 템플릿 등을 정비하고 있다.

최근에는 규정한 브랜드 가이드라인을 클라우드 상에서 공유, 전개하는 등 디지털 기술을 구사해서 고객에게 전 세계적으로 일관된 브랜드 경험을 제공하는 일에 힘을 쏟는 기업도 많다.

| 일관된 브랜드 경험을 만들어 내는 메시지의 시스템화

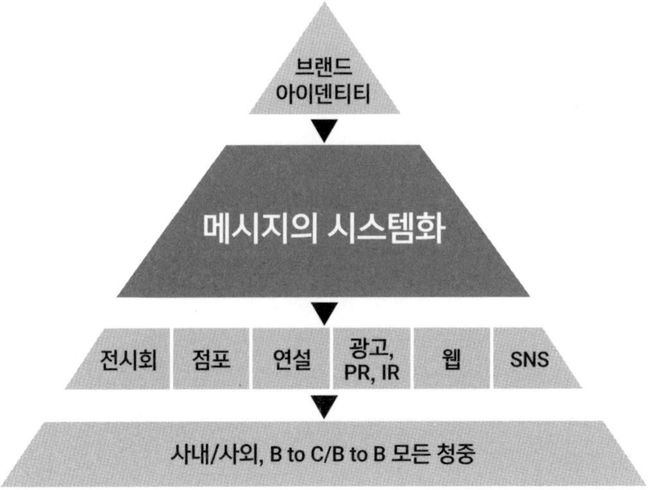




### (6) 일관된 내재화 교육 및 사외 커뮤니케이션

브랜딩의 목표는 브랜드 가치의 최대화이다. 그 지름길은 비즈니스의 이상적인 모습 자체를 브랜드 아이덴티티에 적합하게 만드는 것이다. 임직원 개개인이 그 직무에서 이것을 실현하기 위해 매우 중요한 것이 사내에서의 내재화 교육이다.

임직원 교육의 중요성은 여기서 언급할 필요는 없지만, 경험 가치 브랜드가 사내에 내재화하는 점에서 중요한 것은 임직원 교육이 브랜드 아이덴티티를 기반으로 했느냐의 여부다. 이에 따라, 단순히 '유능한' 내부 구성원을 육성하기보다 '브랜드에 걸맞은 발상을 하고, 그 생각을 업무에 실천할 수 있는' 구성원들을 육성해야 한다.

브랜드 가치가 높은 글로벌 기업은 인재 개발을 포함하여 모든 비즈니스 활동에서 브랜드 아이덴티티를 근거로 한 매니지먼트를 실시하고 있다. '브랜드를' 관리하는 것이 아니라 '브랜드로' 관리해야하는 것이다.

최고경영자 및 경영층을 포함한 모든 임직원이 브랜드 아이덴티티를 실천하는 것과 마찬가지로 고객을 비롯한 사외의 기업 이해관계자에게 이를 내재화시키는 것도 브랜딩에 있어서 매우 중요하다.

이를 실현하려면 일관된 내재화 교육이 중요하다. 광고는 물론 웹, 전시회, 이벤트, 또는 점포나 영업 최전선의 비즈니스 활동 자체도 포함하여 모든 접점에서 표현, 관점이 통일되어 일관된 세계관으로 표현하면 비로소 고객은 그 브랜드다움을 느낀다.

대외적인 브랜드 커뮤니케이션의 경우, 브랜드는 광고로 완성된다는 인식 때문에 브랜드 아이덴티티를 벗어나게 되는 현상이 꽤 자주 발생한다. 이러한 활동은 전략적인 브랜드 관리에 백해무익하다.

### (7) 효과 측정과 새로운 사이클

브랜드 아이덴티티를 사내외에 내재화해서 브랜딩이 완성되는 것은 아니다. 끊임없이 그 효과를 측정하고 피드백해서 개선하는 사이클을 반복해야 브랜드가 비로소 공고해진다. 계속적, 지속적인 브랜드 가치 향상을 목표로 하려면 일상적인 업무 개선과 마찬가지로 브랜딩의 PDCA(PLAN(계획), DO(실행), CHECK(평가), ACTION(개선)) 사이클을 반복 실행하는 것이 중요하다.

특히 효과를 측정할 때 문제점 도출에 대해 구체적인 개선책을 제시하는 것에 중점을 둬야 한다. 사내외에서 브랜드 파워를 지표화하고 개선점을 인식해야 그다음에 해야 할 일이 더욱 명확해진다.

브랜딩 목적에 맞게 측정해야 할 KPI 설정은 다르지만, 인터브랜드에서는 브랜드 강도를 측정하는 지표로 '브랜드 경쟁력 스코어Brand Strength Scores(BSS)'라는 10개 지표를 설정하고 있다. 이를 기준으로 각각의 평가를 통합하고 측정해서 회사 전체 활동으로서의 브랜딩 KPI 매니지먼트를 실시하는 사례가 많다.

아직도 '브랜드 가치의 정도'가 '인지도의 정도'와 같다고 생각하는 경영자와 브랜드 담당자가 수두룩하다. 확실히 높은 인지도가 중요하기는 하지만 이는 브랜드 가치를 구성하는 일개 요소에 지나지 않는다. 브랜드 가치 향상 사이클을 계속 반복하려면 결과 지표뿐만 아니라 브랜딩 활동이나 과정의 진척도를 평가하는 것이 중요하다. BSS는 그러한 활동 지표, 과정 지표인 KPI로 활용할 수 있다.

브랜드의 중심은 브랜드 아이덴티티의 기반을 이루고 있는 '브랜드가 지향하는 방향'이다. 이것이 내부 구성원들 사이에서 공유되고 각자의 영역에서 실천되어 대외적으로 고객들에게 전달되는 순간 브랜드가 의도한 인식이 구축되기 시작한다. 이 과정이야말로 브랜딩이며 각 과정에서 지속적으로 PDCA 사이클을 반복하여 개선점을 찾아내야 한다.

경영층의 강력한 의지와 브랜드 아이덴티티를 공유한 임직원의 실천 활동, 기업 이해관계자와의 공동 가치 창조, 그 모든 것이 강한 브랜드를 구축하기 위해서 필수적인 요소다. 또한, 그것은 하루아침에 이루어지지 않는다.

| 브랜드 파워를 측정하는 10개 지표(BSS)

**INTERNAL FACTORS**
**사내 지표**

**명확성** Clarity
브랜드의 가치, 포지셔닝, 가치제안 측면에서 브랜드의 의미가 내부적으로 명확하게 이해되고 있는지의 여부를 의미한다.

**신념** Commitment
브랜드에 대한 내부적 신념, 브랜드의 중요성에 대한 믿음을 뜻하며, 시간, 영향력, 투자 측면에서 브랜드가 지원받는 정도를 의미한다.

**관리 역량** Governance
조직적 측면에서 관리 체계와 실행 역량이 잘 갖추어져 있는지에 대한 정도를 의미한다.

**대응력** Responsiveness
시장 변화, 위기, 그리고 기회에 대응할 수 있는 능력을 의미한다.

**EXTERNAL FACTORS**
**사외 지표**

**진정성** Authenticity
브랜드가 기업 내부적인 진정성과 능력에 기반을 두고 있는지에 대한 여부를 의미한다.

**적절성** Relevance
고객의 니즈 및 선택 기준을 만족시키는 정도를 의미한다.

**차별성** Differentiation
고객들이 해당 브랜드가 경쟁사와 비교해서 차별화된 포지셔닝을 하고 있다고 인식하는 정도를 의미한다.

**일관성** Consistency
모든 접점과 형식에 있어 일관된 브랜드 경험의 정도를 의미한다.

**존재감** Presence
브랜드가 편재하는 정도로서, 모든 매체에서 기존 및 잠재 고객에 의해 긍정적으로 거론되는 정도를 의미한다.

**참여도** Engagement
고객들이 브랜드에 대해 깊은 이해를 하고 적극적인 참여를 하는지에 대한 정도를 의미한다.

## 3
# 지속적인 비즈니스 성장을 이루는 브랜딩

### (1) 명확한 브랜딩 목적 설정의 필요성

이 책의 서두에서 사업 전략과 브랜드 전략은 하나이며, 브랜드가 조직 전체의 활동에 영향을 미친다고 언급했다. 또 그 추진 방법으로 브랜드 가치를 최대화시키는 브랜딩 프레임워크 7가지 원칙을 소개했다.

구체적인 브랜딩 실천 사례를 소개하기 전에 애초에 '무엇을 위해서', 또 '어떤 상황에서' 브랜딩에 대처해야 하는지 명확한 의미를 생각해 보겠다.

브랜딩 관계자가 서로 의식을 공유하고 있지 않으면 전략을 구상해야 하는 관계자가 갈피를 잡지 못하고, 그 결과 어중간한 대처를 하게 된다. 이는 결국 브랜드에 대한 실망감으로 이어진다. 이러한 이유로 브랜딩을 활용해서 지속적인 비즈니스 성장을 이루려면 일단 자사의 포지션을 확실히 인식하고 있어야 한다.

대다수의 기업이 사업 전략을 브랜드 전략에 반영하는 대응법은 기업, 조직이 놓인 상황에 따라, 브랜딩을 요청하는 목적에 따라 여러 종류가 있다고 할 수 있다.

어떻게 브랜딩에 대응할 것인가에 대해서는 중요한 시점 두 가지가 있다. 하나는 '브랜드와 사업 전략의 관계성'이다. 사업 전략이 전제인 브랜드 전략인가, 브랜드가 사업 전략을 좌우할 수 있는가, 어느 방침으로 검토하느냐에 따라서 사용되는 전략이 달라진다.

또 다른 시점은 '브랜딩의 역할'이다. 현재 포지션의 연장선상에서 브랜드를 강화하는 전략을 취할 것인가, 아니면 포지션을 바꿀 것인가로 대응의 비중이 크게 달라지며 사업 전략과 브랜드 전략의 관계성을 어떻게 설정하느냐로도 브랜딩이 비즈니스에 뛰어드는 깊이가 달라진다.

현재의 포지션 강화를 브랜딩의 역할로 정한 경우에는 사업 전략을 고객 경험에 적용시키는 것에 주목하게 된다. 반면 포지션 바꾸기를 역할로 정한 경우에는 대상 고객 자체를 변경하는 것을 회사 전체 활동으로 대응하는 것이 목표가 될 것이다.

이제부터 소개하는 뛰어난 브랜딩 사례는 모두 조직을 둘러싼 환경과 과제에 대해서 브랜딩의 목적을 명확히 한 후에 전략을 구상, 실행하고 성과를 올리고 있다. 이런 관점에서 각각의 사례를 읽으면 브랜딩을 좀 더 심도 있게 이해할 수 있을 것이다.

반복해서 말하지만 '전체 전략으로서의 브랜딩'의 목적을 명확히 하고 이를 관계자 간에 확실히 공유하는 것은 그 후의 전략 책정 및 전략 구현화에서 매우 중요하다. 앞으로 브랜딩에 대한 대응 방법을 검토하는 담당자에게는 그 출발점이며, 브랜딩의 목적에 대해 관계자끼리 재확인할 것을 유념하기 바란다.

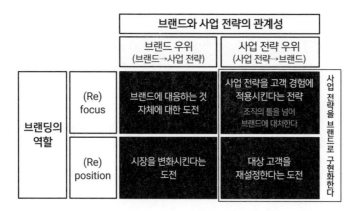

| 브랜딩의 목적 4가지 유형

| | | 브랜드와 사업 전략의 관계성 | |
|---|---|---|---|
| | | 브랜드 우위 (브랜드→사업 전략) | 사업 전략 우위 (사업 전략→브랜드) |
| 브랜딩의 역할 | (Re) focus | 브랜드에 대응하는 것 자체에 대한 도전 | 사업 전략을 고객 경험에 적용시킨다는 전략 조직의 틀을 넘어 브랜드에 대처한다 |
| | (Re) position | 시장을 변화시킨다는 도전 | 대상 고객을 재설정한다는 도전 |

사업 전략을 브랜드로 구현화한다

### (2) 10개 기업의 브랜딩 사례

비즈니스 성장으로 이어지는, 즉 성과를 높이는 브랜딩이란 어떤 것인가? 이제부터는 앞에서 설명한 7가지 원칙의 뛰어난 실천 사례로 10개 기업의 브랜딩 사례를 소개할 것이다. 본격적으로 들어가기 전, 먼저 그 프롤로그로서 각각의 개요에 대해 간단히 안내하겠다.

| 이야기 1 |

**임직원의 과반수가 외국인,**
**가속하는 글로벌화를 배경으로 한 기업 브랜딩**

## 산토리 홀딩스(Suntory)

일본에서 내세운 '물과 함께 살아간다'라는 메시지를 글로벌 공통의 그룹 약속으로 삼고 브랜딩을 재정의. 일본과 해외 임직원 개개인이 그 의미를 깊이 이해하고 일하는 것에서 자부심과 일체감을 느끼며 일상 업무에서 약속의 구현화를 추진하는 사내 내재화에 관한 이야기.

| 이야기 2 |

**상징에 브랜드의 가치를 축적하여 그룹 브랜딩으로**
**급성장을 이루다**

## 다이와 하우스 공업(Daiwa House Group)

그룹 전체에서의 비즈니스 성장을 목표로 하며 강력한 경영 체제를 구축하기 위해서 '마스터 브랜드'의 심벌마크로 브랜드 가치를 축적하는 전략을 추진. 브랜드 디자인 통일에 따른 각 그룹 회사 임직원의 결속과 고객 관점에서 그룹 이미지를 구축한 사내외 내재화에 관한 이야기.

| 이야기 3 |

### 일본의 식문화를 세계적으로 보급시키는 브랜딩

## 잇푸도(IPPUDO)

라멘을 보급시키는 것이 아니라 일식, 더 나아가서는 일본 문화를 세계에 보급시키고 싶다는 의지를 담아서 개발한 콘셉트 'JAPANESE WONDER TO THE WORLD'를 외부와 적극적으로 협업하도록 추진한 사내외 내재화에 관한 이야기.

| 이야기 4 |

### 창립 100주년이라는 기회를 살려
### 세계에서 경쟁력 있는 브랜드로 진화하다

## 요코가와 전기(YOKOGAWA)

글로벌 시장에서 지금까지보다 더 많은 존재감을 나타내고 꾸준히 선택받는 기업이 되기 위해서 창립 100주년을 계기로 기업과 사업이 서로 도와 브랜딩을 진행한, 글로벌에서의 사내외 내재화에 관한 이야기.

| 이야기 5 |

### 상품 개발에 브랜드의 제공 가치를 반영시키는 시스템을 만들다

## 카야노야(KAYANOYA)

시대의 변화와 사업 영역 확대에 따라 브랜드의 제공 가치를 새롭게 재정의. 상품 개발을 비롯하여 사업 실태에 브랜딩을 도입한 사내외의 내재화에 관한 이야기.

| 이야기 6 |

### B to C에서 B to B로의 구조 전환을 실현하는 사업 브랜딩

## 파나소닉(Panasonic)

'B to C'에서 'B to B'로 전환. 사업 구조 전환을 계기로 성장 사업에 주목한 브랜딩을 추진하기 위해서 전 세계적으로 실천한 사내외 내재화에 관한 이야기.

| 이야기 7 |

### 통합 회사의 결속을 강화하고 사업 영역 확대를 위한 브랜딩

## 반다이 남코 엔터테인먼트
(BANDAI NAMCO Entertainment)

통합 회사의 결속을 강화하고 더 큰 사업 영역 확대를 위해서 젊은 사원이 중심이 되어 개발, 책정한 새로운 기업 이념 '날마다 놀이로 더 많은 즐거움을 제공하는 기업More fun for everyone'을 사내 활동, 신규 사업 개발로 연결한 사내 내재화 이야기.

| 이야기 8 |

**기업 브랜드와 개인 브랜드의 차이를 메우는 브랜딩**

## 마쓰모토키요시 홀딩스
## (Matsumoto Kiyoshi Holdings)

시대가 바라는 개인 브랜드로 더 큰 진화를 이루기 위해서 '마쓰키요다움'이 무엇인지를 임직원들이 먼저 이해하고 소비자들에게 전달하는 시스템 만들기를 구축. '기업'과 '사업' 양쪽의 브랜드 가치 향상을 창출하는 사내외 내재화에 관한 이야기.

| 이야기 9 |

**독자적인 브랜드 매니지먼트 방법으로**
**'개성 있는 다양성'을 실현하다**

## 야마하 모터(Yamaha Motor)

글로벌 시장에서 브랜드 가치 향상을 목표로 하여 대처한 성과를 측정, 정량화. 그 결과를 각 사업 활동에 반영시켜서 회사 전체 활동을 글로벌 단위로 일체화하여 추진하는 사내 내재화에 관한 이야기.

| 이야기 10 |

## 브랜드의 아이덴티티를 이루는 방침을 통해 현실과 디지털을 연결하여 새로운 브랜드 가치를 창조하다

# B.리그(B.LEAGUE)

일본 프로 농구 리그 창설에 따라 개발한 슬로건 '경계를 깨부수기BREAK THE BORDER'를 구현화해서 디지털과 현실을 연결한 양방향 마케팅으로 팬과의 관계를 구축하고 그에 따른 협회 내외로의 내재화를 도모한 이야기.

# 1 산토리 홀딩스 Suntory

임직원의 과반수가 외국인, 가속하는
글로벌화를 배경으로 한 기업 브랜딩

# SUNTORY

1. 급속한 글로벌 전개를 계기로 시작한 브랜딩
2. 일본 내외의 임직원 3만 8천 명을 대상으로 한 브랜드 내재화 활동 추진
3. 사업 활동으로 브랜드 내재화를 실현한 산토리

| 브랜드 관계자와의 인터뷰 |

# 1
# 급속한 글로벌 전개를 계기로 시작한 브랜딩

◇◇◇◇◇◇◇◇◇◇◇◇◇◇◇◇◇◇◇◇◇◇◇◇

## (1) 전 세계로 급속하게 확대되는 산토리 그룹

산토리는 창업자 도리이 신지로Torii Shinjiro의 '일본인의 입맛에 맞는 양주를 만들어 양주 문화를 개척하고 싶다'는 마음을 근본으로 하는 브랜드다(그림 1-1). 오사카에서 도리이 상점을 개업한 1899년에 시작되어 현재는 전 세계적으로 주류 및 청량음료를 중심으로 하는 폭넓은 사업을 전개하는 기업 그룹으로서 꾸준히 성장하고 있다. 그 원동력은 창업 이후 끊임없이 이어져 온 '한 번 해봐(얏테미나하레(오사카 사투리))' 정신이다.

창업 이후 110년 동안 변함없었던 그 정신은 '남이 하지 않는 일, 새로운 일에 과감히 도전해서 자유롭고 활달한 사풍(어떤 회사 특유의 기풍)을 토대로 새로운 가치를 계속 창조해 나가는 것'에서 출발한다. 이로써 탄생한 품질 높은 제품과 서비스를 고객에게 전하는 자세와 고객 및 사회, 자연과 공생하는 노력을 통해 마음이 여유로운 생활 문화에 공헌하고자 했다.

2001년 4대 사장으로 취임한 사지 노부타다Saji Nobutada(당시/현 산토리 홀딩스 회장)는 '글로벌화'를 경영 과제로 내걸고 그야말로 '한 번 해봐'의 정신을 구현하듯이 해외 기업을 적극적으로 산하에 거둬들여서 그룹을 확대해 왔다.

2009년에는 뉴질랜드 음료 대기업 프루코Frucor(750억 엔), 프랑스 음료 대기업 오랑지나 슈웹스Orangina Schweppes(3,000억 엔), 2013년에는 영국 글락소 스미스클라인Glaxo Smith Kline 음료 사업 부문(2,100억 엔), 또 2014년에는 1조 6,500억 엔을 투자하여 세계 4위의 증류주 제조업체인 빔Beam사를 인수하며 경영 과제에 대한 해답을 내놓고 있다.

그 결과 2001년에는 약 1조 4,343억 엔이었던 그룹 판매액이 2016년에는 그 배인 약 2조 6,515억 엔으로 늘어났으며, 2013년에 25퍼센트였던 해외 판매액 비율이 2018년에는 42퍼센트에 달했다(그림 1-2).

또한, 그룹의 총 임직원 수는 39,466명(2018년 12월 말 시점)이 되었으며 그 과반수를 해외 임직원이 구성하는 지금은 명실공히 일본에서 손꼽히는 글로벌 기업 그룹이다.

### (2) 브랜드 가치 내재화의 필요성

글로벌 수준으로 사업을 급속하게 확대하는 가운데, 일본에서 쌓아 올린 산토리 브랜드의 가치를 어떻게 세계에 공유하여 사내 일체감을 형성하느냐 하는 과제가 부각되었다.

한편으로 산토리 브랜드 네임을 내건 사업이나 상품에 둘러싸인 일본에서도 사내 일체감을 좀 더 강화해 나가야 했다. 산토리의 주요 사업인 청량음료와 주류 이외의 사업 영역에서도 기업 규모는 확대되고 있었지만, 그중에는 회사명에 '산토리'를 제외한 기업도 많아서 창업 시의 '이즘ism(주의)'을 공유하기 쉽지 않은 상황이 되었기 때문이다.

**그림 1-1** 창업자 도리이 신지로와 창업 당시의 산토리

## (3) 전 세계적으로 '산토리다움'의 공유를 목표로 하는 브랜딩

이러한 불안을 해결하고 이즘을 공유하는 진정한 글로벌 기업 그룹으로서의 지속 가능한 성장을 이어가기 위해서 코퍼레

이트 커뮤니케이션Corporate Communication(기업 홍보)본부는 기업 브랜딩 초안을 만들었다. 최고경영자가 직접 참여하며 2015년 3월부터 코퍼레이트 커뮤니케이션본부, 인재개발본부의 멤버 총 10명 전후가 중심이 되어 '기업 브랜드 산토리'의 브랜딩이 시작됐다. 그 목적은 도리이 신지로가 창조하고 역대 후계자들이 키워온 산토리 브랜드의 가치관, 철학을 언어와 문화의 벽을 넘어서 이해와 내재화가 가능하도록 도모하는 데 있다. 또한, 임직원의 자부심과 일체감을 양성해 가며 국경과 사업을 초월한 시너지 효과를 만들어 내기 위함이었다.

일본 내외의 전 임직원 약 3만 8천 명(브랜딩 시작 시점), 그 개개인이 산토리의 가치를 확실히 이해하고 일상 업무에서 그것을 나타내는 것은 쉽지 않은 일이었다. 브랜딩을 성공으로 이끌기 위해서는 넘어야 할 여러 가지 장애 요소가 기다리고 있었다.

그림 1-2 산토리 그룹 개요(2018년 12월 말 시점)

• 지역별 매출

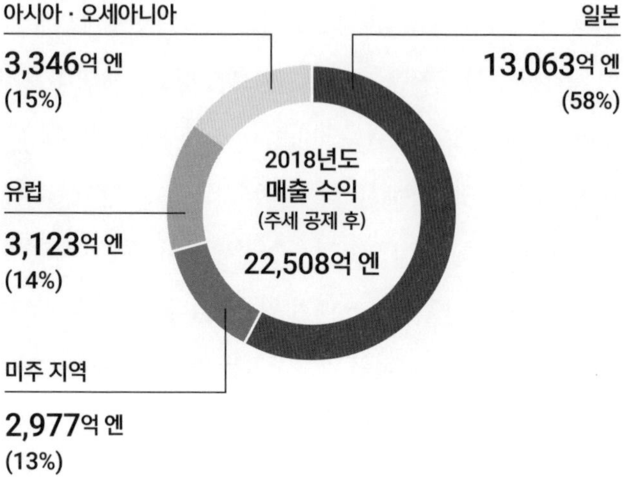


• 지역별 그룹 회사 수/임직원 수

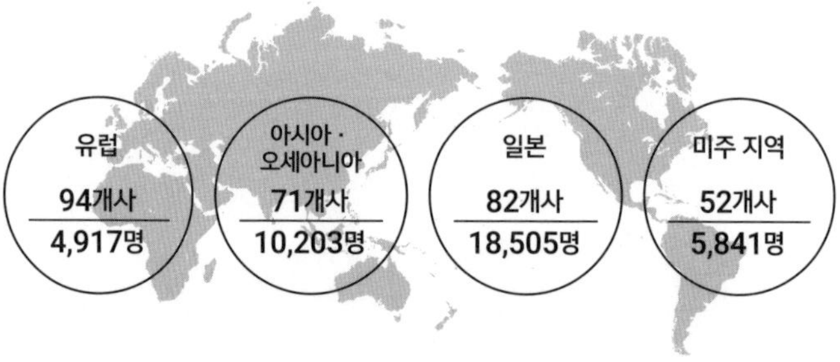

**2**

# 일본 내외의 임직원 3만 8천 명을 대상으로 한 브랜드 내재화 활동 추진

◇◇◇◇◇◇◇◇◇◇◇◇◇◇◇◇◇◇◇◇◇◇◇

### (1) 글로벌 공통의 이념 체계 재정리

이전까지 산토리가 해외 거점에 대한 브랜딩을 수수방관한 것은 아니다. 이미 이념 체계도 확립시켜서 〈산토리 정신SUNTORY SPIRIT〉이라는 책자로 정리해 전 세계에 공유했다. 하지만 그룹에 새롭게 추가된 해외 자회사 임직원들에게는 그 내용을 이해하기 어렵다는 의견이 많았다. 이를테면 '한 번 해봐' 정신이 해외에서 비교적 쉽게 받아들일 것으로 생각했으나 책자에서 'Go for it'으로 표현해 놓은 탓에 일반적인 '도전 정신'이라는 이해의 범주를 벗어나지 못했다. 그래서 창업 이후 끊임없이 이어져 온 '큰 꿈을 그리고 실패를 두려워하지 않으며 아무도 실현한 적이 없는 가치 창조에 도전한다'는 정신을 정확하게 이해하지 못한 것이다.

사실 이 책자의 영어판은 일본이라는 시장과 그 문화적인 배경을 전제로 제작된 일본어판을 있는 그대로 영어로 번역한 것이었다. 일본에서는 자명한 이치로 무난히 받아들일 수 있는 표현도 다른 문화를 가진 해외 사람들은 이해하기 어려운 경우가 많다. 이것이 이해하기 어려운 요인이 되었다. 동질 사회에서 이심전심을 옳다고 여기며 지내 온 일본 기업이 좀처럼 깨닫지 못하는 점이었다.

그래서 기업 브랜딩을 추진하는 멤버들은 산토리 창업 이후의 가치관을 다시 한번 깊이 이해하고 재해석했다. 이로써 기존의 이념 체계를 세계 공통으로 이해할 수 있는 '미션, 비전, 가치Mission-Vision-Values(MVV)'를 다시 정리하는 것으로 산토리의 브랜딩을 시작했다.



### (2) '물과 함께 살아가는 기업'을 글로벌 공통의 브랜드 약속으로 재정의

산토리의 이념 체계MVV를 재정의하는 과정에서 다시 한번 과제로 인식된 것이 '물과 함께 살아간다'의 가치 평가다. 이는 2005년에 기업 메시지로 제정된 말인데 그 말에는 다음과 같은 생각이 담겨 있다.

① 고객에게 물의 혜택을 전하는 기업으로서 그 귀중한 물을 지키고 싶다.

② 제품 및 서비스를 통해서 사회와 공생하고 사회의 물과 같은 존재가 되고 싶다.

③ 임직원 개개인이 물처럼 자유롭고 유연하며 힘 있게 도전할 수 있는 기업이고 싶다.

그 후 임직원이 일상 업무에서 '물과 함께 살아간다'라는 이념을 의식하도록 다양한 활동이 전개되었다. 이를 행동의 중심으로 삼으면 기업 이해관계자에게서 신뢰를 얻을 뿐만 아니라 임직원의 업무 의욕을 향상함으로써 고객 만족도와 혁신을 만들어내서 장기적인 경쟁력 강화로도 이어진다고 생각했기 때문이다. 임직원이 이것을 실천할 수 있도록 2014년부터 2017년에 걸쳐서 그룹 회사를 포함한 일본 임직원 약 7천 명에게 일본 전역의 천연수가 나오는 숲에서 가지치기나 잡초 베기 등 삼림 정비를 경험할 기회를 제공하며 체감을 동반하는 내재화 활동을 추진했다. 이러한 활동을 통해서 '물과 함께 살아간다'는 이념이 임직원에게 깊이 내재화하여 산토리 사내에서 맡은 역할의 무게가 늘어났다. 또한, 일본에서 소비자를 대상으로 조사한 결과 2018년 시점에서 70퍼센트가 넘는 높은 인지도를 얻는 등 이 말은 명실공히 브랜드를 나타내게 되었다.

이처럼 이념 체계 재정의의 골격이 굳어진 가운데 이를 산토리의 근간을 이루는 아이덴티티로 다시 판단하는 것이 검토되었고 '글로벌 공통의 약속'으로 승격하여 재정의되기에 이르렀다. 결국, 미래를 위해 '물과 함께 살아가는' 기업을 목표로 한다고 기업 이해관계자에게 약속할 것을 결의하게 되었다.

한편 아직 과제가 남아 있었다. 당시 해외에서 '물과 함께 살아간다'는 'Bringing Water to Life'라고 번역되었는데, '물'에 대한 문화적인 배경의 차이가 있어서 앞에서 말한 '한 번 해봐'와 마찬가지로 좀처럼 참된 의미를 이해할 수 없었던 것이다.

기업 브랜딩을 추진하는 멤버들은 이 차이를 메우기 위해서 결론 내리기를 서두르지 않았다. 다른 문화를 지닌 각 그룹 기업의 자주성을 존중하며 의사 결정을 하는 것이 '하나의 산토리One Suntory'를 목표로 하기 위한 필수 단계라고 생각했기 때문이다. 일본을 제외한 지역에서 '물과 함께 살아간다'를 어떻게 표기/표현해야 할 것인가? '한 번 해봐'로 상징되는 이념은 새로운 이념 체계 속에 어떻게 평가해야 하는가? 전 세계의 각 회사 경영진에 더해 창업가와도 논의를 거듭하며 수도 없이 많이 일어난 대립을 극복해 가는 대화가 반복되었다. 이렇게 해서 '기업 브랜드 산토리'의 새로운 이념 체계를 그림 1-3과 같이 재정의했다.

현안이었던 '물과 함께 살아간다', '한 번 해봐'의 번역은 각각 'Mizu to Ikiru(미즈 토 이키루)', 'Yatte Minahare(얏테미나하레)'로 결정되었다. 일본에서 강요한 것이 아니라 진지한 대화를 통해서 일본어의 국제 공용어화를 결단한 것이다.

국제 공용어화한 일본어라고 하면 'Omotenashi(오모테

나시, 일본식 환대)'나 'Mottainai(못타이나이, 아깝다)'가 머릿속에 떠오를 것이다. 'Omotenashi'를 'Hospitality'라고 번역하는 것이 틀리지는 않지만, 일생에 한 번뿐인 인연을 소중히 하는 다도의 정신까지는 다 전할 수 없다. 이와 마찬가지로 'Mottainai'를 'Wasts of~'라고 번역해도 물건을 소홀히 다루는 것에 대한 죄책감까지는 전해지지 않는다. 영어로 직역한 말에 위화감을 느낀 수많은 일본인은 홍보대사가 되어 다양한 대화와 경험을 알리려고 노력했다. 결국, 말에 담긴 본질을 이해한 세계 사람들이 이를 더욱 보급시키며 국제 공용어가 되었다.

즉, 'Mizu To Ikiru(물과 함께 살아간다)', 'Yatte Minahare(한 번 해봐)'라는 풀이는 기업 브랜딩을 추진한 멤버들이 진지한 대화를 거듭하여 해외의 중요 인물들에게서 본질적인 이해와 공감을 이끌어 낸 증거라고 할 수 있겠다. 이상적인 의사 결정이다.

그림 1-3 브랜딩 활동을 통해서 글로벌 공통 언어가 된 산토리의 이념 체계

## Before: 브랜딩 활동 시작 전인 2015년 당초

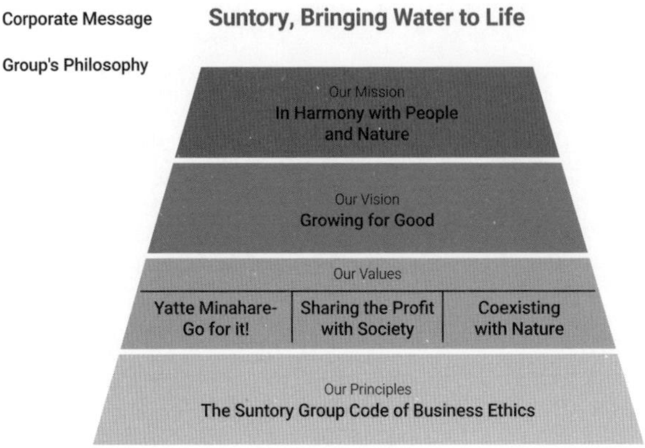


## After: 브랜딩 활동 후인 2017년 이후

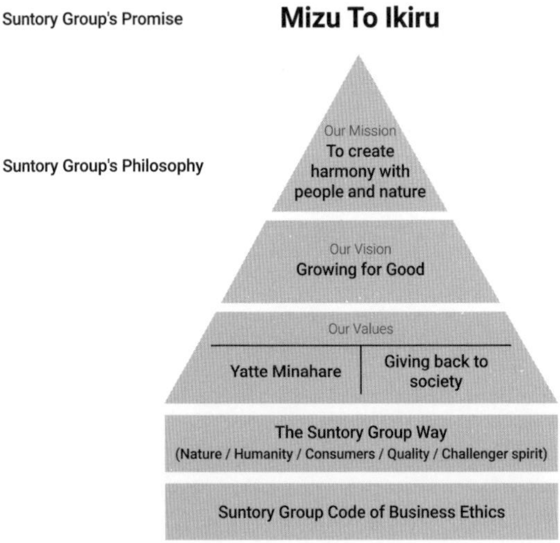

### (3) 글로벌 거버넌스 체제의 정비

기업 브랜드 산토리의 이념 체계에 대한 재정의가 경영 승인 단계에 이른 것은 2018년 5월이었다. 활동을 시작한 2015년 3월로부터 무려 3년 2개월의 세월이 소요되었다. 다른 DNA를 가진 각 회사의 자주성을 존중하며 이념 공유를 도모하는 것은 그만큼 힘든 일이다.

이 의사 결정을 거쳐서 브랜딩 추진 체제는 대폭으로 강화된다. 일본과 해외, 사내외에서 산토리의 일관된 브랜드 전략, 브랜드 매니지먼트 및 브랜드 커뮤니케이션을 본격적으로 추진해 나가기 위해서 2018년 4월 1일부로 '기업 브랜드 전략부'가 신설되었다. 또한, 코퍼레이트 커뮤니케이션본부를 코퍼레이트 서스테이너빌리티Corporate sustainability(공동 지속성) 추진본부로 개칭했으며 조직 면에서도 이전보다 더 많이 기업 브랜딩에 적극적으로 대처하는 체제를 마련했다.

또 구상된 브랜드 전략을 각 부서에서 실행하기 위한 체제로 사무국, 담당 임원(경영기획, 인사, 홍보, 리스크 매니지먼트, 모노즈쿠리 등)으로 구성한 기업 브랜드 전략부인 '글로벌 기업 브랜드 위원회'도 조직화되었다. 드디어 본격적으로 산토리를 글로벌 그룹 회사 내에 내재화시켜 나가는 단계였다.

### (4) '산토리다움'을 기반으로 한 다양한 내재화 활동 추진

산토리의 사내 내재화 활동에는 진지한 대화를 거듭하여 해외의 중요 인물들에게서 본질적인 이해와 공감을 이끌어 낸 경험이 활용되었다. 이 활동들에서는 말에 의지한 일방통행 내재화가 아니라 비주얼과 대화, 교육, 또 상품 개발까지 포함한 모든 경험을 총동원하는 '산토리다움'을 고집한 다채로운 아이디어를 볼 수 있다.

#### ① 어려운 이념을 알기 쉽게 표현한 내재화 도구

약 3년에 걸쳐서 정리한 산토리의 이념 체계를 일본 및 해외 3만 8천 명과 공유하기 위해서 먼저 이념 체계 도구인 동영상과 책자가 제작되었다(그림 1-4). 언뜻 어려워 보이는 이념 체계를 언어에 지나치게 의존하지 않고 어떻게 보편적으로 표현할까? 이를 해결하기 위해서는 애니메이션을 사용하여 단순하고 이해하기 쉬운 전달방식을 추구했다. 특히 'Mizu To Ikiru'의 생각을 전하기 위해 다양한 아이디어가 실시되었다.

책자는 일본 및 해외의 2만 1천 명(일본의 모든 임직원과 해외의 모든 매니저)에게 배포하여 연수 프로그램과 창립기념일에 실시하는 부서 내 토론 자리에서 활용되었다. 이는 '언뜻 어렵게 생각했던 이념 체계가 매우 알기 쉽게 정리되어 산토리에 대한 이해가 깊어졌다'며 각국의 임직원들로부터 긍정적인 피드백을 받았다.

그림 1-4 산토리의 글로벌 내재화 도구

### ② 자유롭고 힘 있게 도전하는 '유언실행 얏테미나하레 대상'

'유언실행 얏테미나하레 대상'은 이념 체계를 다시 정의하기 전부터 시작한 전 그룹 대상 사내 어워드다. 기업 브랜드의 가치관인 '얏테미나하레(한 번 해봐)'를 자신의 업무로 받아들이고 각자의 직장에서 나타나게 하는 것을 목적으로 매년 개최하고 있다. 임직원은 연초에 연간 목표와 주제를 신청하고 연말에 표창을 실시한다. 결승에 진출한 10팀은 일본에 초청되어 산토리 홀에서 심사위원인 경영진에게 프레젠테이션을 발표하고 그곳에서 최우수상을 선발한다. 최근의 '얏테미나하레 대상' 수상식(그림 1-5)에서는 결승에 진출한 10팀의 프레젠테이션과 표창식 모습을 글로벌 전체 그룹 회사에 생중계했다고 한다. 2015년에 75건이었던 해외 응모 건수는 산토리가 도입된 2018년에 162건을 기록하며 두 배로 늘어난 수에서 그 내재화 정도를 엿볼 수 있다.

**그림 1-5** 2017년도 '유언실행 얏테미나하레 대상' 수상식

### ③ 산토리 대학 개설

산토리 그룹은 기업 성장의 원천이 인재에게 있다는 생각을 바탕으로 이전부터 인재 개발에 적극적으로 임해왔다. 브랜딩을 계기로 2015년에는 새롭게 그룹 내 교육기관으로서 가상 산토리 대학을 열어서 전 세계에서의 인재 개발, 연수 활동을 강화하는 시스템을 구축했다.

학장에는 대표이사 사장인 니나미 다케시Ninami Takeshi, 이사장에는 부회장인 도리이 싱고Torii Shingo가 취임하는 등 훌륭한 강사들이 포진해 있다. 산토리다운 특징적인 콘텐츠로 '이념학부'(당시의 호칭)를 예로 들 수 있다. 이곳에서는 일본과 해외의 모든 그룹 회사를 대상으로 기업 이념에 대해 이해 내재화를 도모하기 위한 연수 활동을 전개했다. 그와 동시에 창업 정신을 전하기 위해 대표이사 회장인 사지 노부타다 등이 강연하는 특별한 프로그램도 실시되고 있다. 다양한 연수의 정리 통합과 체계화를 도모하며 활동은 계속 강화되고 있다.

### ④ '야마자키 증류소'에서의 '물과 함께 살아가는' 경험

임직원에게 '천연수의 숲'에서의 삼림 정비 경험을 필수 연수로 하는 산토리의 내재화 활동을 시작한 이후, 4년 동안 약 100일 정도의 프로그램을 진행했다. 또한, 최고경영자를 포함한 임직원 약 7천 명이 참가하고 있다(그림 1-6).

해외 그룹 기업에서는 매니저급 임직원들을 일본에 초대하여 야마자키 증류소Yamazaki Distillery 방문 및 '물 교육'을 경험하게 하는 활동을 전개하고 있다. 이것을 경험한 매니저들은 본국으로 돌아간 후 홍보대사 역할을 담당하여 각 회사의 자발적인 활동으로 연결시킨다.

**그림 1-6** '물 교육'과 '천연수의 숲'

## 3
## 사업 활동으로 브랜드 내재화를 실현한 산토리

◇◇◇◇◇◇◇◇◇◇◇◇◇◇◇◇◇◇◇◇◇◇◇

### (1) 언어, 문화를 넘어서 진행되는 브랜드 내재화

산토리의 브랜딩은 그룹의 더 큰 성장을 위해 사업의 글로벌화로 전환한 것에서 시작했다. 실제로 체감하고 자기 업무화(자신의 업무에 반영시키는 것)할 기회를 제공하며 국적, 문화, 언어를 초월해서 대화할 기회를 만들고 함께 상품을 제조하는 등 산토리다운 다채로운 내재화 활동을 착실히 거듭해 왔다. 그 결과, 글로벌 각 회사의 임직원이 그룹의 일원이 된 이점을 실감했으며 그 성과가 다양한 사업 활동으로 나타나기 시작했다.

해외 그룹 회사의 매니저를 위한 연수에서 참가자로부터 '산토리의 문화와 가치관을 깊이 알 수 있었다', '다양한 사업과 브랜드를 맡은 커다란 그룹의 일원이라는 것을 실감했다' 등 수많은 긍정적인 의견이 쏟아졌다. 국경이나 문화, 언어의 장벽을 넘어서 창업 이래 산토리만의 이념을 이해해 주기 시작했다는 증거일 것이다.

활동성과를 측정하기 위해서 2017년에는 해외 그룹 회사를 위한 사내 의식 조사를 실시했다. 매니지먼트급 임직원들을 중심으로 한 조사였지만 '산토리에서 일하는 것을 자랑스럽게 생각한다'라고 답한 임직원이 약 90퍼센트에 달했다. 여러 활동의 효과가 나타났다고 할 수 있겠다.

### (2) 산토리 정신이 결실을 맺어 만들어 낸 신제품 '로쿠'

이 장의 마무리로 산토리의 밑바탕에 있는 '모노즈쿠리 정신(최고의 제품을 만들기 위해 심혈을 기울이는 자세)'이 제품 개발로 결실을 맺은 사례를 소개하고 싶다. 2016년 산토리의 내재화 활동 일환으로 산토리는 창업 이후 중요해진 모노즈쿠리의 가치관, 행동 지침을 그룹 공통의 '산토리 모노즈쿠리 밸류'로 통합하여 그룹 회사에 공유, 전개했다. 단순히 책자를 배포하는 것이 아니라 산토리 그룹의 일본인 임직원이 해외 각 회사의 생산 현장에 직접 가서 산토리가 오랫동안 소중히 지켜 온 모노즈쿠리의 정신을 전한 것이다. 그야말로 실태를 따른 이념 공유라고 할 수 있지 않을까?

'산토리 모노즈쿠리 밸류'를 토대로 산토리 그룹과 빔사의 노하우를 결실 맺게 한 상품은 바로 재패니스 크래프트 진 '로쿠 ROKU'다(그림 1-7). 세계적으로 크래프트 진에 대한 관심이 높아지고 소재나 제법에 흥미를 보이는 고객의 증가를 배경으로 만들어진 로쿠는 일본 고유의 매력을 지닌 진을 만들고 싶다는 마음으로 산토리 정신와 빔 산토리가 서로의 지식을 활용하여 공동으로 개발한 상품이다.

일본 고유의 6종 보태니컬(벚꽃, 벚나무 잎, 전차, 교쿠로(玉露) 녹차, 산초, 유자)과 전통적인 진 8종 보태니컬을 사용한 로쿠는 진의 새로운 경지를 세계에 널리 전하는 것에 성공했다. 2017년 7월 4일에 발매한 이 상품은 당초의 계획을 크게 웃돌며 2018년 실적에서 출하 수량 15만 케이스(일본을 포함한 글로벌 전체)를 기록했다. 앞으로도 10년 동안 연평균 성장률을 22퍼센트로 예상하고 있을 만큼 상황이 매우 순조롭다.

앞에서 소개한 사내 어워드 '유언실행 얏테미나하레 대상' 2017년도 최우수상도 이 로쿠가 수상했다. 산토리의 이념을 모노즈쿠리를 통해 공유한 좋은 사례로 이 활동이 그룹 안에서도 널리 공유화된 것은 말할 필요도 없다.

현재 로쿠에 이은 다양한 증류주도 개발, 발매되고 있으며 산토리의 이념을 구현화하는 모노즈쿠리는 기세를 한층 더 높이고 있다.

그림 1-7 재패니스 크래프트 진 '로쿠'

## | 브랜드 관계자와의 인터뷰 |

산토리 홀딩스 주식회사집행임원
코퍼레이트 서스테이너빌리티 추진 본부 기업 브랜드 전략부장
**호쿠모토 도모미**Hukumoto Tomomi

◇◇◇◇◇◇◇◇◇◇◇◇◇◇◇◇◇◇◇◇◇◇◇◇

### 산토리의 브랜딩에서 어떤 점을 가장 중시했습니까?

산토리 그룹은 각국의 매우 강한 브랜드를 매수, 합병해서 글로벌화를 추진해 왔습니다. 어느 브랜드나 각 지역에 확실히 뿌리내렸고 그중에는 산토리 그룹 이상으로 전통 있는 기업도 있습니다. 그 속에서 어떻게 구심력을 갖게 하느냐가 큰 도전이었습니다. 마케팅 방법이나 시장과 관련된 부분을 통제하면 각각의 강력한 브랜드를 보유한 기업이 그전까지 키워 온 강점을 서로 없애버리게 되기 때문입니다. 그런 가운데 가장 중시한 것은 개별적, 전체적인 최적화를 동시에 성립시키는 것이었습니다. '각 기업의 자주성, 사정을 존중하고 기반이 되는 가치를 공유하여 하나의 산토리를 목표로 하는 것'이 산토리 그룹다운 브랜딩이라고 생각했습니다.

## 이념 체계의 공용 언어화에 성공한 비결은 무엇입니까?

브랜딩에서 가장 먼저 의사 결정된 것이 산토리가 계속 소중히 해 온 이념 경영의 근간인 창업 정신을 공유하자는 것입니다. 산토리는 2019년에 창업 120주년을 맞았습니다. 산토리가 도리이 상점에서 시작해 지금까지 성장할 수 있었던 원천은 창업 정신에 있으며 창업 정신과 이념을 나타낸 것이 산토리 그룹의 역사입니다. 일본 내 사원은 굳이 공유하려고 노력하지 않아도 그 이념을 실천해 왔지만 이렇게까지 전 세계적으로 기업 규모도 커지고 다양화가 진행되자 공유해야 할 가치의 의미를 다시 한번 명확하게 전해야 했습니다. 그것이 이념 체계 전체의 재정리입니다.

한편 그 의사 결정에 이르는 과정에서도 앞에서 말한 대로 서로의 강점을 없애지 않으며 '대화'를 중시하는 방침을 고수했습니다. 해외의 경영진, 마케팅 책임자, 커뮤니케이션 책임자와 진지하게 대화를 반복한 것입니다. 산토리가 갖고 있는 가치 중에서 각자의 시장, 회사에게 가치가 있는 것이 무엇인지에 대한 대화를 거듭하며 의사 결정을 했습니다. 수고를 아끼지 않고 대화를 거듭하는 것이 이념 체계의 공통 언어화에 결정적인 방법이 되었다고 생각합니다.

**전 세계적으로 산토리의 이념 체계를 공유하기 위해서 어느 부분에 가장 많은 힘을 쏟았습니까?**

각 회사의 사정이나 자주성을 신경 쓰며 하나의 산토리를 만드는 것을 목표로 했습니다. 이는 산토리의 이념 체계를 각 회사에 자기 업무화하여 생각하게 하고 싶었기 때문입니다. 모두 주류나 음료 사업을 주체로 하고 있지만, 문화와 가치관, 사회 환경이 다르기에 일본의 방식이나 설명을 그대로 현지 멤버에게 적용시키기는 힘듭니다. 이러한 이유로 각 회사 임직원들에게 자기 업무로 생각하고 이해하게 해서 자사의 말로 바꿔 반영해야 합니다. 이 부분도 여전히 부족해서 끈기 있게 계속해 나가는 것이 중요합니다.

이렇듯 '기업 브랜드 산토리'의 근간인 이념 체계와 각 회사의 사정에 맞춰나간다는 착실한 행동을 진지한 대화를 반복하며 추진했는데 그 과정에서 효과적이었던 것은 비즈니스의 공동 협업을 통한 이념 공유입니다. 그 상징이 앞서 말했던 '로쿠', 재패니스 크래프트 보드카 '하쿠HAKU', 버번 위스키 '리젠트LEGENT' 등의 공동 개발 상품입니다. 일본의 모노즈쿠리 전통과 빔 산토리의 모노즈쿠리가 섞인 세계적인 시너지에서 혁신적인 상품이 탄생했습니다. 로쿠의 경우 브랜딩을 하면서 '일본다움'을 전하는 것에 고생하는 등 대립이 있었지만, 최종적으로 회사가 소중히 하는 고객 기점으로 매사를 생각하고 품질을 가장 우선시한다는 점을 말로 전하는 것보다 착실한 것으로 공유할 수 있었습니다. 또한, 빔 산토리도 그러한 가치관을 소중히 하는 것이 우리 비즈니스에 매우 중요하다고 이해했습니다. 사업, 상품 등 실태를 동반하는 이념 공유를 통해서 산토리의 근간인 이념 체계와 각 회사의 문맥을 융합시키기에 성공한 것입니다.



## 임직원의 업무 의욕을 높이기 위해서 어떤 아이디어를 마련했습니까?

산토리의 브랜딩에서는 동기부여를 하는 것도 중요하게 생각했습니다. 그 상징적인 활동이 '유언실행 얏테미나하레(한 번 해봐) 대상'입니다. 이는 업적 표창과는 달리 조직 풍토의 양성 활동으로 각 부서와 임직원 개개인에게 큰 꿈을 꾸게 하는 것이 포인트입니다. 연초에 '올해는 이런 일을 해내겠다'라는 각 팀의 '얏테미나하레'를 신청받아서 1년 동안의 성과를 표창하는 것입니다. 이것은 꿈을 꿀 뿐만 아니라 어려움이 있어도 포기하거나 좌절하지 않고 집요하고 끈질기게 성과를 위해 도전해 나가는 것이므로 그것을 평가 기준으로 삼았습니다. 결승전 표창은 아카데미상처럼 산토리홀에 레드카펫을 깔고 매우 화려한 연출 속에서 이뤄집니다.

이런 활동을 통해서 그들이 '얏테미나하레', '이익삼분주의', 'Growing for Good' 같은 문장을 자신들의 일상 업무 속에서 이해할 수 있도록 하여 각 회사의 문맥으로 자신의 업무에 반영할 수 있도록 합니다. 직접적이고 진지한 접근뿐만 아니라 이런 조금 장난스러운 마음이 있는, 모두가 즐기고 가슴 설레며 참가할 수 있다는 점도 산토리다운 브랜딩으로서 매우 중요하게 생각하고 있습니다.

# 2 다이와 하우스 공업
## Daiwa House Group

상징에 브랜드의 가치를 축적하여
그룹 브랜딩으로 급성장을 이루다

# Daiwa House Group®

1. 비즈니스 확대에 반드시 필요한 주제가 된 그룹의 구심력

2. 50주년을 계기로 착수한 그룹 브랜딩

3. 창업자의 신념을 바탕으로 끊임없이 진화하는 그룹 브랜딩

| 브랜드 관계자와의 인터뷰 |

## 1
## 비즈니스 확대에 반드시 필요한 주제가 된 그룹의 구심력

◇◇◇◇◇◇◇◇◇◇◇◇◇◇◇◇◇◇◇◇◇◇◇◇

### (1) 다이와 하우스 그룹의 현재

주택 건설업체의 인상이 강한 다이와 하우스 공업은 사실 일본 최대의 종합건축회사다. 이 회사를 중심으로 하는 다이와 하우스 그룹은 주로 '하우징 부문(단독 주택, 공동 주택, 아파트, 리폼 등)', '비즈니스 건설 부문(부동산 개발, 물류 시설, 점포, 대규모 상업 시설 등의 건축 및 운영 등 여러 분야의 사업)', '라이프 부문(호텔, 스포츠클럽, 홈센터, 주차장 운영 등)'의 세 가지 영업 영역으로 이루어져 있으며 구성 기업은 387개사(2019년 3월 말 기준)다. 이 그룹의 최대 강점은 토지 정보이며 '노부시(무기를 들고 전투에 참가한 무장 농민, 일정한 주거가 없이 산야에 노숙하는 사람을 의미하는 단어. 창업자 이시바시 노부오가 창업 당시 야간열차를 호텔로, 벤치를 침대로 생각하며 일본 전역을 돌아다니며 파이프하우스라는 조립식 주택을 팔았다. 그 정신을 이어받은 사람들을 뜻한다)'라고 하는 영업 담당자가 열심히 발품을 팔아가며 모은 귀중한 정보를 다양한 형태로 법인과 개인에게 제안해서 꾸준히 성장하고 있다. 사업 영역을 확대할 뿐만 아니라 토지와 건물 쪽에서는 건축에서부터 운영, 재활용에 이르는 밸류체인Value Chain(기업활동에서 부가가치가 생성되는 과정)을 만들어 내서 각각의 분야를 철저히 조사하는 점도 특징적이다.

2018년 회계 연도(2018년 4월~2019년 3월) 결산의 연결 매출액은 4조 엔을 넘는데 일찍이 이 규모에 달한 기업은 없다. 브랜딩 프로젝트를 시작한 2004년 시점에서는 매출액이 1조 엔을 넘었는데 약 14년 동안 4배 가까이 성장을 이루었다. 브랜딩이 어떻게 그룹의 성장을 일궈냈을까? 먼저 이 회사의 역사를 돌아봐야 한다.

### (2) 1955년 이시바시 노부오의 창업

다이와 하우스 그룹은 창업자인 이시바시 노부오Ishibashi Nobuo(이하: 이시바시)(그림 2-1)가 당대에 구축한 기업 그룹이다.

1921년 일본 나라현에서 목재업을 운영하는 가정의 다섯째 아들로 태어난 이시바시는 2차 세계대전이 끝난 지 얼마 되지 않은 1955년에 다이와 하우스 공업을 창업했다. '다이와'라는 회사 이름에는 '위대한 화합으로 경영에 임하고 싶다'라는 바람이 담겨 있고, '공업'에는 '건축의 공업화'라는 창업 이념이 담겨 있다.

이를 구체적으로 나타내는 것이 창업 상품인 '파이프하우스'

다. 파이프하우스는 대형 태풍으로 목조 가옥이 무참하게 파괴되는데도 부드럽게 하늘로 뻗는 대나무를 본 이시바시가 속이 빈 쇠파이프로 건축물을 짓는 방법을 계획한 데서 탄생했다. 파이프를 사용해 건축물을 짓는 것은 그때까지 없었던 생각이며 이는 이시바시가 이뤄낸 세 가지 혁명 중 하나인 '건축 혁명'이라고 불린다. 파이프하우스는 때마침 목재가 부족해서 대체 자원 이용을 추진하는 정부 방침과 일치해서 일본국유철도(현 JR)를 비롯해 창고와 사무소 등에 이용되며 전쟁 후 부흥에서 고도 경제성장기로 넘어가는 일본을 뒷받침했다.

그 후 베이비붐으로 거주 공간이 비좁아진 시대에 아이의 공부방이 부족한 점에 주목한 이시바시는 세 시간 만에 짓는 공부방 '미제트 하우스Midget house(초소형 조립식 주택)'를 개발하여 판매했다. 상품화된 골조와 벽을 공장에서 생산하고 현장에서 접합, 조립하는 미제트 하우스는 안정적인 품질의 주택을 빠르게 대량으로 공급할 수 있었던 덕분에 주택 건설업체로서 확고한 입지를 구축하게 되었다. 이는 이시바시가 가져온 두 번째 혁명, '주택 혁명'이며 프리패브 주택Prefab house(공장에서 일정한 규격에 따라 대량으로 생산한 건물 골격 자재를 현장에서 조립해 지은 집)의 원점이라고 불린다(그림 2-2).

그 후 지역 활성화와 여가 시간의 확대를 예측한 이시바시는 리조트 개발에 착수하며 세 번째 혁명인 '생활 혁명'을 일으

켰고, 현재 다이와 하우스 그룹의 사업 영역을 확대하는 기반을 만들었다.

이시바시는 2003년에 81세의 나이로 생애를 마감했지만, 그는 후계자에게 부탁한 것이 있었다. 그것은 '창업 100주년을 맞이하는 2055년에 매출액 10조 엔의 기업 그룹을 만든다'는 장대한 꿈이었다. 당시의 그룹 매출은 약 1조 엔. 창업자의 뜻을 받들어 꿈을 실현하려면 그룹을 하나로 뭉치는 강력한 구심력이 필수이며 지금까지와는 전혀 다른 해결책이 필요했다. 다이와 하우스 그룹의 브랜딩 프로젝트는 이 상황을 타개하기 위해 시작되었다.

**그림 2-1** 창업자 이시바시 노부오

**그림 2-2** 프리패브 주택의 원점 미제트 하우스(위)와 현재의 주문 주택(아래)

## 2
## 50주년을 계기로 착수한 그룹 브랜딩

### (1) 기업 브랜드 위원회 발족

이시바시가 타계한 이듬해인 2004년, 이시바시의 유지를 따르는 형태로 새로운 경영 체제가 발족됐다. 당시 다이와 하우스 공업의 사장이었던 히구치 다케오Higuchi Takeo(이하: 히구치)(그림 2-3)가 회장에 취임하고 사장에는 전무였던 무라카미 겐지Murakami Kenji(이하: 무라카미)가 선출되었다. 또한, 경영 체제의 쇄신과 동시에 다이와 하우스 그룹이 안고 있는 과제를 공유하는 동료들이 모여 기업 브랜드 위원회를 만들었다. 위원회의 목적은 다이와 하우스 그룹다움과 일체감을 구축하는 것이며 좀 더 구체적으로 말하자면 '매출액 10조 엔의 기업 그룹을 만드는' 꿈을 좇는 사풍을 확립하는 것이었다.

창업 50주년이 되는 2005년 4월 5일에 브랜딩 프로젝트가 시작되었다. 기업 브랜드 위원회는 다이와 하우스 공업뿐 아니라 그룹 회사에서도 멤버를 모집해서 총 50명이었다. 위원장에는 히구치, 부위원장에는 무라카미, 실행위원장에는 부사장인 오가와 데쓰지Ogawa Tetsuji(이하: 오가와)가 취임해서 경영진이 참여하는 위원회를 만들었다.

기업 브랜드 위원회의 첫 임무는 다이와 하우스 그룹을 사람들이 어떻게 보고 있는지 파악하는 것이었다. 충분한 사내외 설문 조사와 사정 청취를 통해 분명해진 과제는 창업 이후의 기업 이념인 '건축의 공업화'가 이미 그룹 전체의 이념으로 기능하지 않는다는 현실이었다. 다이와 하우스 그룹의 사업 영역이 광범위한 것은 앞에서도 설명했지만, 당시에도 구성 기업이 50개사에 달했으며 건축의 공업화와는 전혀 상관없는 사업에 종사하는 임직원도 수두룩했다. 이른바 그룹을 이끄는 커다란 방침이 없는 상태였다. 또 당시 다이와 하우스 그룹의 특징 중 하나로 그룹 내 경쟁이 있었다. 이는 그룹 내 A사와 B사, C사에 똑같은 사업을 실시하도록 지시해서 서로 경쟁시켜 성장한다는 것이었다. 실제로 그 방식이 같은 그룹의 성장력이 된 일면은 있지만, 그룹의 각 회사가 부분 최적화를 지향하며 개별적으로 각각의 목표를 추구한 탓에 일체감 없는 그룹이 된 것도 사실이다.

2004년 당시 이미 사회 환경을 보면 인구 동태에서 신축 주택 착공 수가 감소하는 추세가 확실히 보였다. 그런 와중에 그룹 내에서 경쟁하며 숫자를 추구하는 전략을 계속 밀고 나가면 결국 실패할 것은 뻔했다. 창업 100주년을 맞이하는 2055년에 매출액 10조 엔의 기업 그룹을 만들려면 그룹 기업끼리 역할을 정리하고 성장의 방향성을 명확히 나타내야 했다. 이를 통해 그룹을 하나로 만드는 브랜드 아이덴티티를 정하고 앞으로 10조 엔의 기업 그룹이 되었을 때도 견딜 수 있는 결과물을 만들어내야 한다는 목표를 모든 멤버와 공유했다.

**그림 2-3** 기업 브랜드 위원회 위원장, 히구치 다케오

### ⑵ 사람, 지역, 생활의 공동 가치 창조 그룹

어떻게 성장할 것인가에 대해 히구치가 제시한 키워드는 '아스후카케쓰(明日不可欠)'다. '미래 사회에 반드시 필요한' 회사가 된다는 의미에 더해서 '아'는 안전, 안심(安全, 安心), '스'는 스피드(speed), '후'는 복지(福祉), '카'는 환경(環境), '케'는 건강(健康), '쓰'는 통신(通信)의 이니셜을 뜻한다. 이 키워드에는 복지, 환경, 건강, 통신 영역에서 안전, 안심으로 이어지는 새로운 가치를 빠르게 계속 만들어 내는 그룹이 된다는 마음이 담겼다. 브랜드 아이덴티티에는 이 요소와 양립하는 콘셉트가 필요했다.

또한, 연차 보고서(기업의 영업과 재무 활동의 성과에 대한 보고서) 형식의 문서에서는 그룹의 기본자세로 '함께 만든다, 함께 살아간다'라는 말도 내걸었다. 건축, 주택 업계는 자칫하면 신축 착공 수 같은 숫자를 추구하기 쉬운데, 거기에는 큰 성장의 여지가 없다. 앞으로의 성장은 건물을 지은 후에 존재한다는 의미로, 건물을 짓는 것도 중요하고 지은 후에도 똑같이 중요하다는 생각을 메시지로 삼은 것이다.

이러한 요소를 받아들이며 최종적으로 정리한 브랜드 아이덴티티는 '사람, 지역, 생활의 공동 가치 창조 그룹'이다. 사람과 지역과 생활을 연결하는 새로운 가치를 고객과 함께 만들고 활용하며 향상시키는 기업 그룹이 되는 것을 약속으로 내걸었다(그림 2-4).

사람, 지역, 생활은 다이와 하우스 그룹의 3대 사업 영역을 나타낸다. 즉 '사람'은 주택사업(하우징)이며 '지역'은 건축사업(비즈니스), '생활'은 호텔이나 홈센터 등의 사업(라이프)이다. 이 사업들은 창업자 이시바시가 이룬 주택 혁명, 건축 혁명, 생활 혁명과도 연관된다. 이렇게 해서 브랜드 아이덴티티에 다이와 하우스의 원점과 이어지는 아이디어를 창출할 수 있었던 것도 이 프로젝트가 성공한 요인이라고 할 수 있다.

다이와 하우스는 표기명에 따라 나타내는 의미가 달라진다. 이전까지 엄격하게 구분해서 사용하지는 않았지만, 그룹에서의 성장을 전제로 하는 콘셉트를 채용한 후부터 새롭게 분리해 한자 표기명은 기업을 지칭하는 것으로 하고, 가타카나 표기명은 하우징 사업의 단독 주택을 지칭하는 것으로 간주하게 되었다. 그룹을 나타낼 경우에는 '다이와 하우스 그룹'으로 기재한다. 사소한 것이기는 하지만 이런 점에도 브랜딩에 대한 고집이 나타난다.

**그림 2-4** 심벌마크 '엔드리스 하트'

Daiwa House®
Group

사람 · 지역 · 생활의 공동 가치 창조 그룹

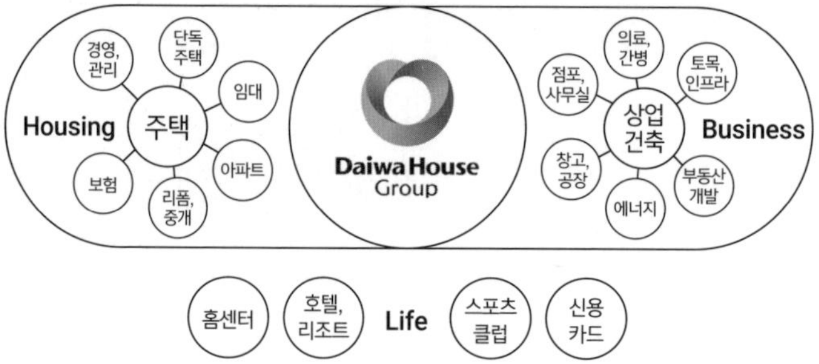

### (3) 심벌마크인 엔드리스 하트

'사람, 지역, 생활의 공동 가치 창조 그룹'의 상징이 되는 창조적 표현은 어떻게 해야 할까? 여기에는 눈에 보이는 구심력으로서 심벌마크가 필요하다는 것을 기업 브랜드 위원회에서 확인하고 개발에 착수했다. 완성된 그룹 심벌은 그 형태에서 유래하여 '엔드리스 하트Endless Heart'라고 이름을 붙였다(그림 2-4).

고객과의 유대, 다이와 하우스 그룹의 연대감과 유대가 감싸 안은 친절한 마음(heart), 뫼비우스의 띠를 연상케 하는 조형은 끊임없는 그룹의 행동과 무한히 이어지는 성장, 발전을 나타낸다. 중심에 있는 원 모티프에는 다이와 하우스 공업의 창업 상품, 파이프하우스의 힌트가 된 대나무이자 그룹의 원점인 '위대한 화합으로 경영에 임하고 싶다'는 바람이 담겨 있다.

이 심벌마크는 기업 브랜드 위원회 내부에서 결정한 것을 사원에게 통지한 것이 아니라 임직원 투표를 통해 뽑혔다. 이 설문 조사에는 히구치를 비롯한 임원도 참가해서 브랜딩을 모든 임직원에게 '자기 업무화'시키는 것에 공헌했다.

### (4) 혁신적인 브랜드 체계

엔드리스 하트를 어떤 브랜드 체계로 그룹의 각 회사에 전개할 것인가? 이 또한 커다란 도전이었다. 일반적이라면 모회사가 상위에, 그룹의 각 회사를 하위에 두겠지만 다이와 하우스 그룹의 브랜드 체계 구축 포인트는 모회사인 다이와 하우스 공업도 그룹을 구성하는 일개 기업으로 간주했다는 점이다. 인구 감소 경향에 있는 사회에서 건축과 주택을 주요 사업으로 하는 다이와 하우스 공업만으로는 크게 성장하기 어렵다. '아스후카케쓰'를 실천하는 그룹 회사의 성장이 장래를 개척하는 결정적인 수단이 된다. 다이와 하우스 그룹의 균일한 브랜드 체계는 이를 구체적으로 실현했다.

브랜드 체계는 두 그룹으로 나뉜다(그림 2-5). 먼저 '표기 1'이라고 부르는 그룹은 건축 및 주택에 관여하는 기업을 중심으로 해서 건축 관련 기업으로 인식되는 것이 유익한 기업군으로 이루어져 있다.

'표기 2'라고 부르는 그룹은 독자적인 브랜드를 어필하는 기업이 중심으로 구성되어 있다. 바꿔 말하자면 표기 1의 그룹과는 고객층이 다른 기업군이다. 로열 홈센터Royal Homecenter, 다이와 로열 호텔, 또는 당시 그룹에 들어온 스포츠클럽 NAS 등 주로 생활 관련 사업 회사가 이쪽에 속한다.

또한, M&A를 통해 그룹에 들어온 코스모스 이니셔Cosmos Initia와 후지타Fujita 등 독자적으로 성장을 이룬 기업과 오랜 역사를 지닌 기업도 표기 2의 그룹에 속한다. 각 기업들이 키워 온 브랜드를 존중하며 더불어 다이와 하우스 그룹의 신용을 보증하는 구조다.

표기 1, 2에 속하는 각 그룹의 명함과 봉투, 명찰 등 임직원이 일상적으로 사용하는 아이템의 디자인도 통일했다. 그전까지는 각 회사가 개별적으로 디자인했는데 엔드리스 하트의 도입에 맞춰서 다이와 하우스 그룹다운 디자인으로 쇄신했다.

모회사 중심이 아닌 균일한 체계를 구축한 것이 엔드리스 하트를 공유하는 기업 그룹으로서 일체감을 높인 것은 의심할 여지가 없다.

### (5) 이념 체계의 정비

브랜딩을 도입할 때 대부분의 기업이 기존의 이념 체계에 브랜드를 도입하는 단계에서 실패한다. 사실 이 점을 확실히 정리해 두지 않으면 브랜드 평가가 모호해지고 결과적으로 잘 내재화하지 않는 경우도 많다.

다이와 하우스 그룹에도 창업자 이시바시가 남긴 회사의 기본 방침이 있어서 이를 어떻게 할 것이고, 또 임직원 배지(기업 배지)를 새로운 심벌인 엔드리스 하트로 변경하느냐 마느냐도 과제로 거론되었다. 회사의 기본 방침은 명칭을 기업 이념으로 고쳐 어떤 의미에서 신격화를 도모했다. 한편으로는 '사람, 지역, 생활의 공동 가치 창조 그룹'과 엔드리스 하트는 새로운 경영진이 내세운 방침과 그 상징으로 삼았다. 배지는 엔드리스 하트로 해야 한다는 의견이 우세한 한편, 장기근속 표창제도와의

## 그림 2-5 다이와 하우스 그룹의 브랜드 체계

[표기 1]

| | | | | |
|---|---|---|---|---|
| Daiwa House<br>大和ハウスグループ | Daiwa Lease<br>大和ハウスグループ | Daiwa Logistics<br>大和ハウスグループ | Daiwa Living Mgt.<br>大和ハウスグループ<br>Daiwa Living COMPANIES | Daiwa Living<br>大和ハウスグループ<br>Daiwa Living COMPANIES |
| Daiwa Estate<br>大和ハウスグループ<br>Daiwa Living COMPANIES | Daiwa Living Utils.<br>大和ハウスグループ<br>Daiwa Living COMPANIES | Daiwa LifeNext<br>大和ハウスグループ | Daiwa Info.Service<br>大和ハウスグループ | Nihon Jyutaku Ryutu<br>大和ハウスグループ |
| Daiwa Royal<br>大和ハウスグループ | Daiwa Reform<br>大和ハウスグループ | Daiwa Energy<br>大和ハウスグループ | Daiwa Lantec<br>大和ハウスグループ | Daiwa Life Support<br>大和ハウスグループ |
| Daiwa House Asset Mgt.<br>大和ハウスグループ | Daiwa House REIM<br>大和ハウスグループ | Daiwa Insurance<br>大和ハウスグループ | Daiwa House Parking<br>大和ハウスグループ | Daiwa House Prop.Mgt.<br>大和ハウスグループ |
| Daiwa Living Stay<br>大和ハウスグループ<br>Daiwa Living COMPANIES | DD Innovation<br>大和ハウスグループ | Daiwa House<br>Dalian | Daiwa House<br>China-INVESTMENT | Daiwa House<br>Wuxi |
| Daiwa House<br>Changzhou | Daiwa House<br>Property Mgt. | Daiwa House<br>Nantong | 宝业 BAOYE Daiwa House | Daiwa House<br>California |
| Daiwa House<br>Texas | Daiwa House<br>Guam | Daiwa House<br>Australia | Daiwa House<br>Vietnam | Daiwa House<br>India |
| Daiwa House<br>Vietnam-Development | Daiwa House<br>Vietnam-Logistic | Daiwa House<br>Indonesia | Daiwa House<br>Thailand | Daiwa House<br>Malaysia |
| Daiwa Living<br>California<br>Daiwa Living COMPANIES | Daiwa Living<br>Australia<br>Daiwa Living COMPANIES | Daiwa Living<br>Vietnam<br>Daiwa Living COMPANIES | Daiwa House<br>USA | Daiwa Living<br>USA<br>Daiwa Living COMPANIES |

[표기 2]

| | | |
|---|---|---|
| DesignArc<br>Daiwa House Group | Global Community<br>Daiwa House Group | ロイヤルホームセンター<br>Daiwa House Group |
| Daiwa Royal Hotel<br>Daiwa House Group | Daiwa Royal Hotel City<br>Daiwa House Group | ダイワロイヤルゴルフ<br>Daiwa House Group |
| eneServe<br>Daiwa House Group | 大阪マルビル<br>Daiwa House Group | 西脇ロイヤルホテル<br>Daiwa House Group |
| SPORTS CLUB NAS<br>Daiwa House Group | 大和ハウスフィナンシャル<br>Daiwa House Group | 大和コアファクトリー<br>Daiwa House Group |
| 伸和エージェンシー<br>Daiwa House Group | MEDIA TECH INC.<br>Daiwa House Group | D.U-NET<br>Daiwa House Group<br>Daiwa Living COMPANIES |
| Double-D<br>Daiwa House Group<br>Daiwa Living COMPANIES | Daiwa LogiTech<br>Daiwa House Group | Frameworx<br>Daiwa House Group |
| FUJITA<br>Daiwa House Group | コスモスイニシア<br>Daiwa House Group | コスモスモア<br>Daiwa House Group |
| コスモスライフサポート<br>Daiwa House Group | コスモスホテルマネジメント<br>Daiwa House Group | Daiwa Cosmos Construction<br>Daiwa House Group |
| HeartOneTrust<br>Daiwa House Group<br>Daiwa Living COMPANIES | FINE<br>Daiwa House Group | SMART CLINIC<br>Daiwa House Group |
| Parking Solutions<br>Daiwa House Group | 東富士<br>Daiwa House Group | 流山共同開発<br>Daiwa House Group |
| ROYAL GATE<br>Daiwa House Group | DT Development<br>Daiwa House Group | WALDORF APARTMENT HOTELS<br>Daiwa House Group<br>Daiwa Living COMPANIES |
| COSMOS AUSTRALIA<br>Daiwa House Group | STANLEY MARTIN<br>Daiwa House Group | |

관계를 어떻게 할 것인가라는 문제가 생겼다. 근속 연수에 따라 20년이면 은배지, 30년이면 금배지로 바뀌는 제도가 있었다. 다이와 하우스 그룹에서 30년 동안 일하는 것은 확실히 표창할 가치가 있다. 금배지를 달면 본인은 자부심을, 주위는 존경의 마음을 갖게 된다. 이 제도를 지속시켜 결과적으로 회사의 기본 방침과 함께 이시바시가 남긴 재산으로서 그대로 계승되었다. 이렇게 해서 그룹의 이념 체계를 정리한 것은 훗날 사내 내재화를 순조롭게 하는 데 효과적으로 작용했다.



### (6) 중기 경영 계획으로의 전개

다이와 하우스 그룹의 브랜딩 프로젝트에서 주목해야 할 점은 브랜드 아이덴티티와 엔드리스 하트의 개발을 경영 계획에도 반영시켰다는 점이다. 이 경영 계획은 현재의 성장으로 확실히 이어지고 있다. 다이와 하우스 그룹 1차 중기 경영 계획의 키워드는 '엔드리스 매니지먼트 시스템'이다. 토지, 건물의 밸류체인을 연결하기 위해서 그룹의 각 회사가 역할을 분담하고 각자의 영역에서 최적의 가치를 제공하는 것. 이전까지 경쟁에 빼앗긴 비즈니스 기회를 다이와 하우스 그룹에 내포시켜서 그룹 전체가 함께 성장하는 것이 그 개요다. 확실히 고객과 함께 새로운 가치를 만들고 활용하며 향상시켜서 사람이 여유롭게 살아가는 사회의 실현을 목표로 하는 '사람, 지역, 생활의 공동 가치 창조 그룹'에 어울리는 전략이라고 할 수 있겠다. 이렇게 해서 브랜드 전략과 경영 전략이 똑같은 사상을 갖게 되었다. 이 책의 앞부분에서 브랜딩의 최종 목표는 브랜드 가치의 최대화이며 그 지름길은 비즈니스의 이상적인 모습 자체를 브랜드 아이덴티티에 적합하게 만드는 것이라고 설명했다. 이 프로젝트는 이를 그대로 실천한 좋은 사례라고 할 수 있다. 1차 중기 경영 계획은 다이와 하우스 그룹에 힘을 불어넣어 성장의 기점이 되었다.

### (7) 사내외로 내재화한 엔드리스 하트

'사람, 지역, 생활의 공동 가치 창조 그룹'과 엔드리스 하트는 2005년 4월 5일에 공개되었는데 이를 위해 텔레비전 광고와 신문 광고 등 매스커뮤니케이션을 활용했다. 기업 브랜드 위원회에서 실시한 설문 조사에서는 간토 지역의 다이와 하우스에 대한 인지도가 너무 낮아서 모든 관계자가 결과에 깜짝 놀랐다. 그런 이유로 다이와 하우스에 대한 관심을 높이기 위한 광고에도 주력했다.

텔레비전 광고와 신문 광고는 다이와 하우스 그룹의 임직원을 등장시켜서 모두가 마음에 엔드리스 하트를 품고 있다는 것을 전하는 내용이었다(그림 2-6).

임직원과 함께 히구치와 무라카미, 오가와도 등장했다. 여기서 중요한 점은 경영진의 사진 위치와 크기가 일반 임직원과 똑같았다는 것이다. 엔드리스 하트를 임직원 투표로 뽑았을 때와 마찬가지로 회장, 사장, 부사장이라고 해도 한 사람의 인간으로서 일반 임직원과 동등하게 취급되었다. 이로써 다이와 하우스 그룹이 크게 달라지려고 하는 것을 그룹에 속한 모두가 실감했다. 또한, 촬영 자체도 오사카 본사에서 이루어져 결과적으로 사내 내재화 활동도 겸하게 되었다. 그 후에도 매스컴 방면에서는 '함께 만든다, 함께 살아간다'를 주제로 한 공창공생(共創共生, 함께 만들고 함께 살아가기) 시리즈를 계속 진행하고 있다.

매스컴 활동과 병행해서 일반 임직원을 대상으로 한 내재화도 실시하고 있다. 이것은 약 6개월에 걸쳐서 일본 전국 100개 사업소 전체를 방문하여 실시한 브랜드 스터디 모임 '브랜드 캐러밴Brand Caravan'이다. 그곳에서 엔드리스 하트는 단순히 회사의 마크가 달라진 것이 아니며 경영 체제와 함께 경영 전략 자체가 크게 달라진 것에 대해 자세히 설명했다. 이렇게 내재화 활동에 착실히 임한 보람이 있어서 임직원도 엔드리스 하트를 호의적으로 받아들였다. 구체적으로는 임직원 95퍼센트가 엔드리스 하트에 애착을 느끼고 '엔드리스 하트를 보면 다이와 하우스 그룹의 임직원이라는 것을 깊이 의식한다', '엔드리스 하트를 도입해서 우리도 일류 기업의 임직원이라고 자랑할 수 있게 되었다'라고 대답했다. 또한, 임직원 70퍼센트가 고객과 거래처에서 '인상이 좋아졌다'는 등 긍정적인 반응을 얻었다.

다이와 하우스 그룹의 출자는 건축 사업인데 이러한 분야에서는 직접적인 커뮤니케이션도 효과적이다. 그래서 건축 현장에 엔드리스 하트를 철저히 게시하는 데 주력했다(그림 2-7). 다이와 하우스 그룹이 짓는 건축물 중에는 단독 주택부터 집합 주택, 또는 물류 시설이나 상업 시설 등 규모가 매우 다양하다. 그런 현장은 공사 기간 중 수많은 사람과 접할 수 있으므로 엔드리스 하트가 가장 아름답게 보이는 표지판을 설계했다. 원래 다이와 하우스는 지방에서 유명한 편이지만 최근에는 도쿄에서도 건축 현장을 볼 기회가 늘어났다. 프로젝트를 실시할 때 오사카역 앞의 랜드마크, 오사카 마루 빌딩도 그룹에 편입되었다. 마루 빌딩의 옥상에도 엔드리스 하트에 시각과 기온을 함께 게시해서 사회적 가치를 만들어 냈다.

**그림 2-6** 기업 광고

# 3
# 창업자의 신념을 바탕으로 끊임없이 진화하는 그룹 브랜딩

## (1) 오사카의 조립식 주택 건축재 제조회사에서 일본 최대 건축회사로의 성장

기업 브랜드 위원회가 브랜드 아이덴티티인 '사람, 지역, 생활의 공동 가치 창조 그룹'과 심벌마크 '엔드리스 하트'를 도입해 사내외로 철저히 내재화한 성과는 계속해서 나타나고 있다. 먼저 그 후의 조사에서는 기업 호감도와 취직 의향도 등 기업 이미지가 급격하게 대폭 상승했다. 다이와 하우스 그룹에 대한 인상은 오사카의 프리패브 건설업체에서 일본 최대의 건축회사로 변모했으며 지금도 끊임없이 성장하고 있다. 주가는 도입 전보다 약 3배가 늘어났다. 브랜딩 프로젝트가 커다란 영향을 준 것을 알 수 있을 것이다.

그 외의 KPI로서 매출액 연단 배율(단독 재무제표 수치와 연결 재무제표 수치의 비율)이라는 지표가 있다. 이는 수치가 커질수록 그룹 회사의 매출액 비율이 높은 것을 의미하는데, 다이와 하우스 그룹은 기업 브랜드 위원회 발족 전에는 1.13(2003년 회계연도(2003년 4월~2004년 3월))이었다. 즉, 대부분이 핵심 기업인 다이와 하우스 공업에 의존했는데 현재는 2.0을 넘어서 그룹 회사의 매출액이 핵심 기업과 비슷해졌다는 사실을 알 수 있다. 그룹으로서의 성장이 실태로 이루어진 증거다.

2017년에는 어느 비즈니스 잡지에서 '한번 물면 놓지 않는 자라와 같은 경영 다이와 하우스, 어느새 3조 엔 기업'이라는 특집 기사를 다뤘다. 일본의 주택 시장이 축소되고 있는 시기에 다이와 하우스가 큰 성장을 이룬 이유가 주된 내용이었다. '집합 주택과 상업 시설 등 땅 주인에게 모든 선택지를 제안하며 장기간에 걸쳐서 관계를 맺는다.' 즉, 한번 물면 놓지 않는 '자라 경영'이 장점이라는 뜻이다. 엔드리스 매니지먼트 시스템 사상이 그 밑바탕에 있는 것은 말할 것도 없다.

다이와 하우스 그룹은 일본 최대의 건축회사로 비약했다. 하지만 슈퍼 종합건설회사라고 불리는 다른 기업이 더 큰 성장세를 보이고 있다. 이 차이를 메우는 것이 앞으로의 과제라고 할 수 있겠다.

**그림 2-7** 모든 장소에 게시한 심벌

Daiwa Roynet Hotel

P
Daiwa House
最大料金 1000円
300円
P

Livness
Livness

Daiwa House Group
DPL

### (2) 그리고 60주년

기업 브랜드 위원회는 브랜딩에 일정한 형태가 잡힌 2005년 5월에 활동을 종료했지만, 그 활동은 새로 설치된 기업 브랜드실에 계승되었다. 이 부서는 현재도 브랜딩과 관련된 업무를 담당하고 있다. 구체적인 업무 내용은 그룹에 널리 퍼진 브랜드 전략 검토, 새 회사 설립 또는 새로 그룹에 편입되는 기업의 브랜드 검토, 상표 관리 등이다. 사업 영역이 넓은 다이와 하우스 그룹은 관련된 상표를 거의 모든 분야에서 취득했다. 해외 M&A가 늘어난 현재 이들의 업무는 모든 나라로 확대되어 착실히 성과를 올리고 있다.

한편 엔드리스 하트가 사회적으로 주목받기 시작하자 디자인 표절로 볼 수 있는 문제도 여러 번 발생했다. 항의문을 발송해서 표절 사용을 중지한 기업도 있었다. 하지만 그렇지 않은 기업에는 엔드리스 하트의 개발에 쓰인 기법의 독창성에 대해 정중히 설명하고 상표 권위라고 일컬어지는 특허 법률사무소와 팀을 꾸려서 표절 문제를 사회에서 배제하도록 끊임없이 대응하고 있다. 이 또한 브랜드 전략 부서의 중요한 임무다.

한시적으로 브랜딩 위원회를 조직하는 기업은 많지만 당면한 목적을 이루면 조직이 해산되어 결국 브랜드가 당초의 의도와는 다른 방향으로 나아갈 때가 있다. 다이와 하우스 그룹의 경우에는 기업 브랜드실을 만들어서 날마다 발생하는 위와 같은 문제 및 과제에 일일이 주의깊게 대응해 당초의 뜻을 지금까지도 계승하고 있다.

엔드리스 하트를 도입한 지 10년이 지난 2015년 4월에는 그 의도를 다시 한번 확인하기 위해서 그룹 각 회사의 젊은 사원이 촬영에 참가한 포스터를 제작하여 그룹 내 각 지점에 게시했다. 이때 참가자는 사회에 대한 약속을 선언하는 “I Have Heart.”라는 메시지를 각각 준비해서 그 내용을 다이와 하우스 그룹의 스페셜 사이트에 전개했다. 이는 엔드리스 하트를 도입한 후에 입사한 젊은 세대를 위한 그룹의 유대를 돈독히 하는 업무로도 기능했다.

50주년에는 브랜딩에 대응하고 60주년에는 위의 캠페인에 더해 도쿄 상공에서 촬영한 광고를 창립기념일인 4월 5일 자 신문에 실었다. 엔드리스 하트를 도입한 지 10년, 수도권에서도 좋은 토지를 수배할 수 있을 정도로 성장한 것에 대한 고마운 마음을 표시하고자 다이와 하우스 그룹의 건축물과 관련 시설이 많은 오다이바에서 도쿄를 한눈에 바라보는 사진을 찍었다.

다이와 하우스 그룹에서는 기업 브랜드 외에도 비즈니스호텔로 높은 평가를 얻은 ‘다이와 로이넷 호텔Daiwa Roynet Hotel’, 수도권에서 일본 전국으로 점포 전개를 확대한 ‘스포츠클럽 NAS’, 재고 주택의 활용을 추진하는 ‘리브니스Livness’, 짧은 기간이라도 토지를 활용할 수 있는 ‘D-Parking’ 등 각 사업을 대표하는 브랜딩을 계속 실시하고 있다. 이러한 업무들은 하우징, 비즈니스, 라이프 각 영역에 속한 그룹의 존재감을 확대하는 데도 한몫한다.

### (3) 성공의 요인이 된 엔드리스 하트

이 프로젝트가 성공한 주된 요인은 다섯 가지이다.

첫 번째는 그룹의 지주였던 창업자를 잃고 새로운 경영 체제로 바뀌는 시기에 프로젝트가 진행되었는데, 후계자인 히구치가 그룹의 문제점을 간파하고 변혁을 모색한 점이다.

두 번째는 브랜드 아이덴티티의 개발과 브랜드 심벌 제작에 창업자가 소중히 지켜온 다이와 하우스의 원점이라고 할 수 있는 요소를 포함시킨 점이다.

세 번째는 프로젝트를 중심 기업인 다이와 하우스 공업뿐만 아니라 그룹 횡단 프로젝트로 간주했다는 점이다.

네 번째는 프로젝트 추진팀이 유례없는 열정을 보이며 개발 과정부터 공개 후의 내재화 활동까지 철저하게 진행한 점이다.

마지막으로 브랜드 전략과 경영 전략이 똑같은 사상에서 만들어진 점이다. 즉, 이 브랜딩 프로젝트의 가장 큰 성공 요인은 단순히 회사의 마크를 변경한 것이 아니라 새로운 경영의 방향성을 나타내는 심벌로서 엔드리스 하트를 개발 및 도입한 것이라고 할 수 있겠다. 네 번째에 관해서는 담당자 인터뷰를 참조하기 바란다.

이렇게 과정을 돌이켜 보면 이 프로젝트가 다양한 사건이 겹친 시기에만 성공했다는 사실을 알 수 있다. 조금이라도 빠르거나 늦었다면 이런 성과를 거두지 못했을 것이다. 사내외의 환경이 완벽히 일치해서 관련된 모든 것의 힘을 최대한으로 발휘한 결과 이상적인 결과물을 만들어 낼 수 있었다.

이 브랜드 프로젝트는 2003년에 세상을 떠난 창업자 이시바시의 마음을 재생시키는 프로젝트였다. 엔드리스 하트는 이시바시의 환생이라고 받아들일 수 있을 것이다. 이는 지금도 다이와 하우스 그룹을 따뜻하게, 때로는 엄격하게 지켜봐 주는 창업자 자체이며 10조 엔 기업을 만드는 과정을 보여주는 길잡이가 분명하다.

## | 브랜드 관계자와의 인터뷰 |

다이와 하우스 공업 주식회사 집행임원
경영관리본부 종합선전부장
**이즈미모토 게이스케**Izumimoto Keisuke

◇◇◇◇◇◇◇◇◇◇◇◇◇◇◇◇◇◇◇◇◇◇◇◇

### 그룹 브랜딩 프로젝트의 중점은 어디에 두었습니까?

첫 번째는 타이밍이라고 할까요? 우리 회사의 경우에는 2003년에 창업자인 이시바시 고문이 타계하고 창업자의 유지를 계승하는 강력한 상징이 필요했습니다. 또 연결 결산 시대가 되어 창업자가 말한 창업 100주년을 맞이하는 2055년에 매출액 10조 엔의 기업 그룹을 만들겠다는 커다란 꿈을 달성하기 위해서 그룹을 하나로 뭉치는 구심력도 필요했어요. 2005년은 마침 50주년을 맞이하는 해였습니다.

2005년은 확실히 우리 회사의 그룹 브랜드를 재구축할 수 있는 절호의 기회였습니다. 창업자가 남긴 말 중에 '좋은 기회는 순식간에 사라진다'라는 말이 있습니다. 기회의 문은 한순간에만 열리니 그 타이밍을 확인하고 놓치지 않도록 해야 한다고 느꼈습니다.

두 번째는 실태를 정확히 파악하는 것입니다. 브랜딩 프로젝트 이전에는 주택을 구입한 고객이 앞으로 구입할 의향이 있는 사람을 소개해 주는 경우, 주택 건설업체가 1위인 한편 다이와 하우스는 7위에 그쳤습니다. 매출액은 거의 비슷했는데도 기업 이미지로 차이가 크게 벌어졌다고 할 수 있죠. 소개 비율은 구입을 결정짓는 가장 큰 요인이기도 해서 다이와 하우스에는 '가치관의 전환'이 필요하다고 경영진에게 제안했습니다.

또한, 창업자가 10조 엔의 기업 그룹을 만들겠다는 꿈을 말했을 때 당시 1조 엔이 될까 말까 한 상황이었던 터라 많은 임직원이 실현하기 어렵다고 생각했습니다. 그래서 경영 기획부와 함께 그룹 회사가 참여하는 모든 사업의 시장을 철저히 분석하고 10조 엔을 달성할 수 있다는 것을 확인해서 히구치 회장에게 보고했습니다. 그런 다음, 히구치 회장의 양해를 얻어 그 내용을 연차 보고서에 기재했고 연차 보고서의 세계 최고봉 어워드인 ARC에서 상을 받았습니다. 이로써 사내외의 관심이 높아져서 10조 엔의 기업 그룹을 만드는 일이 현실성을 갖게 된 것입니다.

## 그룹 브랜딩을 추진할 때 반대나 저항은 없었습니까?

그 점에서는 주위 사람들의 덕을 봤습니다. 당시 사내에는 브랜딩에 반대하는 사람이 없었지만 반대로 찬성하는 사람도 없었습니다. 예산도 없고 권한도 없는 상태였지요. 그러나 지금 돌이켜보면 아무것도 없었기 때문에 과감한 일에 도전할 수 있었습니다. 경영 기획부 멤버와 기업 브랜드 위원회를 만들었는데, 그 멤버는 그룹 회사를 통합하는 일에 여러 가지로 애써줬습니다.

변혁을 바란 히구치 회장, 프로젝트 추진을 지원해 준 무라카미 사장과 오가와 부사장, 그리고 제가 만든 브랜딩에 관한 '초안'을 경영진에게 제안한 직속 상사, 그분들이 없었다면 프로젝트를 수행하지 못했을 것입니다. 또한, 똑같은 가치관을 갖고 신뢰할 수 있는 외부 컨설턴트와 크리에이터들이 진정한 파트너로서 우리와 함께 중책을 맡아줬습니다.

임직원을 최대한 많이, 또 깊이 끌어들인 것도 효과적이었습니다. 기업 브랜드 위원회에는 다이와 하우스의 임직원뿐 아니라 그룹 회사 임직원들도 참여하게 했는데 거기에는 그룹 간에 격의를 없애서 일체감을 만들려는 목적이 있었습니다. 또 위원회에 참여하는 모든 멤버에게는 브랜딩 공개 후에 각자의 직장에서 브랜딩을 이끌도록 하는 구조로 만들었습니다.

한편 당시 다이와 하우스 그룹에는 임직원이 3만 명 정도 있었는데 모든 임직원을 대상으로 설문 조사를 실시했습니다. 이를 통해 심각한 브랜드 상황과 앞으로 주어진 과제를 명확히 해서 회사가 시도하려고 하는 변혁의 일부분을 개개인이 담당한다는 생각을 갖게 한 것은 효과적이었습니다. 또 새로운 심벌마크 디자인도 임직원 투표로 결정해서 자신들의 의사를 반영한 심벌을 만들어 애착심이 깊어졌다고 생각합니다. 그와 더불어 TV 광고와 신문, 포스터 등에도 수많은 그룹 임직원의 출연 기회를 마련하여 다이와 하우스 브랜드의 새로운 막을 여는 데 참가시켰습니다. 이런 활동의 배경에는 브랜드를 만들어 육성하는 것이 임직원 개개인, 즉 사람이라는 생각이 근거였습니다.



**프로젝트 종료 후에도 브랜딩을 지속적으로 실천하고 있는데, 그 핵심은 어디에 있었다고 생각합니까?**

브랜딩 전문 부서인 기업 브랜드실을 설치한 것이 중요했다고 봅니다. 기업으로서 사회에 존재하는 이상 브랜딩에 끝은 없습니다. 착실한 활동과 커뮤니케이션을 지속적으로 실천해야 브랜드에 가치가 축적됩니다. 기업 브랜드실에는 다이와 하우스를 포함한 그룹 회사에서 한 달에 100건 정도의 문의가 들어오는데 그에 대해 일일이 정성껏 대응합니다. 브랜드 표현에 관한 가이드라인은 그 문의로 얻은 과제 해결 내용을 반영시키기 때문에 해마다 꼼꼼하게 업데이트합니다. 기업 브랜드실은 모든 브랜드 커뮤니케이션을 통제하는 역할을 완수하는 동시에 그룹 심벌이 사회에서 지속적으로 사랑받는 존재가 되도록 끊임없이 활동하고 있습니다.

우리의 활동은 단순한 CI 구축이 아니라 경영의 시점에서 브랜드를 설계한다고 자부합니다. 기업을 한층 더 사회적 가치가 있는 존재로 만들려면 어떤 가치를 어떻게 사회에 제공해야 하는지 방법을 모색하며 각오를 다져서 임해야 한다고 통감했습니다.

지금 생각하는 주제 중 하나는 사회 속에서 지금의 인프라를 어떻게 활용하고 재생할 것인가가 있습니다. 결국, 소비자의 생활을 지원하고 그 생활 속에 가깝게 다가간 브랜드로 존재하는 것이 우리의 바람입니다. 앞으로도 엔드리스 하트를 새로운 가치관을 창출할 수 있는 심벌로 꾸준히 키워나가고 싶습니다.

# 3 잇푸도 IPPUDO

일본의 식문화를 세계적으로 보급시키는 브랜딩

IPPUDO

**1** 비즈니스 성장과 함께 분명해진 과제

**2** 'JAPANESE WONDER'='사람의 마음을 두근거리게 하며 용기를 주는' 브랜딩

**3** 나라, 지역, 장르를 넘어서 전개되는 브랜딩

| 브랜드 관계자와의 인터뷰 |

## 1
# 비즈니스 성장과 함께 분명해진 과제

◇◇◇◇◇◇◇◇◇◇◇◇◇◇◇◇◇◇◇◇◇◇◇◇

### (1) '잇푸도' 브랜드의 탄생

1985년 후쿠오카 하카타, 다이묘에 '여성 혼자서도 마음 편히 들어갈 수 있는 가게'를 콘셉트로 한 라멘 가게가 오픈했다. 가게명은 '잇푸도Ippudo'로 그 이름에는 '라멘 업계에 한바탕 바람을 몰고 오고 싶다'는 창업자 가와하라 시게미Kawahara Shigemi(이하: 가와하라)의 마음이 담겨 있다.

당시 돈코츠 라멘(돼지 뼈를 오랜 시간 우려낸 육수로 만든 라멘으로 후쿠오카에서 유래되었다)의 본고장 하카타에서는 라멘 가게라고 하면 '무섭다, 냄새난다, 더럽다'는 이미지가 있어서 여성 고객 혼자서는 다가가기 힘든 가게가 많았다. 잇푸도의 등장은 그런 이미지를 근본적으로 뒤집었다. 교토의 노포를 연상케 하는 목제 간판과 직접 염색한 일본식 천, 목공 조각가의 작업실과 같은 나무 느낌의 내부 장식, 도자기 가마에 발주한 오리지널 라멘 그릇, BGM은 재즈……. 세부적인 것에 이르기까지 철저히 고집한 멋지고 청결한 공간과 그곳에서 맛보는 잡내를 없앤 진한 국물의 풍미가 좋은 평판을 얻었고 점원 청년이 상큼한 목소리로 맞아주는 고객 응대 스타일과 함께 지역 고객으로부터 착실히 지지를 얻었다(그림 3-1).

잇푸도의 이름을 전국구로 끌어올린 것은 1994년 신요코하마 라멘박물관에 지점을 낸 일이 계기였다. 그 후 TV TOKYO 'TV 챔피언 라멘 장인 선수권'에서 3연패를 거두고 전당에 입성하며 확고한 인기를 얻게 되었다. 2008년에는 미국 뉴욕으로 진출하는 데 성공하여 미국 전역에 라멘과 일식의 매력을 알렸다. 미국의 음식 리뷰 사이트 '옐프Yelp'의 전미 인기 레스토랑에서 당당히 1위(2010년)를 차지했다. 그 후 레스토랑 가이드 '저갯ZAGAT' 누들 부문 1위(2010년), 미슐랭 6년 연속 게재를 비롯하여 해외 미디어에서도 높은 평가를 받아 음식 카테고리에서 일본을 견인하는 브랜드로 성장했다.



### (2) 성장 과정에서 드러난 과제

잇푸도는 순조롭게 성장을 이루었지만, 더 높은 곳을 목표로 하면서 여러 가지 과제도 드러났다.

하나는 창업자인 가와하라의 강한 리더십 때문에 '잇푸도=창업자'라는 이미지가 고착되어 있다는 것이었다. 지속적인 브랜드로 성장하는 것을 목표로 하려면 가와하라의 존재에만 의존하는 것이 아닌 새로운 브랜드 이미지를 확립해야 한다는 것을 가와하라 본인도 바랐다.

또 하나는 '진정한 글로벌 브랜드화'다. 잇푸도는 뉴욕에 진출(2008년)한 이후 싱가포르(2009년), 홍콩(2011년), 대만, 중국 본토, 오스트레일리아(2012년), 말레이시아(2013년), 태국, 필리핀, 인도네시아, 영국 런던(2014년)에 진출하는 등 끊임없이 해외에 지점을 냈으나(그림 3-2, 브랜딩 활동 중에 프랑스 파리(2016년), 미얀마(2017년), 베트남(2019년)에도 출점) 로고 등 시각적 요소가 지점마다 달랐다. 각 나라의 임직원에게 잇푸도의 DNA와 이념을 전하는 활동도 필요했다.

그래서 잇푸도는 2015년에 창업 30주년이라는 기회를 잡고 브랜딩에 착수했다. 세계에서 새롭게 잇푸도의 소비자 인지도Mind Share를 높여서 앞으로 더 나은 비즈니스 성장을 가속화하는 것이 그 목적이었다.

**그림 3-1** 1985년에 탄생한 잇푸도 다이묘 본점 창업 당시

**그림 3-2** 글로벌로 뻗어 나가는 잇푸도

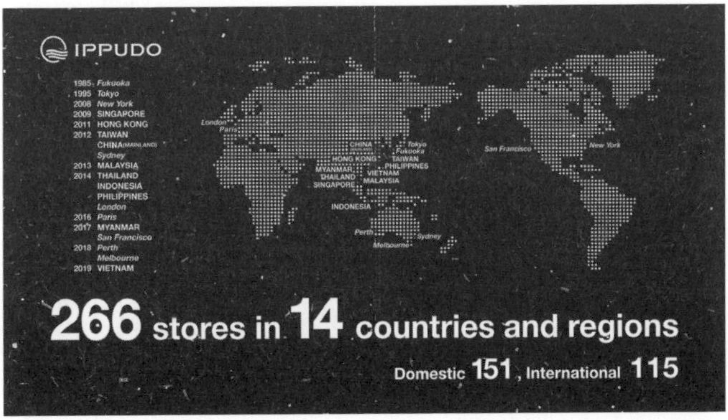

## 2
## 'JAPANESE WONDER'='사람의 마음을 두근거리게 하며 용기를 주는' 브랜딩

◇◇◇◇◇◇◇◇◇◇◇◇◇◇◇◇◇◇◇◇◇◇◇◇

### (1) 브랜딩 추진 체제

브랜딩의 기획 및 실행에 임하여 사내 CI 본부(현 경영전략본부)를 중심으로 외부 파트너가 참여한 프로젝트팀이 결성되었다. 외부 파트너와의 협동을 통해 빠른 결과물을 만들어 내는 것을 목표로 했다. 30주년 창립기념일인 2015년 10월 16일을 목표로 브랜딩을 진행하기 시작했다.

### (2) 브랜드 아이덴티티 & 비전 수립

먼저 잇푸도의 브랜드 아이덴티티를 책정했다. 브랜드의 존재 의의를 명확히 하고 누구에게 어떤 가치를 제공하며 어떤 세계를 실현할 것인가. 그것을 규정하고 문장으로 정확히 표현하여 창업자의 '카리스마성'에 뒷받침된 브랜드에서 굳건한 이념을 구심력으로 성장하는 글로벌 브랜드로 진화하는 것을 목표로 했다.

브랜딩을 시작했을 때 라멘업계에서는 손꼽힐 정도로 높은 지명도를 자랑하며 해외로도 진출한 잇푸도는 이미 '라멘을 일본에서 세계로 전하는 일인자'였다. 이런 입장을 세계 공통으로 만드는 동시에 미래에 도전하려면 어떻게 해야 할 것인가? 잇푸도다움은 무엇인가? 이와 같은 논의를 거듭하여 이끌어 낸 것이 다음의 브랜드 비전brand vision(기업 브랜드가 내세우는 이념과 사명을 간략한 문장으로 나타낸 것. 기업 브랜드 설명문)다.

JAPANESE WONDER TO THE WORLD

잇푸도는 창업한 이후 새로운 라멘 문화를 구축해 왔습니다. 그리고 앞으로는 라멘을 필두로 사랑스러운 일식을 세계에 전할 것입니다. 전 세계의 사람들이 일본의 음식을 즐기며 문화를 이해하고 사랑해 주도록, 또 미래를 짊어진 전 세계의 아이들이 활짝 웃을 수 있도록, 가슴 설레는 일식을 세계에 끊임없이 전하겠습니다. (그림 3-3)

잇푸도는 라멘을 넓은 의미의 '일식'으로 받아들여 자신들의 사명은 단순히 '라멘'을 보급하는 것이 아니라 실제 식문화와 대접 등 일본 문화 자체의 매력을 널리 알리는 것이라고 새롭게 정의했다. 그 결과로 전 세계의 사람들을 가슴 설레게 하고 용기를 주는 것을 목표로 했다.

그림 3-3 잇푸도 라멘의 아이덴티티

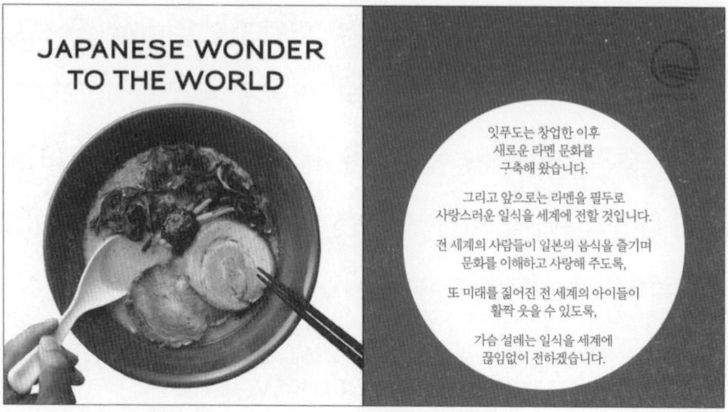




## (3) 세계적으로 통일한 브랜드 로고

브랜드 아이덴티티를 규정한 다음에는 브랜드 로고를 개정했다. 이전에 잇푸도는 점포의 입지와 지역성에 맞춰서 비교적 자유롭게 간판 디자인과 내부 인테리어를 꾸몄다. 하지만 브랜드의 확장과 해외 진출이 진행됨에 따라 잇푸도 브랜드의 인상이 점점 흐릿해져서 염려되기 시작했다. 이로 인해 브랜드 로고를 명확히 하고 사업도 포함해 통합적으로 관리해서 다양한 활동으로 키운 가치를 잇푸도 브랜드로 축적할 수 있는 구조를 만드는 것으로 목표로 했다.

책정된 로고 유형은 전 세계 사람들이 한눈에 알아볼 수 있도록 가시성을 높이기 위해서 'IPPUDO'로 표기했다. 또 로고

마크는 그릇과 일장기를 나타내는 서클에 라멘, 바람, 새로운 조류를 나타내는 물결 요소를 더해서 구성되었다. 서클에서 튀어나온 물결은 일본에서 해외로 나아가 상식을 깨는 이미지를 표현했다. 이는 확실히 '사람을 가슴 설레게 하고 용기를 주는 존재'를 시각화한 것이라고 할 수 있다(그림 3-4).

**그림 3-4** 세계적으로 통일한 브랜드의 로고

로고 마크 로고 표기 비주얼 아이콘



### (4) 커뮤니케이션 전략과 신규 사업 전개

'JAPANESE WONDER(재패니즈 원더)'='사람을 마음을 두근거리게 하며 용기와 힘을 주는 존재'라는 콘셉트는 커뮤니케이션 전략의 재검토와 상품 개량, 또한 새로운 업종 개발로 이어졌다.

예를 들면 PR 전략은 직접 '홍보한다'는 관점에서 화제가 될 수 있는 기획을 세워 '홍보되기' 위한 시스템을 만드는 데 주력하는 방침으로 전환했다. '홍보되는' 기획을 구상할 경우에는 'WONDER(원더, 설레는 기분)'를 중심에 놓고 고객의 마음을 어떤 방법으로 설레게 할 수 있는가, 어떻게 하면 우리가 가슴 설렐 수 있는가를 판단 기준으로 검토했다.

상품 자체도 다시 검토했다. 더 좋은 'WONDER'를 만들어내기 위해서 간판 메뉴의 시로마루모토아지(흰 그릇에 담겨 나오는 원조 돈코츠 라멘)와 아카마루신아지(빨간 그릇에 담겨 나오는 새로운 맛의 잇푸도 오리지널 돈코츠 라멘)의 맛을 전면 리뉴얼한 것을 비롯해 돈코츠 국물을 새롭게 '하카타 키누고시(연두부) 돈코츠'라고 이름 짓는 등 독자성과 강점을 명확히 나타내기 위한 표현도 규정되었다.

다이어트 중인 여성이나 나이 지긋한 고객 등 탄수화물을 신경 쓰기 쉬운 사람들에게도 설레는 기분과 선택할 수 있는 즐거움을 느끼게 하기 위해서 개발된 양과 탄수화물을 제한한 하프 사이즈 라멘을 제공하는 '1/2PPUDO(니분노잇푸도)'라는 새 업태에도 그 방침이 활용되었다(그림 3-5). 1/2PPUDO는 새로운 고객층 확보에 공헌하는 동시에 음식 스타일의 다양성에 주목한 문맥으로 수많은 미디어에서 취재를 받아 PR로서의 노출에도 성공했다. 또한, 해외에서는 돼지 뼈를 사용하지 않은 닭육수 백탕 라멘이나 채소, 간장을 베이스로 한 라멘 등 그 지역, 문화에 뿌리내린 상품도 개발하여 사업이 더욱더 확장해 나가고 있다.

그림 3-5 매스컴 공개 사례

잇푸도, '선택할 수 있는 즐거움'을 고집한
'1/2PPUDO'의 새 점포를 시부야 히카리에에
1월 22일(화) 그랜드 오픈
~양이 적은 라멘과 사이드 메뉴를 자유롭게 조합~

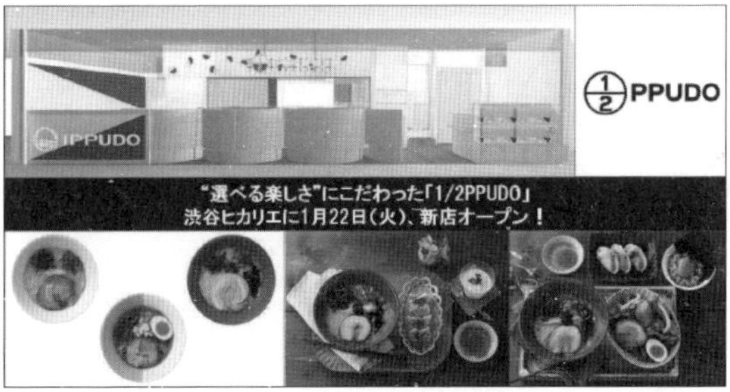




### (5) '잇푸도' 브랜드 경험의 구현화

30주년을 기념하여 전개된 감사제를 계기로 점포, 웹 사이트, SNS 등 브랜드의 모든 접점에서 이루어진 활동은 고객과 사회에 'WONDER' 경험을 제공하는 자리로 마련되었다. 대부분의 활동은 현재까지도 이어지고 있다.

① 이벤트

2015년 10월 16일의 30주년 이벤트는 일시적인 축제가 아니라 앞에서 소개한 시로마루모토아지와 아카마루신아지의 전면 리뉴얼 발표 자리로 간주되었다. 그날은 30개 점포에서 밤낮으로 각 300그릇을 무료로 제공하는 라멘 축제를 실시했다(그림 3-6). 잇푸도의 'WONDER'를 구체적으로 나타내는 브랜드 경험의 자리가 되었다. 이 이벤트는 SNS를 중심으로 확산되어 광고비로 환산하면 3억 7천만 엔의 노출 효과를 발휘했다.



② 점포

새로 책정된 로고는 신규 오픈 점포에서 순차적으로 간판과 외관 정면에 사용되어 새 로고의 인지도를 조금씩 높였다(그림 3-7). 또한, 브랜드 전단지를 제작하여 가게 앞에서 배포했다. 'JAPANESE WONDER TO THE WORLD'를 목표로 하는 자세를 확실히 밝혔다.

③ 웹 사이트

웹 사이트 디자인을 새로 바꿔 새 로고가 항상 톱 페이지에 표시되도록 설계해서 일관적인 브랜드를 어필했다. 동영상 콘텐츠도 강화하여 영국 런던의 잇푸도를 무대로 동영상을 제작해 해외에도 라멘이 내재화한 모습을 어필했다. 또한, 웹 매거

그림 3-6 라멘 축제 포스터

진 '잇푸도 아웃사이드IPPUDO OUTSIDE'도 만들어 뉴스 공개만으로는 다 전하지 못한 각각의 대응 방법에 일일이 담은 마음을 정성껏 소개했다(그림 3-8).

④ SNS

위의 활동과 병행해서 SNS에서는 이벤트와 점포에서의 대책을 소개하며 젊은 층에 강하다는 특성을 살린 다양한 방법을 실행했다.

**그림 3-7** 점포를 통한 새 로고 인지도의 확대

그림 3-8 웹 영상

- **트위터 '오하요 365'**

매일 아침 일본 어딘가의 점포에서 직원이 웃는 얼굴로 인사한다. 웃는 얼굴로 열심히 일하는 직원의 모습을 고객의 인상에 남기는 활동을 전개했다.

- **트위터에서의 고객 응대**

트위터에서 점포명을 검색하여 실시간으로 고객과 커뮤니케이션하며 고객에게 친근감을 줄 수 있는 동시에 고객의 속마음을 파악하는 채널로도 활용한다. 고객의 다양한 문의에 재빨리 대응하고 있다.

**3**

## 나라, 지역, 장르를 넘어서 전개되는 브랜딩

◇◇◇◇◇◇◇◇◇◇◇◇◇◇◇◇◇◇◇◇◇◇◇◇



브랜드 비전은 그 후 사내외에 내재화하여 다양한 파급 효과를 만들어 냈다. 'WONDER'가 상품과 광고 기획을 구상하는 데 공통 기반이 된 덕택에 의사 결정이 과감하면서도 순조로워지고 도전적인 기획이 쉽게 탄생하는 풍토가 자라기 시작했다. 다음은 그 일례다(그림 3-9).

(1) 니혼슈(일본술)도 서서 마실 수 있는 '잇푸도 스탠드' 등의 신규 업종 개발
(2) '메시지를 넣은 김', '선거 이벤트', '대만 지진 면 추가 모금' 등의 사회적 선택 기획

또한, WONDER를 중심으로 실천한 개성 있는 대책 중 직원 유니폼을 가장 좋은 사례로 들 수 있다. 잇푸도는 나라별로 다른 일본 어패럴 브랜드에 유니폼 디자인을 의뢰했다. 뉴욕은 '엔지니어드 가먼츠Engineered Garments', 파리는 '미하라 야스히로Mihara Yasuhiro'와 팀을 이뤄 일본의 장인 정신을 몸에 걸치고

**그림 3-9** WONDER의 다양한 기획

1/2PPUDO(니분노잇푸도)

곳코랜드 '잇푸도의 라멘을 만들자'

메시지 김

잇푸도 요코하마마치 스탠드

선거 이벤트 포스터

각국으로 전개하는 자세는 패션업계에서도 크게 주목받았다(그림 3-10).

그 결과로, 잇푸도를 운영하고 있는 치카라노모토 홀딩스CHIKARANOMOTO HOLDINGS는 2017년 3월 21일에 도쿄증권거래소 마더스에 상장했으며 그로부터 불과 1년 만에 도쿄증권거래소 1부 지정을 이루는 쾌거를 이뤘다. 해외 출점 등을 위한 자금 조달과 지명도 향상에 따른 인재 확보에도 탄력이 붙었다. 점점 좋아지는 성장의 엔진 중 하나가 브랜딩인 것은 의심할 여지도 없다.

2017년 12월부터는 잇푸도가 감수하는 '유자향 치킨 포크메밀 수프'가 ANA 국제선 프리미엄 이코노미의 기내식으로 등장하는 등 다른 기업과의 협업 기획도 눈에 띄게 늘어났다. 잇푸도가 '유연하며 개방적 마인드를 지닌 브랜드'라는 인식이 사회에 널리 퍼졌다는 증거라고 할 수 있겠다.

2025년에는 600점포 체제를 목표로 해서 잇푸도는 오늘도 쉬지 않고 일하고 있다.

**그림 3-10** 여러 기업과의 협업 기획

'미하라 야스히로'의 파리점
유니폼 디자인

'엔지니어드 가먼츠'의 뉴욕점
유니폼 디자인

ANA 국제선 기내식

## | 브랜드 관계자와의 인터뷰 |

주식회사 치카라노모토 홀딩스
홍보 **야마구치 게이코**Yamaguchi Keiko
마케팅 제작 **마에소노 고우**Maesono Kou

◇◇◇◇◇◇◇◇◇◇◇◇◇◇◇◇◇◇◇◇◇◇◇◇

**해외에서의 브랜딩에는 어떤 식으로 힘을 쏟았습니까?**

매년 10월 16일 창립기념일에는 이벤트를 열었습니다. 이는 해외 임직원의 브랜드에 대한 이해도를 높이기 위해서 2018년에 처음으로 '웃음과 감사의 마음을 세계로'를 주제로 13개국과 지역에서 세계 동시 이벤트를 개최한 것이죠(그림 3-11). 예를 들면 미국 뉴욕에서는 출점 10주년을 맞이하여 창업자 가와하라가 직접 매장 앞에서 라멘 2018그릇을 무료로 제공하기도 했습니다.

일 년에 한 번 열리는 이벤트지만 잇푸도가 세계와 이어져 있다는 의식을 임직원이 공유하고 또 그들이 식문화를 전하는 역할을 담당한다는 의식을 갖게 하는 기회로 삼을 수 있었다고 느꼈습니다.

그때 각 나라의 매장 앞에 줄을 선 모습과 고객, 직원의 코멘트 등 이벤트 장면을 영화로 만들기도 했습니다. 나라별로 시간차는 조금 있었지만 같은 날에 일제히 열리는 이벤트를 일본에서 기획하여 통제하는 것은 새로운 도전이었습니다. 그래도 각국 직원과의 신뢰 관계와 이벤트 당일 고객의 협력이 있었던 덕택에 실현할 수 있었습니다. 이 영화를 회사 전체에서 공유하여 신입사원 설명회, 채용 세미나, 투자가 설명회, 일부 나라에서는 매장 앞 디스플레이에서도 내보내서 잇푸도가 'JAPANESE WONDER TO THE WORLD'를 전 세계에서 실천하는 모습을 전하는 데 매우 효과적이었습니다.

우리는 이 영화 제작을 전 세계에서의 잇푸도 세계관과 톤앤매너를 규정하는 기회로도 활용했습니다. 이 방법으로 잇푸도다움을 일관성 있게 표현할 수 있었기에 그 후의 제작물을 만들 때 크리에이티브 지침 역할도 담당하고 있습니다(그림 3-12).



그림 3-11 33주년 고지 포스터

그림 3-12 영화 속 각 나라의 대응 소개

## 앞으로의 브랜딩 과제에 대해서 어떻게 생각합니까?

창업한 후 30년이 넘어서 기존 고객의 연령층도 높아지고 있는데 새로운 고객층을 어떻게 개척할 것인가가 앞으로의 과제입니다. 잇푸도다움을 지키면서 다른 브랜드와의 협업이나 팬 이벤트를 통해 인지도를 올려서 새로운 고객과의 접점을 계속 만들어 나가야 한다고 생각합니다. 일본 문화인 애니메이션과 만화책, 아트 커뮤니티에 접근하기 위한 활동, 신작 라멘 '초♡ 잇푸도∞라멘'의 한정 판매, 잇푸도 VTuber '모모' 등의 업무는 도전 중 하나입니다(그림 3-13).

팬을 만들기 위해서 새로운 도전을 시도할 때에도 사람 중심으로 판단하는 것이 아니라 브랜드 비전을 기준으로 삼습니다. 그런 의미에서도 브랜딩에는 커다란 의의가 있었습니다.

'1억 명의 웃음과 감사의 마음을 만들자'라는 목표를 위해 맛과 편안함은 물론 고객이 계속 선택하게 하는 전략이 필요합니다. 고객 가치를 최대화하고 굳건한 관계성을 구축해서 정서적인 관계를 꾸준히 유지해야 한다고 생각합니다.

또한, 사업을 확대하는 가운데 인재 확보도 큰 과제입니다. 사람들이 지지해 주는 존재이고 싶기에 늘 도전하며 브랜딩 및 주식 상장을 실천하고 있습니다. 또한, 신입사원과 해외를 목표로 하는 경영자를 지향하는 인재 채용도 늘어났습니다. 제2회 '학생이 뽑는 인턴십 어워드'에서도 우수상을 받을 수 있었던 것은 착실한 대응의 성과라고 인식하며 끊임없이 전 세계적인 채용과 교육에 힘을 쏟고 싶습니다(그림 3-14).

그림 3-13 이벤트를 통해서 '초 잇푸도' 콘셉트를 새롭게 사내에서 콘텐츠를 기획, 제작, 전달

그림 3-14 제2회 '학생이 뽑는 인턴십 어워드' 우수상 수상

## 브랜딩의 성공 포인트는 무엇입니까?

잇푸도는 '변하지 않기 위해서 끊임없이 변화한다'라는 생각을 토대로 사업 활동을 하고 있는데 이를 가장 잘 실천하는 사람이 창업자인 가와하라 본인입니다.

30년이 넘는 세월 동안 출점 전략이나 신제품 개발 등에서 여러 번의 전환점이 있었지만, 그때 창업자가 변화를 적극적으로 선택한 결과 지금의 잇푸도가 있다고 느낍니다.

그런 생각이 밑바탕에 자리하고 스스로 앞장서서 실행하는 리더가 있었기에 브랜드 비전을 설정할 수 있었고, 여러 가지 구체적인 활동을 실행할 수 있었지 않았을까요?

# 4 요코가와 전기
## YOKOGAWA

창립 100주년이라는 기회를 살려
세계에서 경쟁력 있는 브랜드로 진화하다

# YOKOGAWA ◆

1 글로벌 시장에서 살아남기 위해 필요했던 브랜드 파워 강화

2 장기 경영 전략과 연결해 시작한 기업 브랜딩

3 사내외로 내재화하는 기업 브랜딩

| 브랜드 관계자와의 인터뷰 |

## 1
# 글로벌 시장에서 살아남기 위해 필요했던 브랜드 파워 강화

◇◇◇◇◇◇◇◇◇◇◇◇◇◇◇◇◇◇◇◇◇◇◇◇

### (1) 세계의 거대 기업과 경쟁한 요코가와 전기

요코가와 전기의 원점은 건축가이자 공학박사였던 요코가와 다미스케Yokogawa Tamisuke가 당시 수입에 의존한 전기 장치의 일본화에 대응하기 위해서 설립한 연구소다. 이 회사는 1915년에 설립한 이래 100년이 넘는 역사를 거듭하며 제어기기, 시스템, 계측기기 등을 제조 판매하는 산업 일렉트로닉스 제조사로서의 존재감을 구축했다.

현재로는 석유, 가스, 식품 등 각종 설비의 제어, 운전 감시를 하는 제어기기 사업이 전체 매출의 약 90퍼센트, 해외 매출액 비율도 약 70퍼센트를 차지하며, 제어기기 사업 분야에서는 글로벌 톱6의 한 축을 담당할 정도로 사업을 꾸준히 성장시키고 있다(수치는 2017년도 실적).

요코가와 전기는 일찍 해외로 진출해서 1950년대부터 아시아 시장을 중심으로 사업을 전개해 왔다. 1957년에는 북미

영업소를 설립했고 1974년에는 싱가포르 공장을 설립했으며 2000년대에는 아시아 시장에서 큰 존재감을 발휘하기에 이르렀다. 그러나 세계의 쟁쟁한 거대 기업의 주요 근거지인 북미와 유럽에서는 고전을 면치 못했다. 글로벌 사업을 성장시키려면 요코가와 전기의 브랜드를 강화해서 그 지명도와 존재감을 한층 더 확대시키는 것이 중요한 과제였다.

북미와 유럽 시장을 석권하는 경쟁 글로벌 기업과 어깨를 나란히 하며 경쟁하기 위해서 요코가와 전기는 2002년에 본격적인 브랜딩에 착수했다. 제어기기 사업 전체를 상징하는 'Vigilance'(불침번)라는 비즈니스 도메인 콘셉트를 내세웠다. 여기에 '요코가와 전기의 제어 기술, 서비스가 24시간 관리하는 트러블 없는 조용하고 이상적인 설비를 실현한다'라는 제어 사업의 가치를 집약해서 해외 비즈니스를 추진했다.

이는 적극적인 M&A를 통해 얻은 개별 제품을 한 브랜드에 집약시켜 브랜드 캠페인을 강력하게 전개한 경쟁 글로벌 기업의 대응에 맞선 업무였다. Vigilance는 그 후 'Vigilant Plant®'를 더해서 구체적인 상품, 서비스와 연결한 활동으로 전개해 나갔다(그림 4-1).

경쟁하기 위한 무기를 갈망한 해외 임직원들도 이를 열광적으로 받아들였다. 그 후 요코가와 전기는 미국계 석유 메이저에서 초대형 안건의 발주를 얻는 데 성공하는 등 해외 사업을 순조롭게 확대했다. 이는 요코가와가 세계적으로 존재감을 쌓기 시작하는 계기였다.

그림 4-1 비즈니스 도메인 콘셉트

### (2) 브랜드 프로젝트 발족 배경

이 브랜딩을 시작한 지 약 10년이 지난 2013년, 요코가와 전기는 고객을 대상으로 요코가와 브랜드 및 글로벌 경쟁 브랜드에 대한 설문 조사를 실시했다. 10년 전의 브랜딩은 자신들이 바라는 형태로 사회에 정착했는가? 아니면 계속 발전해 나가는 세계의 거물들과 싸우기 위해서 궤도를 수정해야 하는가? 이를 확인해서 앞으로 나아가야 할 방향성을 이끌어 내는 것이 조사의 목적이었다.

결과는 제품의 '높은 품질', '신뢰성', 임직원의 '프로젝트 수행력' 면에서는 높은 평가를 얻었다. 한편 글로벌 경쟁 브랜드와의 비교에서는 '혁신성', '리더십'이 조금 저조한 평가를 받았다. 또한, 보수 서비스나 엔지니어링 등 상품이 아닌 가치 면에서는 기대를 뛰어넘는 평가를 얻지 못한 점도 확실해졌다. 당시 요코가와 전기는 기업 방침으로 솔루션 서비스 컴퍼니로의 진화를 내걸고 '제어 사업 글로벌 No.1의 실현'을 표방했다. 하지만 그 중심이 되는 상품의 수준을 벗어난 인식은 희박하다는 결과가 나왔다.

같은 시기에 앞에서 설명한 제어 사업의 비즈니스 도메인 콘셉트 Vigilant Plant®에 대한 임직원의 생각도 조사했는데 해외 임직원에게서는 '좀 더 신선하고 혁신적인 이미지를 원한다', '새로운 브랜드 비전이 필요하다'는 의견도 많았다. 10년 전 열광적으로 받아들였던 브랜드의 신선도가 떨어졌다고 할 수 있겠다.

이런 조사에 더해 최고경영자 인터뷰, 경쟁 회사의 동태 등도 근거로 하여 제어 사업의 새로운 방향성을 보여주는 방침을 책정해야 한다는 결론이 도출되었다.

## (3) 다양한 논의가 하나로 집약된 기업 브랜딩의 시작

제어 사업은 요코가와 전기 매출의 90퍼센트를 차지하는 주요 사업이다. 그래서 당초에는 제어 사업을 중심으로 하는 브랜딩을 전제로 해서 계획이 추진되었다. 그러나 논의가 진행됨에 따라 사업 방침과 기업 방침의 정합성을 어떻게 생각해야 하는가의 과제가 수면 위로 드러났다. '요코가와 전기 매출의 90퍼센트를 차지하는 제어 사업의 방침은 기업의 방침과 똑같지 않은가? 그럼 10년 전의 Vigilant Plant®와 마찬가지로 다른 부서나 사외도 끌어들인 요코가와 전기의 큰 움직임으로 내재화시키기 어렵지 않을까?' 하는 고민이었다.

이때 요코가와 전기는 타이밍으로 이득을 봤다. 마침 2015년은 차기 장기 경영 구상이 시작하는 시기인데다 창립 100주년이 겹친 시기이기도 했기 때문이다.

이 기회를 잡아서 요코가와 전기는 브랜딩을 장기 경영 구상, 창립 100주년이라는 중요한 주제와 연결시켜 2015년의 시기에 집약시키는 방향으로 움직이기 시작했다. 당초 계획했던 제어 사업 브랜딩은 기업의 장기 경영 구상을 실현하는 기업 브랜딩이라는 활동으로 승화하여 요코가와 창립 100주년에 그 방침을 발표했다. 이때 기업 브랜드 '요코가와'에 집약된 브랜드 가치를 구체적인 사업 활동에 반영시키기 위해서 지속적으로 제어 사업 브랜딩에 착수한다는 것이었다. 따로 논의된 세 가지 방침은 하나의 굵은 기둥이 되어 사내의 큰 움직임이 되었다.

이렇게 해서 요코가와 전기의 브랜딩 2막은 글로벌 시장이라는 거센 파도 속에서 싸우기 위해 시작되었다.

## 2 장기 경영 전략과 연결해 시작한 기업 브랜딩



### (1) 장기 경영 전략과 연결한 브랜드의 가치 정의

요코가와 전기의 브랜딩은 기업 수준의 브랜드 기축을 명확히 하는 일부터 시작되었다. 이 작업은 바꿔 말하자면 브랜드 아이덴티티를 책정하는 활동이다.

먼저 브랜드의 현재 상황을 파악하기 위해서 다음의 작업에서 얻은 사실과 의견을 정리 및 분석하여 브랜드의 기축을 책정하는 데 입력 정보로 삼았다.

① 고객의 인식 확인(앞에서 설명한 글로벌 정량 조사)

② 요코가와 전기 브랜드에 대한 생각 확인

(상급임원, 마케팅 관계자)

③ 경쟁 브랜드와의 차별화 요소 발굴

현재 상황을 파악하며 얻은 결론은 상품의 좋은 품질 등과 같은 틀을 넘어선 혁신적인 변혁을 지향하는 솔루션 서비스를 제공하는 기업이 되는 것이었다. 또한, 경영진이 논의를 거듭해 온 장기 경영 전략을 근거로 하여 파트너 기업과 가치를 공동 창조한다는 개념을 도입해서 그림 4-2의 비전 스테이트먼트Vision Statement(비전 설명문)를 책정했다.

공동혁신 과정Process Co-Innovation이란 과정의 최적화를 생산 공정뿐만 아니라 기업 내 밸류체인과 기업 간의 공급망 등을 포함한 모든 정보와 상품의 흐름 속에서 고객과 함께 새로운 가치를 공동 창조하는 요코가와 솔루션 전반을 나타낸다.

이에 더해서 비전 스테이트먼트에 담은 생각을 좀 더 능동적이고 보편적인 표현으로 승화시킨 기업 브랜드 슬로건 '미래를 위한 공동혁신Co-innovating tomorrow™'이 책정되었다(그림 4-3).

'future'가 아니라 굳이 'tomorrow'라는 단어를 선택한 것은 막연한 미래 지향이 아니라 한 걸음씩 착실히 앞으로 나아가서 내일이라는 미래를 목표로 하는 것이 요코가와다움을 나타낸다고 생각했기 때문이다.

새롭게 책정한 비전 스테이트먼트와 기업 브랜드 슬로건을 사내에 원활히 내재화시키기 위해서 기존의 창업 정신, 기업 이념 등과 같은 이념 체계와 브랜드의 관계성도 정리하여 요코가와의 브랜드 아이덴티티로 새롭게 통합하는 작업도 실시되었다.

**그림 4-2** 비전 스테이트먼트

**요코가와는**
**"공동혁신 과정**Process Co-Innovation**"을 통해서**
**고객과 함께 내일을 여는**
**새로운 가치를 창조합니다.**



**그림 4-3** 기업 브랜드 슬로건

Co-innovating tomorrow™
미래를 위한 공동혁신

### (2) VI 시스템의 재구축

요코가와 전기는 비전 스테이트먼트와 기업 브랜드 슬로건을 책정한 후 그 의도를 고객과 사회가 체감할 수 있게 VI를 재구축했다.

구체적으로는 요코가와의 브랜드 컬러인 노란색을 사용하여 정사각형의 중심에서 방사형으로 퍼지는 빛의 이미지를 시각화한 키 디자인 요소 '브릴리언트 그리드Brilliant grid'를 개발했다. 요코가와가 고객에게 좋은 평가를 얻은 안정성과 기술의 정확성, 빛나는 내일과 비즈니스의 변혁과 혁신의 확대, 그리고 고객과의 공동 가치 창조를 표현했다. 또한, 컬러 팔레트의 설정, 사용하는 포토 이미지의 톤앤매너, 사용 폰트도 규정했으며 카탈로그와 웹 사이트에 전개할 경우의 세계관도 정했다. 아울러 정해진 세계관을 모든 접점에서 일관성 있게 전개하기 위한 시각 표현을 규정한 커뮤니케이션 디자인 가이드라인도 개발했다. 앞에서 설명한 제어 사업의 비즈니스 도메인 콘셉트 Vigilant Plant®를 책정했을 때도 비주얼상의 가이드라인은 규정했지만, 실제 운용 면에서는 차이가 생겼다. 이를 반성하며 누구나 알기 쉽고 능동적으로 운용할 수 있는 시스템을 새로 만들어 냈다.

2015년 100주년을 계기로 만반의 준비를 하고 발표한 기업 브랜드 슬로건과 VI는 미래의 요코가와에 대한 임직원의 기대를 한층 끌어올렸다. 특히 신선하고 혁신적인 이미지를 바란 해외에서의 평가가 높았으며 임직원들은 새로운 VI를 활용한 도구와 업무를 자발적, 적극적으로 전개했다.

지금은 도쿄 무사시노시에 자리하는 본사 사옥의 벽면과 창문에 브릴리언트 그리드를 전개하여 본사에 방문하는 고객이 요코가와의 세계관을 느낄 수 있게 했다(그림 4-4).

요코가와 전기는 그 이듬해인 2016년 2월 영국의 석유, 가스 산업용 컨설팅 업무를 담당하는 KBC 어드밴스드 테크놀로지스KBC Advanced Technologies의 인수를 발표했다. KBC가 보유하는 프리미엄 컨설팅 서비스 및 소프트웨어와 요코가와 전기의 산업 자동화 분야에 대한 강점을 융합해서 다양한 고객에게 원스톱 솔루션을 제공하는 것이 목적이었다. 이는 장기 경영 전략 중 한 포인트이며 비전 스테이트먼트와 기업 브랜드 슬로건에도 명시되어 있는 '파트너 기업과의 공동 가치 창조'를 실천한 사례다.

### (3) 제어 사업의 브랜딩

#### ① 비즈니스 도메인 콘셉트 제정

창립 100주년인 2015년에 실시한 기업 브랜딩에 이어 요코가와 전기는 당초의 예정대로 제어 사업의 브랜드 재구축에 착수했다. 2017년 11월에 책정된 새로운 사업 콘셉트 '시냅틱 비

**그림 4-4** 새로운 커뮤니케이션 디자인

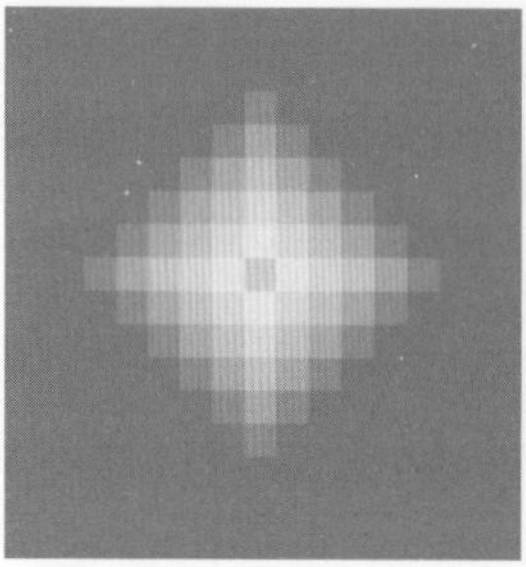

키 디자인 요소

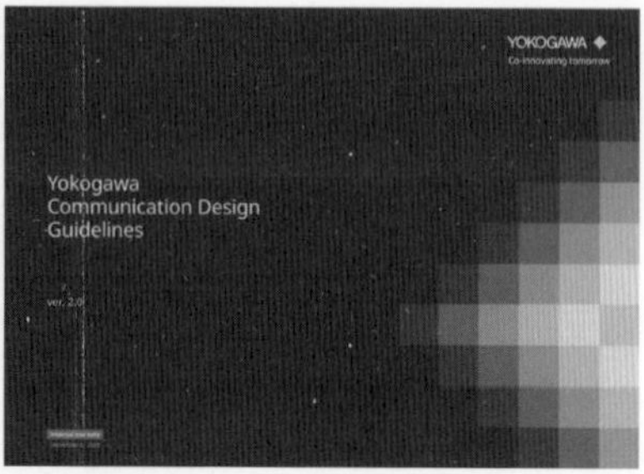


가이드라인

웹 사이트

브랜드 비디오

포스터

본사 사옥

즈니스 자동화Synaptic Business Automation™'는 기업 브랜드 슬로건 '미래를 위한 공동혁신Co-innovating tomorrow™'에 담긴 생각을 제어 사업으로 나타내는 새로운 비즈니스 도메인 콘셉트다(그림 4-5). 여기에는 결과물 위주였던 이전의 제어 사업에서 솔루션을 제공하는 회사로 변화하여 고객과 사회에 새로운 가치를 제공하는 새로운 요코가와의 제어 사업 방침에 더해 기존의 'Vigilant Plant®'를 발전적으로 계승하겠다는 마음도 담겨 있다.



**그림 4-5** 제어 사업의 콘셉트 '시냅틱 비즈니스 자동화'

Synaptic
Business
Automation
TM

시냅틱Synaptic은 신경세포의 결합 부분인 시냅스Synapse에서 유래하며 온몸에 유기적으로 정보를 전달하고 부가가치를 증폭시키듯이 데이터, 시스템, 조직, 지식, 공급망 등을 연계시켜 경쟁력의 원천을 만들어 낸다는 의지를 표현한다.

### ② 제품 브랜드의 체계 정리

사업 콘셉트 시냅틱 비즈니스 자동화를 책정한 후에는 제품 브랜드의 체계를 정리하는 과제가 남았다. 요코가와 전기의 제어 사업은 오랜 역사 가운데 1,000가지가 넘는 제품 브랜드와 수많은 고유 상품 로고 유형을 보유했는데 이를 체계화하지 못해서 복잡했다. 새로운 기술과 성능을 갖춘 상품에 독자적인 명칭, 개별 디자인을 입히고 싶은 마음은 개발 담당자에게 매우 당연한 기대일 수도 있다. 하지만 기업 전체를 보면 받는 사람의 입장에서는 각 제품의 관계성과 특징을 이해하기 어려워서 그것에 담은 의도가 고객에게 전해지지 않는 상태에 빠진다. 요코가와 전기는 이 상태에서 벗어나기 위해 1,000가지가 넘는 제품 브랜드를 하나로 포괄한 브랜드에 집약하여 브랜드의 확립과 비즈니스 가치의 최대화를 도모하는 큰 결단을 내렸다.

2018년 6월 요코가와 전기는 제어 사업의 제품 서비스 브랜드로 'OpreX™'를 발표했다. OpreX™는 다섯 가지 카테고리로 구성했으며 1,000가지가 넘는 제품 브랜드는 이 카테고리 안에서 분류되었다(그림 4-6).

계속 사용해 온 브랜드를 새 브랜드로 변화하는 것은 당연히 사내에 온갖 불안과 불만을 일으켰다. 브랜딩의 핵심을 담당해 온 마케팅 본부 커뮤니케이션 총괄센터의 담당자는 브랜드 체계의 변경 의도와 효과를 관계부서에 자세히 설명하고 이해시켜서 이 대변혁을 실행했다. 또한, OpreX™ 사용법의 일관성을 유지하기 위해서 기업 브랜딩과 마찬가지로 커뮤니케이션 디자인 가이드라인을 개발하여 정확한 운용을 추구했다(그림 4-7).

모처럼 만들어 낸 가치가 수많은 브랜드 네임으로 확산되던 시대는 끝을 알렸다. 기업 브랜드는 요코가와, 제어 사업의 사업 콘셉트는 시냅틱 비즈니스 자동화, 사업 콘셉트를 나타내는 제품, 서비스 브랜드는 OpreX™라는 단순하고 누구나 기억하기 쉬운 브랜드 체계로의 변화가 마침내 실현되었다.



그림 4-6 OpreX™의 브랜드 구성 요소

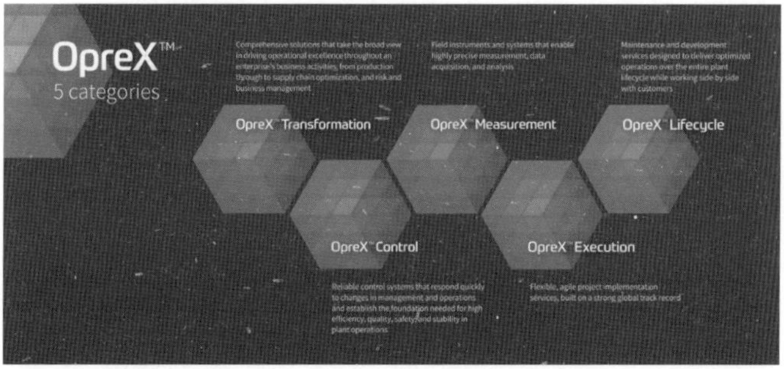

그림 4-7 OpreX™의 커뮤니케이션 디자인

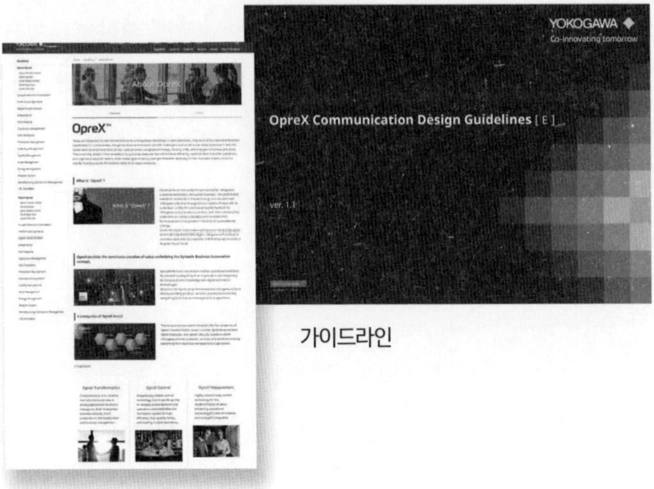


가이드라인

소개 웹 사이트



### (4) 브랜드 방침의 내재화

책정한 브랜드에 담긴 생각을 사내에 내재화시키기 위한 여러 방법이 있다. 요코가와 전기에서는 임직원을 가장 중요한 브랜드 홍보대사로 간주하여 일본 및 해외 임직원의 내재화 활동에 주력했다. 그중에서도 임직원의 열기를 유지하며 자기 업무화를 촉진시키는 다음의 두 가지가 특징적이다.

#### ① 내재화 활동의 시스템화

새로운 방침과 디자인을 당초에는 어느 정도 열광적으로 받아들이지만, 그 열기를 유지하기는 어렵다. 요코가와 전기는 과거의 경험을 통해 이러한 과제를 해결해야 한다고 인식했다. 그래서 내재화의 열기를 지속시키기 위한 구조 만들기, 이른바 '시스템화'가 중요하다고 생각해 어떤 사람을 끌어들여야 하며 누가 추진하는 것이 적절한지 검토하며 활동을 진행했다.

시스템의 하나로 브랜드에 관한 인트라 사이트 개설을 들 수 있다. 이 사이트에는 전 세계 임직원 모두가 브랜드에 관한 정보와 생각을 공유할 수 있도록 브랜드 구성 요소 설명과 각종 가이드라인, 커뮤니케이션 자산, 또 경영진 메시지 등도 게시되었다. 또한, 사내보에서도 브랜드 특집을 꾸며서 임직원의 빠른 이해를 도왔다. 고객의 중요한 접점이 되는 웹 사이트와 책자, 프레젠테이션 도구에 관해서는 재빨리 템플릿을 전개하여 통일한 이미지를 공유했다. 내재화를 촉구하기 위한 조직과 효율적인 이해를 돕기 위한 시스템을 통해서 열기가 식지 않도록 사내 내재화에 임했다.

### ② 정중한 커뮤니케이션을 통한 신뢰 관계 구축

내재화를 이끄는 중심 역할은 마케팅 본부의 브랜드 프로모션부서가 담당하면서도 각 단계, 주제에 따라 관계부서의 담당자를 포함한 조직 프로젝트팀을 조직했다. 임직원이 브랜드 활동을 업무화할 수 있는 체제를 구축한 후에 활동을 전개했다.

해외와의 연계는 절대로 강요하지 않고 본사가 무엇을 생각하며 어떤 행동을 하고 싶은지를 전달하여 의견을 듣고 시간을 들여서 신뢰 관계를 구축하며 진행했다. 그런 과정을 통해 양질의 도구와 템플릿 배포, 이벤트 실시 등 현장에서 유용한 대응을 거듭해서 정확한 이해와 납득을 한 후 내재화가 실현되었다고 할 수 있겠다(그림 4-8).

**그림 4-8** 창립 100주년 기념 이벤트에서의 브랜드 내재화

## (5) 리브랜딩의 진행

요코가와 전기는 2013년 글로벌 정량 조사를 기점으로 가장 상위 계층인 기업에서 브랜딩을 시작해서 약 5년에 걸쳐 사업,

제품으로 브랜딩을 계속 추진해 왔다. 끊임없이 브랜딩을 실천하며 그것을 임직원의 내재화 활동에도 반영시킨 비결은 현장에서 브랜딩이 어떤 의미를 가지며 비즈니스를 효율적으로 추진하기 위해서 무엇이 필요한지 생각하여 주제를 업데이트하는 것이다. 또한, 그 주제를 해결하는 프로그램을 다음 단계에서 구체화하는 방법이 있었기 때문이라고 할 수 있다. 브랜딩의 추진력이 된 마케팅부서 담당자의 열정과 신념, 또 기업의 치밀한 계획이 있었기에 이뤄낸 성과다.



## 3
## 사내외로 내재화하는 기업 브랜딩

2018년에 실시한 사내 조사 결과를 보면 임직원의 기업 브랜드 슬로건에 대한 인지도는 3년 만에 거의 100퍼센트를 달성했다. 글로벌 임직원 조사에서는 미래를 위한 공동혁신을 늘 의식하며 일하는 임직원의 비율이 50퍼센트를 넘는 등 착실히 성과를 올렸다.

임직원의 의식 향상은 외부에도 영향을 주었다. 기존 고객의 미래를 위한 공동혁신에 대한 인지도는 2018년 조사에서 49퍼센트를 확보하였고, 인재 채용 면에서도 브랜딩이 긍정적인 영향을 미쳤다. 요코가와 전기에서는 '이공계 여성' 채용 비율을 높이려는 목적으로 신입사원 채용에서 여성 비율 30퍼센트라는 목표를 내걸었는데, 브랜딩 첫해에는 여성 비율이 42퍼센트, 이듬해에도 35퍼센트라는 기쁜 결과가 나왔다.

한편 1,000가지에 달하는 제품 브랜드를 OpreX™로 집약한 것은 신규 상표등록과 기존 상표의 연장이 필요 없다는 변화를 가져와서 IP 비용을 대폭으로 삭감할 수 있을 것으로 예상했다.

최근에는 신문 광고를 전개하는 등 요코가와의 인식을 바꾸는 활동에도 임하고 있다. 요코가와 전기는 사내 의식 개혁, 비즈니스에 대한 영향, 외부에서의 지각 변화 등 다양한 목적을 위해서 브랜딩을 효과적으로 기능시키고자 꾸준히 활동하고 있다.

# | 브랜드 관계자와의 인터뷰 |

요코가와전기 주식회사
마케팅 본부 커뮤니케이션 총괄센터 센터장
**세토구치 오사무**Setoguchi Osamu

◇◇◇◇◇◇◇◇◇◇◇◇◇◇◇◇◇◇◇◇◇◇◇

## 브랜딩 프로젝트가 성공한 비결은 무엇입니까?

장기 경영 구상/중기 경영 계획 시작, 또한 창립 100주년을 맞이하는 시기를 파악해서 기업 브랜드를 생각한 것이 성공 비결이었습니다. 지금까지 보텀업 형(낮은 레벨에서부터, 순차적으로 상위 쪽으로 일을 진행하는 방식)으로 접근해서 쌓아 올린 것이 회사의 큰 방향성 속에 위치를 부여하는 기회가 되었습니다. 글로벌 경쟁이 격해지는 상황에서 요코가와의 가치를 계속 발휘하는 것은 우리의 중요한 과제였습니다. IA(제어 사업)뿐만 아니라 디지털 전환이 진전되는 가운데 글로벌 조달 등 다른 회사와 협업해야 살아남을 수 있는 상황이었습니다.

그런 상황 속에서 임직원이 믿고 실천할 수 있는 브랜드 방침과 슬로건이 필요했습니다. 100주년 이벤트는 단순한 기념 세리머니일 뿐인 연중 사업이며 실시하는 의미가 없다는 의견이 많았습니다. 하지만 해외에서 기대하는 사람들도 많아서 결과적으로 100주년 이벤트를 사내외에 대한 다음 100년을 바라보는 신생 요코가와로서 선언하는 자리로 활용했습니다.

## 글로벌 내재화에서 유의한 점은 무엇입니까?

예전의 Vigilant Plant®는 도입 당시 열광적으로 받아들였지만, 곧 그 열기도 희미해졌습니다. 이유는 중장기적인 비전이 약했고 신선도를 유지하는 지속적인 추가 업무가 부족했기 때문이라고 생각합니다.

이번에는 각종 가이드라인과 시스템, 기반이 되는 방침을 글로벌 본사가 책정하여 해외의 각 현지법인에서도 활용할 수 있는 폴더나 포스터 등의 도구를 적극적으로 배포, 제공했습니다. 소소한 활동이지만 현장에서 쓸 수 있는 도구가 있는 것이 브랜드 내재화를 위해 효과적인 역할을 했습니다. 앞으로도 지속적인 업무를 실천하는 동시에 자연스럽게 지속할 수 있는 시스템으로 정착시키려고 합니다.

또한, 브랜드를 책정하면 그것으로 끝이 아니라 자신의 업무에 반영시키도록 충분히 소통해서 현지와 공동 가치를 창조하는 데 힘썼습니다. 절대로 강요하지 않고 본사가 주도하며 자발적으로 브랜딩에 대처하는 문화를 만드려고 했습니다. 이를 위해 해외 멤버들의 의견을 듣고 도입하는 자세를 중요하게 생각했습니다.

## 제품 브랜딩은 순조롭습니까?

1,000여 가지에 달하는 제품 브랜드 네임을 'OpreX™'로 집약하고 다섯 가지 카테고리와 25가지 패밀리 네임으로 분류했습니다. 기존 네임을 바꿀 것인가, 계속 사용할 것인가에 대한 판단은 이제부터 시작입니다. 힘든 작업이지만 다른 경쟁 회사도 폭넓은 상품군을 소수의 브랜드로 통일하려는 시도를 하고 있습니다. 경쟁 회사와 겨루려면 반드시 해야 하는 작업이므로 착실히 추진해 나갈 생각입니다.

## 브랜딩을 추진하기 위해서 중요한 것은 무엇일까요?

브랜딩을 추진할 때 감정에 호소하는 방향으로 시선을 돌리기 쉬운데 지나치게 감정적이 되지 말고 논리적인 프레임워크, 바꿔 말하자면 적절한 브랜딩 시스템을 갖춰야 합니다.

또한, 브랜딩을 추진하는 중심인물은 사내의 광범위한 사업을 이해해야 합니다. 추진 팀에는 전체를 부감해서 보는 능력이 있는 멤버가 필요합니다.

우리는 세계에서 경쟁력 있는 브랜드의 확립을 목표로 하며 브랜드를 강화하기 위한 각종 활동을 전개해 왔습니다. 앞으로 제어기기 사업 영역뿐만 아니라 우리가 새로 참여하는 사업 영역에서도 글로벌 경쟁자와 어깨를 나란히 하며 경쟁하고 싶습니다.

# 5 카야노야 KAYANOYA

상품 개발에 브랜드의 제공 가치를
반영시키는 시스템을 만들다

# 茅乃舎

1 120년의 역사를 지닌 노포 기업의 브랜딩 착수

2 카야노야의 브랜딩 전략

3 사내외로 브랜드 팬을 확대하는 브랜딩

| 브랜드 관계자와의 인터뷰 |

# 1
# 120년의 역사를 지닌 노포 기업의 브랜딩 착수

◇◇◇◇◇◇◇◇◇◇◇◇◇◇◇◇◇◇◇◇◇◇◇◇

## (1) 카야노야를 만들어 낸 후쿠오카 유래의 노포, 구바라혼케

'카야노야'는 일본 후쿠오카의 종합식품기업 구바라혼케에서 탄생한 고부가가치형 조미료 브랜드다. 카야노야의 브랜딩 개요에 대해 설명하기 전에 먼저 구바라혼케에 대해 소개하겠다.

1893년(메이지 26년)에 후쿠오카현 히사야마마치에서 간장 공장으로 시작한 구바라혼케는 2020년에 창업 128주년을 맞이했던 노포 종합식품기업이다. 카야노야 브랜드가 만들어지기 전까지 112년 동안은 주로 후쿠오카, 규슈를 기반으로 하는 지방의 일개 간장제조회사에 지나지 않았다. 4대째 사장인 가와베 데쓰지Kawabe Tetsuji(이하: 가와베)가 1978년에 이 회사에 입사하여 대를 이은 당초에는 후쿠오카현에만 150군데나 되는 간장 공장이 우글거려서 판매에 고전을 면치 못한 시기도 꽤 있었다고 한다. 그런 상황에서 정신적인 지주로서 사업의 추진력이 된 것은 이 회사의 간장 맛을 인정하고 받아들여 주는 고객의 존재였다. 고객이 인정하고 좋아해 주는 모습에서 느낀 당시의 기쁨과 고마움은 가와베의 원점이 되어 지금도 '고객이 기뻐하는 모습을 보면 너무나도 고맙다'고 말한다. '수고와 시간을 아끼지 않고 맛있는 것을 전하고 싶다', '고객에게 더 많은 기쁨을 주고 싶다'라는 기업의 자세는 기회가 있을 때마다 가와베가 임직원에게 직접 말해 사내에서 지속적으로 공유되어 왔다(그림 5-1).

창업 120주년을 맞아 사내용으로 내세운 '창업 120주년 선언'도 그중 하나다. 거기에는 기업의 자세에 더해서 이를 일본뿐 아니라 전 세계에 알려서 지속적으로 기쁨과 감동을 더 많은 고객에게 전하는 회사를 목표로 끊임없이 도전한다는 비전이 적혀 있다. 지속적인 것이야말로 이 회사에 가장 중요한 척도이며 우선적으로 생각하는 가치다.

그 마음은 '말 못하는 상품을 말하는 상품으로 만들기(실제로 상품을 접한 고객이 다른 사람에게 추천하고 싶게 만드는 상품을 만든다는 의미)'라는 이 회사의 제조 이념에도 나타난다. 이 말에는 선전이나 대량생산으로 매출과 이익을 늘리는 것이 아니라 '사람의 마음'과 '수고'와 '훌륭한 기술'을 활용하여 맛있는 상품을 만든다는 기개가 담겼다. 또 그러한 상품 제조를 통해서 고객에게 기쁨과 감동을 준다면 그보다 더 큰 기쁨은 없을 것이다. 이것이 더 나아가서는 확실히 지속적으로 이어진다는 신념이다.

구바라혼케가 지속성을 위해 중시하는 것은 '사람 만들기'이다. 임직원은 가족이라는 생각이 그 밑바탕에 깔려 있으며, 신입사원을 맞이할 때는 '우리 집에 잘 오셨습니다'라는 태도를 가진다. 또한, 사람으로서 부끄럽지 않고 진심으로 고마워 할 줄 아는 인재로 육성하기 위해서 '감사 연수'라는 것을 실시한다. 회사는 급여를 받기 위한 조직이 아니라 사람으로서 사랑이 있는 관계를 맺은 조직이어야 한다고 생각한다.

이것이 카야노야라는 고부가 가치형 조미료 브랜드를 만들어 낸 구바라혼케라는 회사다.

**그림 5-1** 창업 당초의 구바라혼케와 4대째 사장 가와베 데쓰지

### (2) 카야노야 브랜드 탄생의 배경

카야노야 브랜드는 자사에서 제조한 소스를 사용한 명란젓 '쇼보안Shoboan'(1990년 발매) 등의 상품 개발을 통해 사업 확대를 모색한 가와베가 1998년에 이탈리아를 방문했을 때 슬로푸드를 접한 것을 계기로 탄생했다. 당시 이탈리아에서는 '패스트푸드가 이탈리아의 식문화를 망친다'라는 위기감이 생겨서 전통적인 식문화, 특히 지역 식재료를 소중히 하는 슬로푸드 운동이 일어났다. 가와베는 이 운동이 전 세계로 확대되어 일본에도 파급될 것이라고 느꼈다고 한다.

또한, 여러 가지 검토를 거듭한 결과 앞으로는 건강에 대한 의식이 한층 더 높아지는 시대가 될 것이라고 예견했다. 그래서 새로운 상품 개발을 결심하고 '첨가물을 쓰지 않는 조미료'를 개발하기로 결정했다. 그러나 단순히 첨가물을 사용하지 않는 조미료 브랜드를 만들기만 해서는 고객에게 기쁨을 줘서 지속할 정도까지는 아니라는 것도 명백했다. 그런 이유로 먼저 첨가물을 쓰지 않는 건강한 음식의 기쁨을 경험할 수 있는 레스토랑 카야노야부터 시작하기로 했다.

2005년 카야부키 지붕(초가지붕) 레스토랑 카야노야의 개업을 시작으로 이듬해 2006년에는 화학조미료, 보존료를 첨가하지 않은 '카야노야 다시(맛국물)'를 개발했다. 레스토랑과 더불어 통신판매를 주요 판매 채널로 하여 사업을 시작했다. 도쿄 미드타운에서 출점 의뢰를 받는 형태로 도쿄 지역에 점포를 내기로 결단한 것은 브랜드를 만든 지 5년 후인 2010년의 일이다(그림 5-2).

상품을 판매하는 곳인데도 카운터와 주방이 있는 점포 만들기를 결심하게 된 원동력은 그전까지 통신판매 채널에서 이 브랜드를 발견하여 기쁨과 감동을 받은 도쿄 지역의 고객에게 맛보기를 기대하게 하거나 조리법을 제안해서 기대를 뛰어넘는 감동을 느끼게 해 주고 싶다는 마음이었다. 그 결과 이 점포 채널을 통한 브랜드 경험이 한층 더 많은 고객을 끌어들여 현재 카야노야 브랜드의 강력하고 독자적인 위치를 확립하기에 이르렀다.



**그림 5-2** 도쿄 지역 진출 1호점이 된 도쿄 미드타운점

### ⑶ 사업 확대 과정에서 제기된 문제점

가와베가 입사한 1978년에는 임직원이 고작 여섯 명에 매출액도 6,300만 엔이었다. 하지만 이후 2014년 회계연도 결산(2014년 4월~2015년 3월) 때는 임직원 수 850명, 매출액 163억 엔의 종합식품기업으로 성장했다. 그러나 지속적이라는 관점에서 10년 후, 20년 후를 바라봤을 때 인구 감소가 뚜렷해서 소비 확대를 전망할 수 없는 일본 시장에는 더 큰 성장을 기대할 수 없었다. '더 많은 고객에게 구바라혼케의 음식을 통해 기쁨과 감동을 계속 전하고 싶다'라는 가와베의 마음은 해외로 향했다.

그러한 경영 판단과 동시에 가와베는 브랜드 이미지가 약해지는 것도 우려하기 시작했다. 도쿄 미드타운으로 출점한 지 5년 후인 2015년 당시 브랜드를 표현하는 패키지, 카탈로그 등 고객과의 접점에는 일정한 통일성을 노렸다. 하지만 그런 것은 카야노야 브랜드를 스스로 기획하고 만들어 낸 가와베의 미의식과 그가 직접 교육한 기존 임직원의 '암묵적 지식'이 뒷받침된 것에 불과했다. 조직이 급속하게 확대되어 해외로도 진출하는 상황에서 중장기적으로 일관한 브랜드 경험을 계속 제공하려면 암묵적 지식을 가시화하여 앞으로 더욱더 늘어나는 브랜드의 접점을 좀 더 효과적으로 제어하기 위한 구조가 필요하다고 생각했다. 그런 과제, 배경 속에서 카야노야의 브랜딩이 시작되었다.

## 2
# 카야노야의 브랜딩 전략

◇◇◇◇◇◇◇◇◇◇◇◇◇◇◇◇◇◇◇◇◇◇◇◇

### (1) 차별화된 카야노야 브랜딩의 특징

카야노야 브랜드는 창업한 이래 100년 이상에 걸쳐서 구바라혼케가 키워온 발효, 양조의 '전통'과 다음 세대를 바라본 도전을 계속하는 가와베의 '혁신'을 융합시켜서 결실을 맺은 것이라고 할 수 있다. 전통과 혁신의 융합이야말로 경쟁 회사에 대한 카야노야의 차별화 포인트이며, 브랜딩은 이 차별화를 돋보이게 만들기 위해 설계되었다. 그것을 꾸준히 실천하기 위해서 구체적인 활동 전에 다음의 세 가지 방침을 규정한 것도 카야노야의 특징이다.

#### ① 브랜드가 지니는 가치의 철저한 재검증

사업을 확대하며 브랜드 전략, 사업 전략을 구축할 때는 일반적으로 새로운 시장의 조사와 시장에 대한 적합성을 고려하는 일부터 시작한다. 하지만 카야노야는 브랜드의 매력을 재검증하는 것부터 시작했다. 카야노야의 성공을 빌미로 그 비즈니스모델을 모방한 상품도 시장에 나돌기 시작한 상황에서 브랜드의 매력을 추구하는 것이 브랜드를 묻히게 하지 않기 위한 비결이며, 세계라는 시장을 바라봤을 때도 필수적인 무기가 될 것이라고 생각했다.

### ② 최고경영자, 경영진, 마케팅부, 크리에이티브부가 연계하는 브랜딩 추진 체제의 구축

카야노야의 브랜딩은 상품이 고객에게 전해지기까지의 모든 과정이 브랜딩이라는 가와베의 생각을 중심으로 시작되었다. 그래서 상품 개발, 마케팅, 크리에이티브 표현부터 고객과의 접점이 되는 점포 계획까지 일련의 활동에 관한 모든 부서의 중심인물과 그 전체를 관리하는 사장, 경영진이 한 팀이 되어 추진했다. 이 책의 앞부분에서 '두 가지 브랜딩'(그림 P-1)에 대해 설명했는데, 카야노야의 브랜딩은 그 두 번째 글로벌 리딩 브랜드와 마찬가지로 사업 전략과 브랜드를 일체적인 관계로 간주하여 브랜드가 조직 전체의 활동을 이끈다는 생각으로 실천되었다.

### ③ 늘 '상품'을 중심으로 고려한 브랜딩 발상

구바라혼케 전체의 가치관인 '말 못하는 상품을 말하게 하는 상품으로 만들기'는 카야노야 브랜딩 활동에서도 가장 중요한 사항으로 인식했다. 자세한 내용은 뒤에서 설명하겠지만 현상 파악, 브랜드 정의, 브랜드의 사내 내재화 등 각 단계에서도 늘 '이를 바탕으로 어떻게 상품을 만들어야 하는가? 무엇을 남기고 무엇을 바꿔야 하는가?'라고 상품 실태를 신경 쓰며 논의를 진행했다.

### (2) 기업의 의지, 고객의 기대를 통해 확인한 브랜드의 가치

브랜딩을 실천할 때 가장 먼저 카야노야 브랜드의 기존 가치Equity를 철저히 재검증했다. 재검증에는 브랜드의 주요 이해관계자인 경영진, 사내 중심인물의 시점에 더해 소비자의 기대(고객 시점) 면에서도 파고들어서 자만하지 않고 기업과 고객 모두를 생각하는 브랜딩을 목표로 했다. 브랜드는 기업의 생각과 고객의 생각이 일치하면 강력해진다. 카야노야가 취한 방법은 고객도 포함한 기업의 이해관계자와 공동 가치 창조를 통해 브랜딩이 성립하는 시대에 어울리는 검증 방법 중 하나였다.

그럼 기업과 고객의 시점에서 어떻게 그 가치를 확인했는지 그 방법을 소개하겠다(그림 5-3).

현상 파악의 첫 번째는 경영진, 중심인물의 브랜드에 담은 마음의 '재고 조사'다. 브랜드의 재고 조사란 현재의 브랜드가 어떤 요소로 만들어졌는지 재확인해서 브랜드의 아이덴티티를 확인하기 위한 첫 단계다.

카야노야 브랜드에 대한 경영진, 중심인물의 생각은 '상품 제조와 서비스', '고객 응대', '커뮤니케이션', '채널, 환경'의 네 가지 시점에서 조사를 실시했다. 이 시점은 고객이 브랜드를 알게 되는 접점을 구분한 것이며 이러한 접점을 어떤 생각과 고집으로 만들어 냈는지 그 이면에 있는 기업의 방침을 재확인했다.

그와 동시에 이 네 가지 시점에서 현재 카야노야 브랜드가 사람들에게 어떻게 보이는지도 분석했다. 이는 고객이 브랜드를 알게 되는 주요 접점을 폭넓게 조사해서 관점, 전달방식을 통해 소비자의 브랜드 경험이 어떻게 이루어지는지 분석하는 것이다. 여기서는 제품과 서비스, 사람들과 행동, 커뮤니케이션, 환경과 채널을 폭넓게 선택해서 메시지, 문자 표현, 배색, 양식과 형태, 소재, 사진 표현 등의 카야노야다움을 형성하는 여러 가지 요소를 조사하며 이것의 핵심이 되는 요소를 끌어냈다.

그런 작업을 통해서 가장 먼저 드러난 것은 창업 이래의 가치관과 고집인 '지속'이었다. 또한 '고객에게 기쁨을 주고 싶다', '일본의 식문화와 일식의 사상, 매력을 좀 더 가볍고 친근한 존재로 만들고 싶다'라는 뜨거운 마음도 확인되었다. 상품 제조에 그치지 않고 '고객을 위해서, 일식의 미래를 위해서 공헌할 수 있는 기업이 되고 싶다'라는 브랜드의 꿈을 확인했다.

현상 파악 두 번째는 고객의 시점이다. 카야노야의 고객은 어떤 가치를 추구하는 사람들인가? 또 카야노야의 어떤 점을 매력적으로 느끼는가? 고객의 시점에서 브랜드에 내재된 가치를 끌어내서 앞으로를 위해 지켜야 할 아이덴티티가 되는 브랜드를 정의하는 것이 그 목적이다.

고객 시점의 분석에는 여러 가지 방법이 있는데 브랜딩을 위한 고객 분석은 상품 개발과 광고 제작, 판촉 캠페인 등 전술 수준의 업무인 고객 분석과는 근본적으로 다르다는 점에 유의해야 한다. 카야노야가 실시한 고객 분석의 경우에는 현상과 앞으로의 주요 대상에 가까운 사람을 모아서 고객 인사이트를 발견하는 방법이 사용되었다.

카야노야 브랜드의 상품을 선택하는 포인트와 구입, 사용 실태뿐만 아니라 고객 이미지와 생활 모습, 좋아하는 생활공간, 가치관 등 넓은 관점에서 다시 파악하여 고객의 심층 심리에 잠재된 카야노야 브랜드의 매력과 기대 등을 파악하는 일에 힘을 쏟았다.

**그림 5-3** 카야노야의 브랜딩 전체상

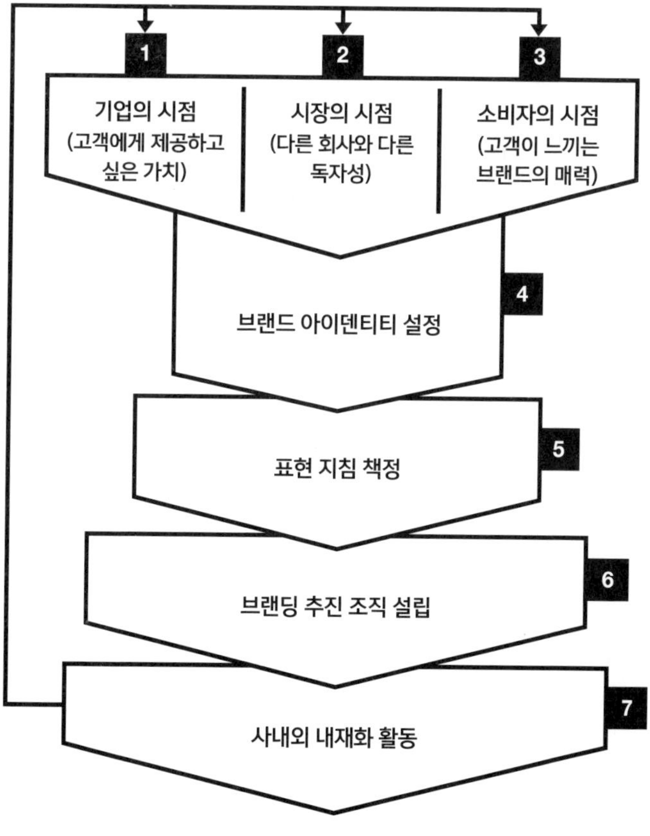

### (3) 브랜드 가치를 토대로 규정한 브랜드 아이덴티티

다음 단계는 앞에서 설명한 두 시점에서 현재 카야노야 브랜드의 가치를 확인하고 이를 통해 알게 된 브랜드의 가치를 '브랜드 경험의 핵심이 되는 방침'으로 정리하는 것이었다. 이것은 다른 브랜드와는 차별화된 카야노야만의 가치, 고객에게 기쁨을 주기 위해 약속해야 할 것, 또한 모든 임직원의 활동, 행동의 원점이 되는 것 등 확실히 브랜드 아이덴티티를 의미한다.

이 단계에서는 단순히 말을 정의하는 것이 아니라 브랜드의 기반이 되는 아이덴티티에 유념해야 한다. 그래서 카야노야에서는 브랜드로 실시하는 다양한 사업 활동, 커뮤니케이션 활동뿐만 아니라 유통, 출점, 상품, 인사에 이르기까지 각종 전략을 신경 쓰며 논의를 거듭했다.

특히 앞으로 카야노야 브랜드를 어떻게 키우고 어떤 존재 의의, 역할을 완수하고 싶은가, 어떤 사업 영역까지 가정할 것인가 등 미래를 위한 브랜드로서의 생각을 신중히 검토하며 논의했다. 확실히 경영 전략과도 밀접하게 관련된 논의였다. 매우 중요한 단계이므로 반복적으로 전 단계에서 실시한 고객의 생각과 기업, 브랜드 측의 생각을 여러 번 확인해가며 신중히 시간을 들여서 결론을 이끌어 냈다.

최종적으로는 카야노야의 브랜드 가치 정의를 아이덴티티와 이를 뒷받침하는 정서적 가치, 기능적 가치 등 구조로 통합했다. 처음의 브랜드 현상 파악에서 다른 회사와 차별화되는 '매력'으로 끌어낸 가치에 더해 그중에서도 특히 앞으로의 카야노야가 갖춰야 할 이상적인 자세를 위한 시점을 강화하는 형태로 구조를 정리했다(그림 5-4).

**그림 5-4** 브랜드 아이덴티티와 가치구조도

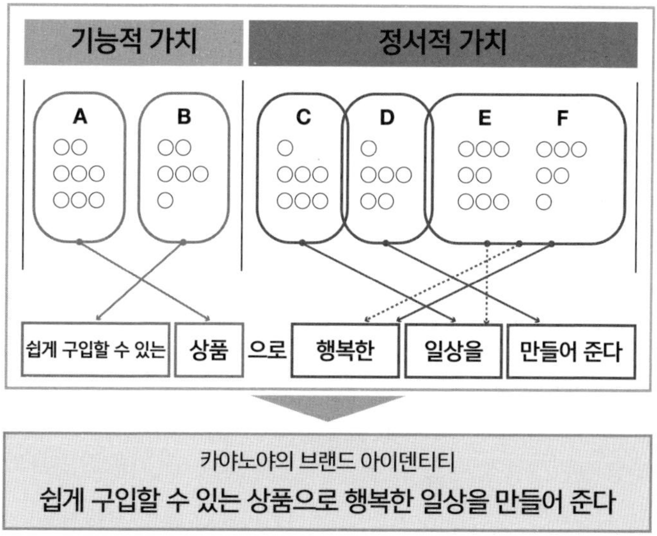

### (4) 브랜드 아이덴티티를 토대로 책정한 표현 지침

어떻게 브랜드 아이덴티티를 사내외에 전달하여 구현화하고, 어떻게 고객의 브랜드 경험을 만들어 갈 것인지가 브랜딩의 성공과 실패를 가르는 요점이다. 카야노야에서는 고객의 경험을 어떻게 바꿔갈 것인지 그 토대가 되는 표현 지침을 책정했다.

브랜드의 표현 지침이란, 브랜드 아이덴티티를 의도대로 일관성 있게 고객이 경험, 체감할 수 있게 하는 가이드라인을 말한다. 이는 브랜드 네임과 태그라인Tag line(기업, 제품, 서비스가 소비자에게 어떤 가치를 제공하는지 단적으로 나타내는 말), 브랜드 심벌 등 브랜드 요소뿐만 아니라 고객 경험을 형성하는 모든 접점에 관한 전체적인 크리에이티브를 담당한다.

그래서 카야노야에서는 브랜드의 표현 지침을 '브랜드 표현 개발에 관한 모든 사람에게 판단 근거가 되는 것'이라고 평가하였다. 또한, 브랜드를 표현할 때 절대로 빼놓을 수 없는 요소와 무엇을 어디까지 바꿔야 하는가의 여부 등 판단 기준을 명확히 했다. 그런 다음 카야노야란 무엇인가라는 브랜드 정의와 이를 나타내기 위한 브랜드 경험 지침을 규정했다. '사내의 약속', '사외에 대한 커뮤니케이션 활동 반영'도 이를 토대로 설계되었다는 점도 특징적이다.

그 내용에는 카야노야다움을 나타내는 세계관, 세계관을 전달하는 커뮤니케이션 요소와 디자인 스타일, 세계관을 활용한 전개 사례가 포함되어 있다. 이런 것을 잘 이해해서 카야노야다움을 드러내는 표현을 다양한 접점을 통해서 일관적으로 전달했다. 그 결과 의도한 브랜드 이미지가 만들어져서 계속 키워나갈 수 있게 되었다.

### (5) 사내의 브랜드 의식과 경영진의 진정성 전달을 위해 설립한 브랜드 관리부서

브랜드 아이덴티티와 표현 지침이 규정되고 본격적으로 브랜딩을 추진하는 데 있어서 카야노야에서는 브랜드 관리 기능이 있는 브랜드 관리부서를 사내에 만들었다. 이전 단계까지는 앞에서 설명한 대로 마케팅본부 안에서 브랜드 마케팅부서와 크리에이티브 기획부서의 멤버들이 중심이 되어 추진했다. 브랜드 관리부서를 만든 것은 그 기능을 강화할 뿐만 아니라 이제부터 본격적으로 브랜딩을 추진하는 것에 대한 회사의 진심을 사내에 알리는 목적으로도 기능했다. 그전까지 관여해 온 멤버가 중심이 되어 추진해 나가는 것은 변함없고 또 처음부터 임원진이 일관적으로 이 활동에 관여한 점도 이러한 브랜딩 활동을 진행하는 데 중요한 포인트였다고 한다.

앞에서도 언급한 '브랜드 경쟁력 스코어BSS'의 10가지 지표에서 사내 4가지 지표 중에 '관리 역량'이 있다. 브랜드 가치를 지키며 앞으로 계속 향상하기 위해 이와 같은 사내에서의 브랜드 관리 구조를 어떻게 반석으로 삼을 것인가 하는 점도 중요하다.

### (6) 사내 내재화 활동 실시

새로 설치한 브랜드 관리부서의 사내 내재화를 위한 첫 업무는 카야노야의 브랜드 아이덴티티에 대한 설명서를 정리하는 것이었다. 그 서두에는 브랜드에 담긴 최고경영자의 마음이 서술되어 있고 브랜드 탄생 스토리, 새로 규정한 브랜드 저의의 내용과 이를 뒷받침하는 다양한 가치와 사실이 구조적으로 나타나 있다. 또한, 그 마지막에 브랜드를 고객에게 전하고 계속 향상시키려면 개개인의 평소 행동이 중요하다고 전달하며 끝을 맺는다(그림 5-5).

브랜드 관리부서에서는 설명서를 정리한 것은 물론 부서별로 이 설명서를 활용한 워크숍을 실시해서 그 브랜드 방침을 이해시키기 위해 내재화 활동을 추진했다.

어느 부서에서 실시한 브랜드 워크숍을 예로 들어 개요를 설명하겠다. 워크숍은 해당 부서가 관여하는 사업 활동에 구체적으로 카야노야 브랜드의 방침을 살리려는 목적으로 실시되었다. 일정 계획으로는 먼저 카야노야 브랜드의 방침 설명부터 시작한 후 다섯 개의 팀으로 나누어 토론 두 번과 발표를 진행했다. 토론 주제의 개요는 다음과 같았다.

① 브랜드를 정의하는 단어를 깊이 조사해서 구체적인 제조 방법과 상품에 반영하면 어떤 내용이 될 것인가?
② 상품 제조라는 관점에서 현재와 미래에 어떤 자세를 취해야 하는가? '해야 할 일'과 '하지 않아도 되는 일'이란 무엇인가?

정의한 브랜드 아이덴티티를 토대로 '상품 제조는 어떻게 할 것인가?', '어떻게 달라져야 하는가?'라고 상품의 이상적인 자세에 대해 철저히 생각한 것이다.

회사가 급성장해서 새로운 임직원이 늘어난 시기이기도 해서 이러한 활동은 브랜드의 사내 내재화 효과와 더불어 다시 한 번 브랜드를 재확인하고 평소의 사업 활동, 상품 제조를 더욱 좋게 만들자는 생각의 계기도 되었다. 확실히 '브랜드=사업'을 나타내는 좋은 사례다.

**그림 5-5** 카야노야다운 표현에 집중해서 만들어 낸 사례
(왼쪽: 사내용 / 오른쪽: 사외용)

## (7) 사외 내재화 활동 실시

사외 커뮤니케이션은 고객을 위해 브랜드의 세계관을 표현하는 브랜드북을 제작하여 배포하는 것으로 시작되었다.

그다음으로 카야노야 브랜드의 정의에 입각해서 중기에 실현해야 하는 커뮤니케이션 계획을 책정했다. 거기에는 중기 브랜드 육성의 기본적 계획뿐만 아니라 계획을 근거로 하는 다음 해의 브랜드 활동 주제나 브랜드 활동 중점 항목이 포함되어 각각 연동하여 계획되었다. 브랜드는 상품, 사업 자체이며 브랜드와 상품, 사업을 일체화해서 관리하고 브랜드를 육성하는 사례라고 할 수 있다.

브랜드 활동 중점 항목에 관해서는 항목별로 구체적 입무와

일정, 예산 분배, KPI가 각각 설정되어 있다. 한편 브랜드 가치 향상을 위한 상품 계획과 커뮤니케이션 계획에 대해서도 각각 중점 상품, 중점 커뮤니케이션 접점별로 기본 방침, 구체적인 업무까지 계획을 세워서 반영시켜 실행하고 있다.

## 3
## 사내외로 브랜드 팬을 확대하는 브랜딩



브랜딩을 통해 카야노야 브랜드는 한층 더 강인해지고 다양한 부분에서 다시 한번 고객에게 감동을 주고 인정받았다. 그 상징적인 사례들을 소개하겠다.

### (1) 임직원 개개인의 행동을 바꾼 교육 제도

사내 내재화 활동의 일환으로 각 부서에서 시행된 워크숍은 이전까지 아무 생각 없이 의사를 결정하던 카야노야의 '지켜야 할 가치'를 다시 생각하는 계기가 되어 이해도도 깊어졌다. 그래서 임직원들에게 매우 호평을 얻었고 인사 연수 프로그램에

넣는 등 임직원 교육 시스템으로 정착하기에 이르렀다.

카야노야 브랜드에 대한 마음을 서로 이해하고 공유해서 새로 입사한 수많은 임직원도 포함하여 개개인이 확고한 판단, 행동을 할 수 있는 기반이 마련되었다.

### (2) 상품 제조 기획의 판단 기준으로서 활용되는 브랜드의 정의

브랜드에 대한 임직원의 이해가 깊어져서 새롭게 대처할 때는 본사뿐 아니라 점포 등 현장에서도 우선적으로 '카야노야다운가?'라는 시점에서 생각, 행동하는 환경이 실현되었다.

구체적인 예로는 동결건조 상품을 개발했을 때의 에피소드를 들 수 있다. 경영 회의에서 동결건조를 도입하자고 의사를 결정한 후 상품 팀에서 '카야노야다운 동결건조는 무엇인가?'를 깊이 생각해서 논의했다고 한다. 유행하니까 동결건조를 도입하는 것이 아니라 어디까지나 '어떤 동결건조가 카야노야다운가?'에 대해서 활발한 논의가 이루어졌다.

### (3) 유통업계의 요청을 기반으로 성장한 카야노야 점포

카야노야는 브랜드 이미지가 약해지는 것을 우려해서 닥치는 대로 규모 확대를 노린 출점은 하지 않았다. 그런데도 2010년에 1호점을 도쿄 미드타운에서 의뢰받은 형태로 출점한 이후

2015년에는 15개 점포, 2019년에는 24개 점포로 착실히 점포 수가 늘어났다. 이 배경에는 유통 쪽에서의 강력한 요청이 있다. 이 또한 브랜딩을 통해 브랜드 강도가 높아졌다는 증거 중 하나다.

### (4) 새로운 시장의 창조

일상에서 사용하는 상품인 맛국물(육수) 시장에서 카야노야 이전에는 '선물같은 상품'을 제공하는 시장이 없었다. 가와베 본인도 당초에는 상품이 선물이 되리라고는 전혀 가정하지 않았다고 한다. 하지만 고객의 입장에서는 선물과 같다고 평가하는 사람이 많았다. 이는 상품을 철저히 연마하여 '기획의 시점', '고객의 시점' 양쪽에서 브랜드를 깊이 생각한 성과라고 할 수 있다. 현대의 브랜드는 기업 이해관계자와의 공동 가치 창조로 진화했다.

이렇듯 2010년에 탄생한 카야노야 맛국물은 최근 10년 동안 급속히 고객층을 확대하여 그 존재감을 계속 키우고 있다. 또한, 2016년에는 미국에 카야노야 온라인 숍이 개설되어 미국 전역의 가정에 맛국물 시리즈를 공급하기 시작하는 등 브랜딩 목표 중 하나였던 세계로의 진출도 착실히 진행 중이다.

그러나 가와베는 '카야노야 브랜드는 아직도 성공했다고 할 수 없다. 앞으로도 계속 진화하여 고객에게 더욱더 새로운 기쁨과 감동을 제공해야 한다'라고 말한다.

확실히 브랜드란 '살아 있는 비즈니스 자산'이다. 카야노야가 앞으로 어떤 기업 활동을 통해서 그 식별성과 차별성과 가치를 높이고 진화하려고 하는지 기대해 보자.

그림 5-6 카야노야 점포

그림 5-7 레스토랑 카야노야

## | 브랜드 관계자와의 인터뷰 |

주식회사 구바라혼케 그룹 본사

대표이사 사장 **가와베 데쓰지**Kawabe Tetsuji

◇◇◇◇◇◇◇◇◇◇◇◇◇◇◇◇◇◇◇◇◇◇◇◇

### 수많은 고객에게 기쁨을 주고 인정받은 이유는 무엇이라고 생각합니까?



역시 상품력이라고 할까요? 브랜드를 전제로 하기보다 일단 계속해서 재구입할 수 있는 상품을 만드는 것이 중요하다고 생각했습니다. 모양, 형태로 받아들여도 상품의 내용물이 따라주지 않으면 이면을 간파당하고 맙니다. 그래서 우리는 '이런 상품이 있으면 좋겠다', '이런 것이 있으면 도움이 되겠다. 편리하겠다'라는 상품을 수고와 시간을 들여서 생각해서 만드는 것을 추구해 왔습니다.

이렇게 말하면 브랜드를 경시하는 것처럼 보일 수 있는데 그것은 커다란 오해입니다. 우리는 브랜드도 상품 제조와 똑같은 열정을 갖고 만들어 왔습니다.

카야노야의 상품은 당초 선물과 같은 상품이 되리라고는 전혀 생각하지 않았습니다. 하지만 고객이 우리 상품을 '다른 사람에게 선물하고 싶어진다'라고 생각했다는 것은 어떤 의미에서 '그것을 사용하는 스스로가 자랑스럽다', '이것을 사용하는 나는 요리에 대한 조예가 깊다'라고 느꼈다는 뜻이기도 해서 매우 기뻤습니다. 카야노야에서 맛국물을 선물로 만들 수 있었던 것은 상품 자체의 힘과 브랜드 파워가 있었기 때문이 아닐까 싶습니다.

일본의 상품들은 물건으로서는 매우 좋지만, 외관이나 판매 방법이 조금 아쉬운 점이 많습니다. 그러나 모처럼 좋은 물건을 만들었다면 그것을 고객에게 전하는 과정도 중요합니다. 고객이 구입하지 않으면 기쁨을 주기는커녕, 존재하지 않는 것과 마찬가지입니다. 그래서 점포 디자인과 임직원의 고객 응대 방법, 디스플레이, 패키지와 취급설명서에도 좋은 상품을 만드는 것과 똑같은 노력을 들여야 하며 이를 거듭하는 것이야말로 브랜딩이라고 생각합니다.



## 왜 그렇게 생각하게 되었습니까?

일반적으로는 상품을 제조할 때 상품 개발, 마케팅은 경영 문제이며 디자인은 디자인부서의 업무로 구분해서 생각하는 경향이 있습니다. 그런데 이 점이 브랜딩을 추진하기 어려운 요인이 아닐까요? 회사 경영의 경우에는 상품 제조뿐만 아니라 디자인도 경영 문제입니다. 경영은 이렇듯 넓게 생각해야 하는 과제입니다.

상품의 품질과 가격 조정은 물론 외관이나 말투 등의 표현 자체가 장사와 경영에 큰 영향을 주는 시대가 되었습니다. 이런 점은 해외 기업들이 선행하고 있다고 할 수 있겠군요.

저는 '꽃을 보고 아름답다고 느끼는 당신의 마음이 아름답다'라는 말을 자주 합니다. 직접 디자인하거나 손을 움직이는 것은 아니지만, 확실히 아름다운 것을 보고 아름답다고 느낄 수 있도록 늘 유념하고 있습니다. 브랜딩에는 그런 감성이 중요합니다.



**카야노야 브랜드의 근간에 흐르는 가치관에 대해 설명 부탁드립니다.**

우리 회사의 배경 한가운데에는 창업 이래의 가치관인 '지속성'이 자리 잡고 있습니다. 단기적으로 팔리면 좋다는 것이 아니라 오랫동안 고객에게 계속 기쁨을 줄 수 있는 것. 이러한 구바라혼케의 밑바탕에 끊임없이 흐르는 가치관이 카야노야 브랜드에도 숨 쉬고 있습니다. 돈과 지속성이 때로는 똑같다고 생각하기 쉽지만 사실 정반대의 입장에 있다고 생각합니다. 먼저 고객에게 기쁨을 줘야 돈도 따라온다는 뜻이에요.

**앞으로도 사랑받는 브랜드가 되기 위해서 해야 할 일은 무엇인가요?**

'역시 구바라혼케답다', '역시 카야노야가 최고다'라는 말을 계속 듣는 것입니다. 이 '역시'라는 말은 기대치를 넘었을 때 들을 수 있는 말입니다. 처음에 '역시'라는 말을 들으면 다음에는 그 위를 목표로 해야 합니다. 점점 벽이 높아지지만 우리는 그 '역시'라는 말을 계속 들어야 합니다. 브랜드라는 것은 일단 시작하면 쉴 수 없습니다. 그렇지 않으면 브랜드를 지킬 수 없어요. 나아가지 않으면 금방 진부해져서 사람들에게서 잊혀지고 맙니다.

대개 브랜드를 구축한 경우는 잘 없습니다. 브랜드 만들기에는 끝이 없기 때문입니다. 그러므로 브랜드를 계속 성장시키는 것이 중요합니다. 우리도 카야노야 브랜드가 지금 이대로 좋다고 생각하지 않으며 계속해서 고객의 기대를 충족시켜야 한다고 생각합니다. 그렇기에 끊임없이 제안하여 발전하고자 합니다.

# 6 파나소닉 Panasonic

B to C에서 B to B로의 구조 전환을
실현하는 사업 브랜딩

# Panasonic

1 B to B 사업으로의 구조 전환을 계기로 시작한 사업 브랜딩

2 사업 브랜드 콘셉트 수립과 커뮤니케이션 활동

3 비즈니스 활동에 성과를 가져오는 사업 브랜딩

| 브랜드 관계자와의 인터뷰 |

# 1
# B to B 사업으로의 구조 전환을 계기로 시작한 사업 브랜딩

◇◇◇◇◇◇◇◇◇◇◇◇◇◇◇◇◇◇◇◇◇◇◇◇

### (1) B to C에서 B to B로의 사업 구조 전환

사회에 정착해서 사랑받는 브랜드의 이미지를 전환하기란 새로운 브랜드를 구축하는 것보다 훨씬 벽이 높다. 그것이 글로벌 브랜드일 경우 더욱 어렵다. 그 높은 벽에 도전한 파나소닉의 대응 방법에 대해 소개하겠다.

파나소닉은 2011년도와 2012년도 결산에서 2년 연속으로 거액 적자를 계상했다. 예전에는 간판이었던 텔레비전, 반도체 등의 과제 사업이 다른 수많은 고수익 사업의 이익을 상쇄하는 사업 구조로 바뀐 것이다. 높은 가격 경쟁력을 무기로 한국, 중국 기업이 대두하는 시장 환경의 변화 속에서 사업 방향을 제대로 잡지 못한 것이 원인이었다. 이런 상황의 영향을 받아서 사장인 쓰가 가즈히로Tsuga Kazuhiro(이하: 쓰가)는 2013년 1월 '세계 최대의 전자기기 박람회International CES(Consumer Electronics Show)'의 오프닝 기조연설자로 나서서 파나소닉이 'B to CBusiness to Customer(기업 대 소비자 간의 거래)'에서 'B to

BBusiness to Business(기업 대 기업 간의 거래)'로 사업 구조를 전환하겠다는 방침을 명확히 내세웠다.

'고객의 생활에 다가간다'라는 가전 DNA를 계승하면서 주택, 사회, 비즈니스, 여행, 자동차 등 다양한 공간, 사업 영역에서 고객의 '좋은 생활'에 공헌하는 것. 파나소닉만으로 이를 실현하는 것이 아니라 각 업계의 파트너와 함께 대응해서 공헌을 최대화하여 '더 나은 세계'를 만들어가는 것이 연설 취지였다.

사업 구조의 전환을 빠르게 실현하기 위해서 파나소닉은 조직을 재편해 2013년 4월에 컴퍼니제를 도입했다. 같은 해 9월에는 이를 구체적으로 나타내기 위한 새로운 브랜드 아이덴티티로 '더 나은 삶, 더 나은 세상A Better Life, A Better World'이라는 글로벌 공통 슬로건을 내걸었다. 창업 100주년인 2018년에 맞춰 브랜드에서도 'B to B'로 사업을 전환하는 활동을 시작한 것이다.

### (2) 브랜드 전략의 전환

2014년 본사 브랜드 매니지먼트 부서인 코퍼레이트 브랜드 플래닝부(이하 CBP부)가 사무국이 되어 경영 기획부 및 컴퍼니 경영 간부와 함께 새 브랜드 전략을 검토했다.

당시 파나소닉의 브랜드 인지 상황을 보면 지역 차는 있지만, 여전히 가전 이미지가 강해서 주택, 차량용, B to B 솔루션 등 앞으로 성장시킬 사업의 이미지가 약한 상황이었다. 그 경향은 특히 미국과 유럽에서 두드러졌다(그림 6-1).

이런 상황 속에서 시장에서의 존재감을 서둘러 확립하고 새롭게 도입한 컴퍼니제의 사업 성장을 가속화하기 위해서 파나소닉은 기존의 마스터 브랜드 전략을 컴퍼니제와 호응하는 새로운 마스터 브랜드 전략으로 전환하는 과감한 변혁을 결단했다. 그중 하나가 '파나소닉 사업 브랜드'다.

파나소닉 사업 브랜드는 '주택 및 주거 공간(Home & Living)', '차량용(Automotive)', 'B to B 솔루션(Business)'에 '가전'과 '디바이스'를 더해서 총 다섯 가지로 구성된다. 사업 영역을 명확히 전달하기 위해서 각각 디스크립터Descriptor(기능 명칭)를 부여했다. 디스크립터를 부여하는 것에는 이전에는 설명문이나 상품 정보를 읽어야 알 수 있었던 사업 영역, 사업 내용을 로고만 봐도 빠르고 명확하게 전할 수 있다는 장점이 있다. 그 효과를 한층 더 높이고 이미지 양성을 강화하기 위해서 각 파나소닉 사업 브랜드에는 소정의 브랜드 컬러와 브랜드 요소도 설정되었다.

파나소닉 사업 브랜드를 도입하는 한편으로 파나소닉 브랜드와의 관계성을 나타내서 시너지 효과를 만들어 내는 '파나소닉 보증 사업 브랜드', 파나소닉 브랜드와의 관계성을 나타내지 않고 개별 가치를 어필하는 '개별 사업 브랜드'를 브랜드 체계

그림 6-1 사업별 인지 상황(2014년)

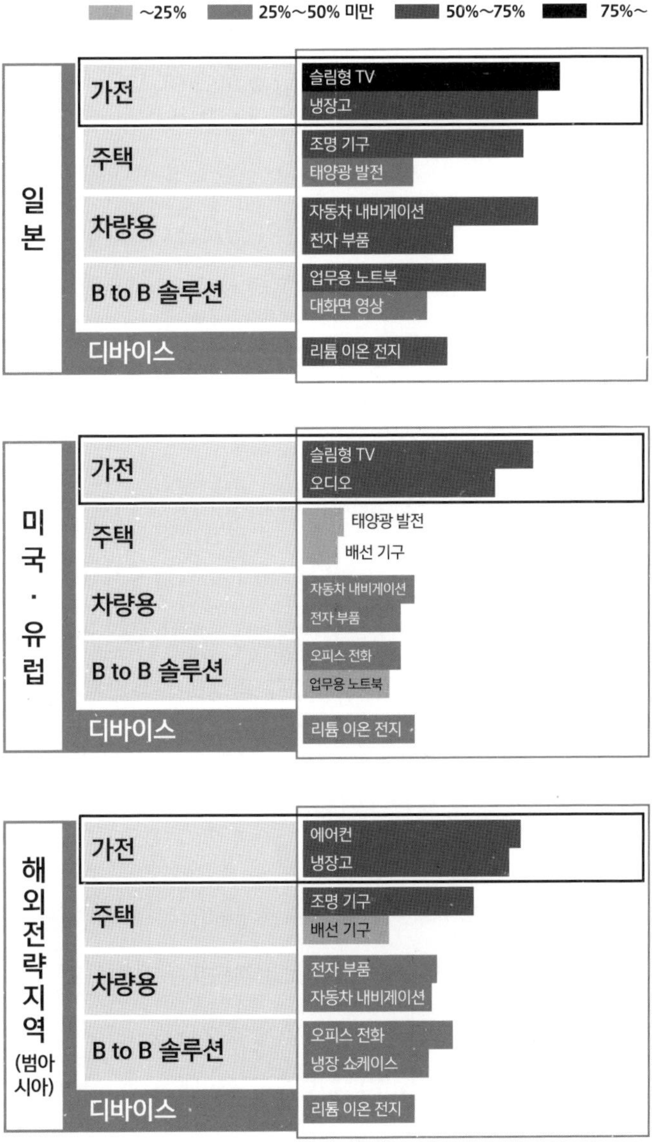

에 부여했다.

파나소닉 보증 사업 브랜드는 개별 브랜드를 어필하지만, 파나소닉과의 관계성을 나타내서 비즈니스상의 시너지 효과를 만들어 내는 것을 의도한 브랜드여서 'by Panasonic' 등의 파나소닉 보증 표시가 포함되어 있다. 파나소닉 브랜드로 전개하면 매출과 이익의 최대화에 지장이 생기는 경우, 예를 들면 M&A로 인수한 인도의 가전업체 '앵커Anchor'는 상품에 따라서 파나소닉보다 브랜드 인지도가 더 높다. 이런 경우에는 인수 회사 브랜드를 효과적으로 활용하며 'by Panasonic'이라고 보증 표시해서 파나소닉과의 시너지 효과도 살려 '매출과 이익의 최대화'를 목표로 하게 되었다.

한편 개별 사업 브랜드는 파나소닉에 없는 독자적인 가치를 어필해서 재무상(이익)의 공헌을 기대했다. 고급 오디오 브랜드 'Technics(테크닉스)'는 영국, 독일을 중심으로 유럽에서의 브랜드 인지도가 높으며 음질에서도 파나소닉보다 테크닉스의 평가가 더 높다는 조사 결과가 나왔다. 파나소닉의 보증 표시는 오히려 테크닉스의 브랜드에 부정적인 이미지를 줄 수 있다는 우려도 있었다. 그래서 매출과 이익의 최대화를 위해 파나소닉 보증 표시를 빼고 독립적인 개별 사업 브랜드로 운용하기로 했다. 파나소닉의 새로운 브랜드 체계는 그림 6-2와 같다.

새 브랜드 체계는 2015년에 모든 임원의 합의를 얻은 후에

승인되어 2016년부터 전시회, 쇼룸 등 실제 고객 접점과 각종 선전 홍보 등의 커뮤니케이션 활동 전반에 전 세계적으로 일제히 적용시켰다.

**그림 6-2** 파나소닉의 새로운 브랜드 체계

| | | | |
|---|---|---|---|
| 기업 브랜드 | Panasonic | | |
| 브랜드 슬로건 | A Better Life, A Better World | | |
| 사업 브랜드 | Panasonic 사업 브랜드 | Panasonic 보증 사업 브랜드 | 개별 사업 브랜드 |
| | Panasonic Homes & Living<br>Panasonic AUTOMOTIVE<br>Panasonic BUSINESS | ANCHOR by Panasonic | Technics |

## 2
## 사업 브랜드 콘셉트 수립과 커뮤니케이션 활동

◇◇◇◇◇◇◇◇◇◇◇◇◇◇◇◇◇◇◇◇◇◇◇◇

### (1) 기업, 경쟁 회사, 고객의 시점에서의 현상 파악

다음으로는 브랜드 전환의 핵심을 담당하는 파나소닉 비즈니스의 활동에 초점을 맞춰서 대처 방법을 살펴보겠다.

파나소닉 비즈니스의 영역은 컴퍼니제로 말하자면 주로 커넥티드 솔루션사Connected Solutions Company(당시에는 AVC 네트워크사)가 담당하는 B to B 솔루션 사업이다. CBP부가 실시한 브랜드 이미지 조사 결과에서 유럽의 브랜드 이미지 전환이 급선무였다. 유럽 현장에서도 B to B 솔루션 사업의 인지도를 향상시켜야 했기에 파나소닉 비즈니스 사업 브랜드 도입은 유럽에서 먼저 진행되었다. 첫 과제는 사업 브랜드 콘셉트를 책정하는 것이다(그림 6-3).

사업 브랜드 콘셉트는 브랜드 아이덴티티에 해당한다. 이것이 상품 기획, 마케팅, 애프터서비스에 이르는 모든 사업 활동의 기축이 된다. 이로 인해 파나소닉의 유럽 B to B 판매 회사인 파나소닉 시스템 커뮤니케이션즈 유럽Panasonic System

Communications EU(PSCEU)과 CBP부가 공동으로 검토하여 책정된 활동은 2015년 11월에 시작했다.

핵심적인 추진 멤버는 PSCEU의 마케팅 책임자(리더), 유럽 각국에 주재하는 각 상품의 필드마케팅 책임자 및 본사 CBP부 담당자였다. 콘셉트 안 리뷰에는 시스템 제품 솔루션 판매를 담당한 파나소닉 시스템 솔루션즈 유럽과 지역 통괄 회사인 파나소닉 유럽 등도 참여했다. 또한, 채널 파트너와 소비자에게도 체코 프라하의 콜센터에서 전화 인터뷰를 실시하는 등 책정 후의 브랜드 자산 개발과 내재화 활동에서 마찰이 일어나지 않도록 빈틈없는 진영이 갖춰졌다.

### (2) 사업 브랜드 콘셉트의 수립

검토는 '정보 수집과 분석', '콘셉트 작성', '사업 활동에서의 활용'이라는 3단계로 나눠서 실시했다.

먼저 1단계에서는 업계, 자사, 고객, 경쟁 회사를 분석했다. 파나소닉의 B to B 솔루션 사업에 영향을 주는 거시적 추세(정치, 경제, 사회, 기술, 문화)의 간이 분석을 통해서 유럽에서의 데이터 보안과 사생활 보호 강화의 움직임, 중소기업에 대한 유럽 정부 우선 발주 증가, 스마트시티라는 콘셉트 등장, 하드웨어에서 서비스로의 전환, CSR Corporate Social Responsibility(기업의 사회적 책임) 의식 향상 등의 대세를 파악했다. 또한, 파나소닉의 사업 내용과 브랜드 내용, 경쟁 회사의 브랜드 내용과 어필 내용의 간이 분석도 실시했다. 이러한 탁상 조사에 더해서 PSCEU의 중심인물 12명, 10개사의 채널 파트너, 소비자 66명 또는 유망 고객을 대상으로 기업 이해관계자 인터뷰도 실시했다. 인터뷰에는 PC, 비주얼, 통신기기, 방송기기, 보안, 솔루션의 주요 카테고리를 포함했다. 그와 동시에 PSCEU의 중심인물과 소비자 인터뷰에는 유럽 주요 국가를 포함하도록 배려했다.

인터뷰를 근거로 기업 이해관계자의 의견을 10가지 주제로 정리하고 분석했으며 사내와 사외(파트너, 최종 고객)를 중심으로 해서 분류, 분석했다.

2단계는 1단계 분석을 바탕으로 사업 브랜드 콘셉트를 결정하는 과정이다. 두 번의 워크숍을 통해서 경쟁 회사의 상황, 파나소닉 유럽 B to B 솔루션 사업의 현재 상태, 기업 브랜드 약속 및 사업 미션을 재확인한 후에 파나소닉 비지니스의 캐릭터, 차별화된 제공 가치, 지향하는 자세를 검토했다. 차별화된 제공 가치는 '기술의 지속적인 개선과 혁신, 완벽을 추구하는 숨은 열정을 통해서 고객의 긍정적인 변화를 추진한다'라고 규정했다. 이러한 규정을 근거로 파나소닉 비지니스의 브랜드 콘셉트는 '혁신을 통한 자유Freedom through Innovation'로 정해졌다.

그림 6-3 파나소닉의 새로운 브랜드 체계

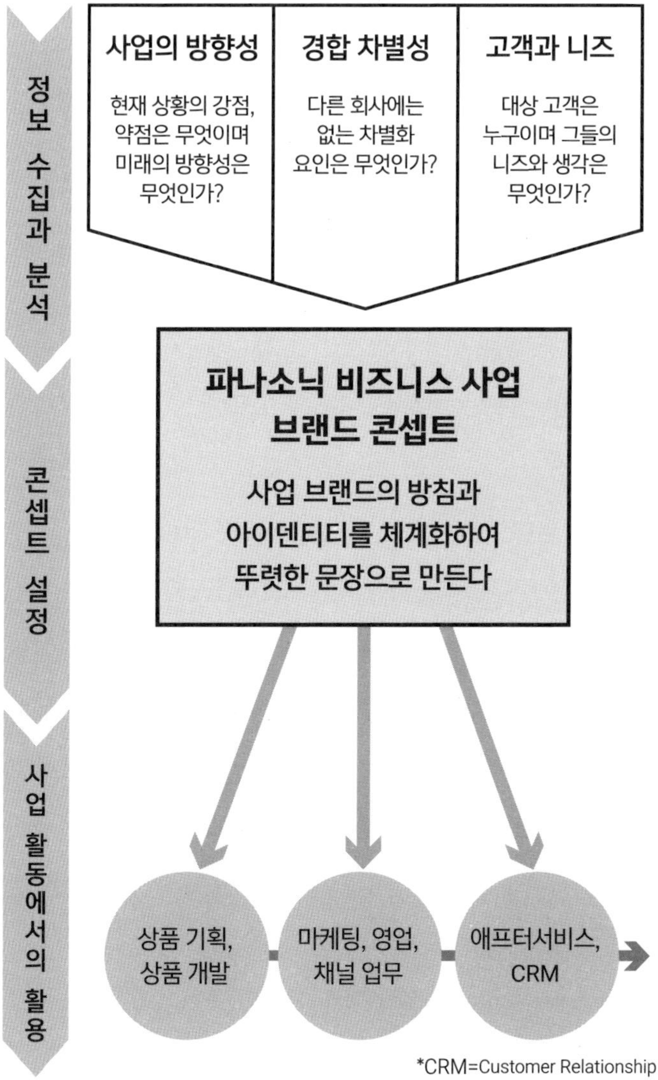
정보 수집과 분석
사업의 방향성
현재 상황의 강점, 약점은 무엇이며 미래의 방향성은 무엇인가?
경합 차별성
다른 회사에는 없는 차별화 요인은 무엇인가?
고객과 니즈
대상 고객은 누구이며 그들의 니즈와 생각은 무엇인가?
콘셉트 설정
파나소닉 비즈니스 사업 브랜드 콘셉트
사업 브랜드의 방침과 아이덴티티를 체계화하여 뚜렷한 문장으로 만든다
사업 활동에서의 활용
상품 기획, 상품 개발
마케팅, 영업, 채널 업무
애프터서비스, CRM

*CRM=Customer Relationship Management, 고객관계관리

### (3) 브랜드 아이덴티티를 토대로 수립한 표현 지침

마지막 3단계에서는 정해진 사업 브랜드 콘셉트를 실제 커뮤니케이션 활동에 반영할 때 필요한 전략을 책정하고 브랜드 자산을 검토, 작성했다. 파나소닉 비지니스에 관한 다양한 크리에이티브 작성 방법으로 사업 브랜드 콘셉트를 토대로 해서 고객을 온갖 장애로부터 벗어나게 하는 것을 연상케 하는 파나소닉의 '끊임없는 혁신Restless Innovation'이라는 크리에이티브 콘셉트를 규정했다. 이를 바탕으로 브랜드 메시지인 사내외용 브랜드 선언서Brand manifesto도 작성했다.



### (4) 사업 브랜드를 사외로 전달하는 활동 전개

다양한 고객 접점에서 사업 브랜드를 활용하기 위한 브랜드 자산을 개발할 때는 당초 과제였던 B to B 솔루션 사업의 인지도와 이미지 향상을 최대화하려는 목적이었다. 이로 인해 PSCEU의 마케팅 영업 담당자의 의견과 보안 카메라 사업의 고객, 채널 인터뷰 조사를 토대로 고객 여정, 고객 접점, 필요한 자산을 밝혀냈다. 그리고 이를 근거로 하여 각 채널에 어울리는 자산이 개발되었다.

거기에는 일반적으로 카탈로그나 광고뿐만 아니라 파워포인트와 사례연구 등 B to B 사업에서 특히 중요한 고객 접점 템플릿까지 포함되었다.

아울러 브랜드 콘셉트와 디자인 방침, 자산 이용 도구 등이 기재된 가이드라인도 만들었고, 사진, 영상 소재에 관해서는 업계별 솔루션과 사업 브랜드의 가치관을 전하는 제품 촬영 및 영상 가공 방법까지 세심하게 규정하는 등 중장기에 걸쳐서 확고하게 브랜드를 운용하기 위한 방법도 고안해 냈다.

유럽의 다양한 고객 접점에 전달한 이 브랜드 자산의 또 다른 특징으로 교차 영역에서의 사업 전개도 감안해서 개발했다는 점을 들 수 있다. 개발한 브랜드 자산의 일부는 그 후 오세아니아, 아시아에서도 활용되어(그림 6-4) 파나소닉 비지니스의 글로벌 브랜딩을 추진하는 데 일조했다.

파나소닉 비지니스의 브랜드 자산 개발과 병행해서 파나소닉 본사는 유럽 B to B 마케팅부서와 제휴하여 2016년 5월부터 2017년 1월까지 9개월에 걸쳐 영국, 프랑스, 독일 3개국에서 유럽에 소재하는 파나소닉의 B to B 솔루션 사업 인지 확대, 이해 향상을 목적으로 하는 파나소닉 비지니스 사업 브랜드 캠페인을 전개했다(그림 6-5).

여기에는 다음의 세 가지 목적이 설정되었다.

① B to B 솔루션 사업도 포함하는 브랜드 이미지 확장

② B to B 솔루션 사업의 이미지 향상

③ 브랜딩 광고의 판매 공헌(파이프라인 창출 효과) 가시화

파나소닉의 B to B 솔루션 사업 인지가 낮은 잠재 고객에게 새로운 브랜드 이미지를 각인시킬 뿐만 아니라 광고 데이터와 파이프라인 데이터와의 제휴로 광고 판매 공헌의 일부를 가시화하기도 했다.

캠페인에서는 '광고에서의 브랜드 인지→캠페인 특설 사이트에서의 브랜드 이해→제품 사이트에서의 정보 수집, 문의'의 흐름으로 고객을 유도하여 각 포인트별로 KPI를 설정했다. 특히 광고의 KPI는 일주일에 한 번씩 모니터링해서 광고 내용의 최적화도 실시했다.

캠페인의 특징 중 하나로 파나소닉의 B to B 솔루션 사업에 대해 모르는 사업가에게 특화된 감정에 호소하는 크리에이티브를 들 수 있다. '튼튼한 컴퓨터 시장 세계 점유율 1위'와 '연간 5억 명이 기내에서 당사 엔터테인먼트 시스템을 경험한다'와 같은 놀랄 만한 실적을 어필하는 강력한 메시지를 배너 광고로 표시해서 파나소닉의 상품, 솔루션 실적, 고객 서비스, 경험에 대한 인지도, 관심을 높여서 캠페인 특설 사이트로 유도한 것이다. 또한, 특설 사이트에서는 동영상이나 글 등으로 파나소닉 비지니스의 사업 콘셉트와 자세한 실적 내용을 설명했다.

캠페인의 목적인 브랜드 이미지 확장, 브랜드 이미지 향상에 관해서는 인터넷을 이용한 브랜드 의식 조사를 캠페인 전후에 실시하여 그 효과를 측정했다. 한편 브랜딩 광고의 판매 공헌 가시화의 경우 '구글 더블클릭Google Double click'의 광고 표시 데이터를 마케팅 자동화 도구인 '마케토Marketo'나 '세일즈포스Salesforce'와 결합시켜 파이프라인 창출 공헌을 분석했다.

**그림 6-4** 브랜드 자산의 글로벌 전개

■ 영어만 전개 ■ 5개 언어 전개 ■ 15개 언어 전개

| 브랜드 자산 | | 이메일 | 외부 미디어 | 공식 웹 | 파트너 포털 | 인트라넷 | 전시회, 무역박람회 |
|---|---|---|---|---|---|---|---|
| | 가이드 | - | - | - | 가이드라인 | | - |
| | 템플릿 | - | - | 배포물 템플릿(사례연구/카탈로그/PR/광고) | | PPT 템플릿 | - |
| | 웹 콘텐츠 | 메일 매거진 구독 페이지 | 유튜브 공식 페이지 | 공식 웹 카피 | 웹 카피 | 회사 소개 자료 | - |
| | | | 각종 비디오 | 웹 배너 | | 견적, 제안서 서식 | |
| | | | | SEO 텍스트 | - | | |
| | 기타 | - | - | 사진/영상 소재 | | - | 전시회용 배너 |

**그림 6-5** 파나소닉 비지니스 사업 브랜드 캠페인

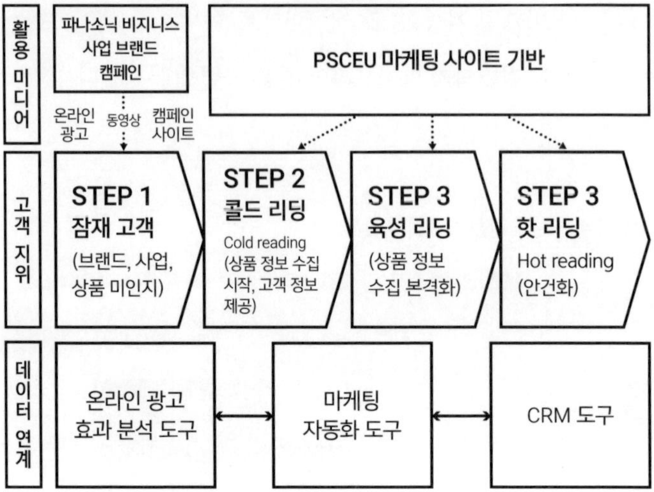




# 3
# 비즈니스 활동에 성과를 가져오는 사업 브랜딩

유럽에서의 파나소닉 비지니스 사업 브랜드 캠페인은 대상 고객층의 4분의 1에 이르러 이 회사의 B to B 솔루션 사업 이미

지 개선을 실현했을 뿐만 아니라 온라인 광고 금액의 21.5배나 되는 파이프라인 창출에도 성공했다. 혁신적, 진보적, 기술적이라는 브랜드의 인상도 강해져서 새로운 브랜드 자산에 접촉한 사람 중 70퍼센트의 구매 의향이 향상됐다. 그 결과 유럽 전시회에서는 부스에 방문하는 사람 수가 작년 대비 114퍼센트나 증가하는 성과도 올렸다.

파나소닉 비지니스와 동일한 활동은 다른 지역, 영역에서도 계속 실천되고 있다. 각 컴퍼니가 주체가 되어 전체 회사의 사업 브랜드 표현 도구를 규정한 후 전시회, 쇼룸 등 실제 접점으로의 전개를 전 세계적으로 실현하고 있다.

사내에서도 그룹 내에 흩어져 있는 관계 사업부서 임직원들의 일체감이 나타났다고 말하는 사람들이 있다고 한다.

2017년에는 CBP부 내에 '브랜드 추진실'이 신설되어 사업 브랜드 전략을 기반으로 한 실천적 업무의 기획, 전개와 효과 분석, 매니지먼트 체제 정비 등을 추진하는 기능이 더욱 강화되었다.

창업 100주년인 2018년을 맞아 브랜드에서도 'B to B'로 사업을 전환하겠다는 쓰가의 결의를 이어받은 브랜딩 활동은 멋지게 성과를 올려서 파나소닉 브랜드는 전 세계적으로 다시 빛을 발하고 있다. 그러나 브랜딩 활동에 끝은 없다. '더 나은 삶,

더 나은 세상'을 목표로 하는 파나소닉의 대응은 오늘도 계속되고 있다.

## | 브랜드 관계자와의 인터뷰 |

파나소닉 주식회사 CBP부
브랜드 추진실 매니지먼트과 과장
**오카모토 가즈시**Okamoto Kazushi
브랜드 추진실 기획, 개발과 과장
**다나카 히데토**Tanaka Hideto
브랜드 추진실 기획, 개발과 주임
**가라스야마 다카요**Karasuyama Takayo

◇◇◇◇◇◇◇◇◇◇◇◇◇◇◇◇◇◇◇◇◇◇◇



### 사업 브랜드 도입의 성공 요인은 무엇입니까?

파나소닉 사업 브랜드를 도입할 때 각 컴퍼니의 최고경영자가 1년 동안 충분히 논의를 거듭했습니다. 최고경영자가 강력한 의지를 갖고 도입을 이끈 것이 가장 큰 성공 요인이라고 봅니다.

한편으로 광고, 웹 등의 담당자와 현장의 의견을 브랜드 자산 개발에 반영시킨 것도 효과적이었습니다. 각 사업이 개별적으로 하고 싶은 일을 물어보며 사업 간의 일관성을 유지하도록 조정하는 것은 쉽지 않았지만 힘쓴 보람은 있었습니다.

도입 후에는 각국에서의 사업 브랜드에 관한 대응을 사

원에게 정보를 공유하는 일에 주력했습니다. 예를 들면 인도의 파나소닉 오토모티브Panasonic Automotive에서는 프로모션 카드를 만드는 등 자발적으로 사업 브랜드를 활용하는 움직임도 있었습니다. 특히 가전 이외의 이미지가 약한 해외에서 사업 브랜드 도입은 임직원에게 플러스 효과가 있었습니다.

## 유럽에서의 파나소닉 비지니스를 무난히 도입할 수 있었던 포인트는 무엇이었다고 생각합니까?



유럽에서 성공한 것은 B to B 브랜딩의 중요성을 이해한 현지 마케팅 책임자의 존재가 컸습니다. 그들은 사업, 상품, 필드 마케터 등 현지 관련 각 부서를 끌어들이는 일에도 큰 역할을 완수했습니다. 한편 본사의 공헌도 잊을 수 없습니다. CBP부에는 ① 사업 이해와 고객 분석 조사 ② 브랜딩 업무의 기획, 개발 ③ 브랜드 매니지먼트 도구 책정의 기능을 보유한 팀이 있습니다. 이를 각각 유럽과 잘 연계한 것도 성공 요인 중 하나라고 봅니다.

## 브랜딩을 전개할 때 미리 준비해 놓기를 잘했다고 생각한 것이 있습니까?

활동 전후의 효과를 측정하기 위해서 0차 평가를 확실히 설계, 실시한 것입니다. 이를 통해 활동 성과를 관계자에게 설명할 수 있었고 대응 방안을 확대했습니다. 그때, 인지/이미지 변화/파이프라인 창출 효과 등 여러 종류의 KPI를 도입한 것, 특히 파이프라인에 대한 공헌이라는 마케팅 KPI를 측정한 것도 좋았습니다.

## 그와 반대로 어떤 점이 힘들었습니까?

프로젝트 매니지먼트가 가장 힘들었습니다. 유럽, 아시아, 중국 등 여러 지역에 대한 브랜드 자산 전개를 카탈로그나 웹 등 다양한 매체로 동시에 병행해야 했거든요. 국제적인 프로젝트 매니지먼트 방식을 숙지한 파트너를 선택하는 것이 매우 중요합니다.

또 브랜드 자산 등에 관한 저작권, 상표권의 글로벌 허가를 받느라 고생했습니다. 브랜드 자산 개발에 종사하는 에이전시와의 사전 계약을 확실히 반영해 놓을 필요성을 통감했습니다.

**앞으로 어떤 방향으로 대응해 나갈 계획입니까?**

가전 이외의 사업 성장에 대응한 브랜드 전략을 추진해 나가는 것은 앞으로도 달라지지 않을 것입니다. 이런 점에서 'B to B'와 '글로벌'은 계속해서 브랜드 전략상 중요한 키워드입니다.

현재 '생활 업데이트'라는 방향성을 잡아 사업 전략을 추진하는 상황인데 그 속에서 브랜드 전략을 어떻게 구상할지도 업데이트하고 싶습니다.

# 7 반다이 남코 엔터테인먼트 BANDAI NAMCO Entertainment

통합 회사의 결속을 강화하고 사업 영역 확대를 위한 브랜딩

# BANDAI NAMCO Entertainment

1 임직원 정신을 통합하지 못한 9년

2 임직원 정신을 통합하고
기업을 성장시키는 기업 브랜딩

3 모든 임직원의 활동 근거가 되는 기업 이념

| 브랜드 관계자와의 인터뷰 |

# 1
# 임직원 정신을 통합하지 못한 9년

◇◇◇◇◇◇◇◇◇◇◇◇◇◇◇◇◇◇◇◇◇◇◇◇◇

### (1) 회사 통합의 개요

반다이 남코 엔터테인먼트는 주로 게임과 모바일 콘텐츠 기획 및 개발을 기간산업으로 하는 반다이 남코 그룹의 핵심 기업이다. 2006년에 탄생했는데 반다이와 남코의 경영 통합에 따라 두 회사의 게임 부서를 통합하여 설립한 주식회사 반다이 남코 게임즈BANDAI NAMCO GAMES가 이 회사의 출발점이다.

회사명은 하나로 통합했지만, 반다이와 남코라는 다른 역사와 문화를 보유한 기업이 통합하여 탄생한 이 회사에서는 게임 소프트웨어 등의 자사 상품에는 계속해서 '반다이'와 '남코'의 레이블을 각각 사용했다. 그 결과 상품의 평판, TV 광고나 IR의 효과도 반다이와 남코로 각각 분리되어 축적되는 상황에 이르렀다. 이 딜레마를 해결하고 사람들의 평가와 호감도, 흥미를 반다이 남코 게임즈에 모아서 기업 브랜드를 향상시키기 위해 2014년 4월 이 회사의 레이블은 회사명과 똑같은 '반다이 남코 게임즈'로 통합되었다(그림 7-1). 기업 통합에서 브랜드 통합까지 9년이라는 세월이 걸렸다.

그림 7-1 통합 전의 개별 레이블과 통합 후의 레이블

### (2) 미래를 위한 기업 브랜딩의 시작

레이블을 통합한 2014년 당시 반다이 남코 게임즈의 업적은 점점 좋아지고 있었다. 불과 몇 년 전까지는 존재하지 않았던 스마트폰용 게임 사업이 급성장한 것이다. 매출액은 통합했을 때를 웃돌아 시장에서는 앞으로 더 큰 성장이 기대되었다. 그 기대에 부응하여 '게임의 틀을 초월한 일본 No.1 엔터테인먼트 기업이 되겠다. 또한, 세계에서 활약하여 언젠가 세상에서 사라진다면 사람들이 슬퍼할 만한 기업이 되겠다'라는 뜻을 사회에 보여주기 위해 이듬해 2015년에는 반다이 남코 엔터테인먼트로 회사명을 변경하였다.

레이블을 통합한 지 1년 후 회사명 변경과 변혁의 기운이 높아진 상태에서 반드시 해결해야 하는 과제가 남아 있었다. 바로 반다이는 '장사꾼 기질', 남코는 '제조, 장인 기질'로 기업의 성격이 다르다는 것이었다. 그러나 회사의 통합으로 각기 다른 성격을 일체화하여 두 회사의 상승효과를 충분히 발휘할 수 있는 상황이 만들어질 것이라고 기대되었다. 통합한 직후에는 반다이 출신의 사람, 남코 출신의 사람을 구분할 수 있었지만, 시간이 흐르면서 점차 융합되어 새로운 기질이 만들어지고 있음을 느끼기 시작했다. 그러나 회사가 통합한 지 9년이 지났지만, 자신들의 기업 이념, 즉 임직원의 마음까지 통합하는 뜻과 목표가 명확한 형태로 정의되지 않았다. 경영진과 경영기획부서는 게임 사업뿐만 아니라 더 넓은 영역으로 사업을 전환하려면 그 원동력이 되는 임직원이 하나의 뜻과 목표 아래서 마음을 합하여 계속 새로운 아이디어를 창출하는 기업으로 진화하는 것이 가장 중요하다고 생각했다. 그것을 실행하기 위해서 무엇이 필요할까? 해결책으로 내놓은 것이 바로 기업 브랜딩이었다.

## 2

## 임직원 정신을 통합하고 기업을 성장시키는 기업 브랜딩

◇◇◇◇◇◇◇◇◇◇◇◇◇◇◇◇◇◇◇◇◇◇◇◇

### (1) 최고경영자의 리더십과 약속

2014년 4월 레이블 통합에 이어 1년 후의 회사명 변경을 목표로 하며 반다이 남코 게임즈(당시)의 기업 브랜딩 프로젝트가 시작되었다.

가장 먼저 경영기획부서의 임직원 인터뷰를 실시하여 기업 브랜딩에 착수했다. 인터뷰 대상으로 뽑힌 사람은 출신 회사, 역할, 연차가 다 다른 약 30명이었다. 임직원이 자사의 상황에 대해서 어떻게 느끼고, 앞으로 어떤 모습을 목표로 하고 싶은지 파악하는 것이 목적이었다. 또 다른 유력 기업과 비교해서 자사를 어떤 모습으로 바라보는지 분석하기 위해 기존 소비자 조사도 활용했다. 앞으로의 위험을 포함한 임직원과 자사의 현재 상황, 기업 브랜딩 강화의 가설과 방향성 등을 정리해서 최고경영자와 공유했다. 그 결과 최고경영자와 경영기획부서 사이에 '경영 전략과 브랜딩은 밀접한 관계가 있다'라는 공통 이해가 확립되었다. 그 이후 최고경영자의 강력한 리더십과 직접적인 참여로 경영기획부서가 프로젝트 사무국이 되어 프로젝트를 진행했다.

### (2) 다양한 임직원이 참여하는 워크숍을 통한 기업 이념의 구체화

드디어 기업 이념 책정, 즉 브랜드 아이덴티티를 나타내는 단계다. 이때 프로젝트 사무국의 멤버에 의해 논의가 시작되는 것이 일반적인 브랜딩 방법이다. 하지만 반다이 남코 게임즈에서는 앞으로의 모든 임직원에 대한 내재화도 목표로 해서 여기에 독특한 방법을 더했다.

자신들의 '뜻', '목표'인 기업 이념을 하나로 정리하는 작업을 프로젝트 사무국 대신, 프로젝트 멤버로서 임직원 15명을 선정해 맡겼다. 멤버 선정은 다양성을 중시하기 위해서 통합 전 입사, 통합 후 입사, 출신 모체, 직급, 사업, 업무 내용 등으로 분류하여 프로젝트 사무국과 관장하는 임원이 각각 추천하는 형태로 실시했다. 프로젝트 사무국은 후방 지원을 철저히 해서 더 많은 임직원이 활동의 주인공을 담당해서 브랜딩에 대한 임직원의 이해를 높이고 일체가 되어 미래를 향해 나아가는 의식을 강화했다.

기업 이념 책정의 구체화는 선출된 15명의 프로젝트 멤버가 약 2개월 동안 네 번의 워크숍을 실시하고 토의를 반복해서 서서히 구체화하는 타임라인으로 실시되었다. 그때 사무국은 매번 사전에 주제를 제시하여 멤버 개인의 생각을 정리한 후에 참가하도록 촉구했다. 사소한 일이지만 이는 워크숍을 목적대로 기능하게 만들기 위해서 효과적인 수단이었다. 그 결과 워크숍 시간은 멤버끼리 서로에게 상대의 의견을 듣고 의견을 건설적으로 나누는 자리가 되었다. 다음으로 워크숍에서 토의한 내용의 일부를 소개하겠다.

**제1회 워크숍**

'고객 인사이트'를 통해 자사를 다시 검토한다는 주제를 설명하여 다음 사항에 대해 토의했다.

① 다양한 상품, 서비스가 있는데 현재 가장 많이 이용하는 고객은 누구인가?
② 그 고객에게 제공되는 가치는 무엇인가?
③ 앞으로는 어떤 고객이 선택해 주기를 바라는가? 그 이유는 무엇인가?
④ 고객층을 확대하기 위해서 제공 가치의 어떤 점을 유지하고 바꿀 것인가?

처음 열린 워크숍에서는 먼저 현재 상황에 대한 조사부터 시작했다. 포인트는 고객을 기점으로 한 것이다. 고객을 확실히 가정해서 고객의 구입 동기는 무엇이고, 반다이 남코 게임즈의 어떤 점에 공감하고, 현재는 물론 더욱 다양한 고객이 이용하는 미래를 가정한다면 고객에게 앞으로 무엇을 제공할 것인가에 대한 '제공 가치'를 중심으로 확고하게 논의를 진행했다.

**제2회 워크숍**

멤버의 토의를 한층 더 진전시키기 위해서 1회 토의 결과를 임시 기업 이념으로 삼고 문장으로 만들어 멤버에게 제공했다 (그림 7-2).

이것에는 1회에서 토의한 내용이 응축되어 '현재의 고객, 미래의 고객', '제공 가치', '그것을 만들어 내는 자세'가 담겨 있었다. 이를 토대로 '경쟁 회사 브랜드의 관점', '경쟁 회사와의 차별화, 차이', '자신들의 강점'을 드러내는 토의를 진행했다.

임시 기업 이념을 문장으로 만들어 얻은 가장 큰 효과는 자신들이 지향하는 목표의 자세가 엿보였고 그것이 멤버 15명에게 공유된 것에 있었다. 멤버 간에 자신들이 무엇을 생각하고 토의해야 하는지 이미지가 구체화되어 그 후에는 순조롭고 활기 넘치는 워크숍으로 변화했다.

그림 7-2 제1회 워크숍의 결과를 정리한 '임시 기업 이념'

## 비일상에서 즐기는 행복

현재 다양하게 모습을 바꿔가는 게임은 각각 개성과 매력이 있어서 사람들은 날마다,
주말마다 어딘가에서 누군가가 푹 빠져서 시간을 보내고 있다.

거기에는 좌절과 실패를 극복해서 얻을 수 있는 형용할 수 없는 성취감과 기쁨,
그저 매일 빈 시간을 채울 수 있는 충족감, 안도감도 있을 것이다.
우리는 오늘도 그런 모든 인간다움을 가득 담은 게임을 만들고
수많은 IPIntellectual Property(캐릭터 등의 지적 재산권) 팬이나
게임 애호가의 호기심과 기대에 부응하고 싶어 한다.
또 '언제나 곁에 반다이 남코가 있다!'와 같은 말을 들으면 매우 기쁘다.

우리는 우리 자신도 즐기며 게임을 만든다.
게임을 매우 좋아해서 IP를 소중히 하며 게임에 대한 고집도 있고 깊은 애정도 느낀다.
그래서 매일 틈날 때마다 게임으로 시간을 보내는 사람에게도,
좋아하는 게임에 몰두하는 것이 인생의 목적이 된 사람에게도,
우리는 압도적인 종류의 게임을 어느 곳보다 더 빠른 속도로 전할 수 있었다.

앞으로의 미래에도 우리는 지금 놀이의 포로가 된 젊은 사람들의 마음을 20년 후,
30년 후에도 계속 설레게 하고 싶다.
초등학생들의 일상을 한층 더 들뜨게 만들고 싶다.
지금까지 게임에 관심이 적었던 여성들도 안심하고 즐기게 하고 싶다.
우리의 IP에 흥미를 느끼는 외국인에게도 확실히 꿈을 전하고 싶다.

우리 엔터테인먼트는 한정된 나라와 사람, 특정 세대를 위한 것이 아니다.
지금까지 익숙해진 IP를 새로운 놀이 형태로 만들거나 지금까지 놀이 대상이 되지
못한 장소와 시간을 완전히 새로운 엔터테인먼트로 바꿔서 다양한 사람들의
일상생활에 처음 느끼는 놀라움과 자극, 기쁨을 늘려나가자.

특별히 근사한 것, 멋진 것, 참신한 것이 아니라도 상관없다.
우리는 그런 폼을 잡는 엔터테인먼트가 아니다.

모두가 즐길 수 있는 장소와 시간, 장르를 뛰어넘은 놀이의 세계 시장을
만들 수 있다면 최고로 기쁠 것이다.
우리는 전 세계 모든 사람이 평생 동안 함께 비일상에서 계속 놀 수 있는
'롱 라이프 엔터테인먼트Long Life Entertainment'를 만들고 싶다.

전 세계에 기쁨을 주는 것이야말로 우리의 가슴을 설레게 하는 일이기 때문이다.

### 제3회 워크숍

지금까지 토의해 온 내용의 정밀도를 높이기 위한 논의를 실시했다. 여기서 멤버 15명에게 다시 한번 주의점을 촉구한 것은 기업 이념이 단순히 미사여구를 늘어놓은 것이 아니라 경영 전략이나 사업 전략과 한 몸이며 다음 성장 단계를 나타내야 한다는 점이다. 그 의식을 강화하기 위해서 임시 기업 이념을 중심에 놓고 '4P: Product(제품 및 서비스), Promotion(커뮤니케이션), Place(환경과 채널), People(사람들과 행동)'의 관점에서 브랜드 경험을 어떻게 바꿀 수 있는지 구체적으로 생각하여 토의를 진행했다(그림 7-3).



### 제4회 워크숍

마지막 워크숍에서는 기업 이념 문장의 최종화, 그것을 단적으로 표현한 태그라인의 결정, 임원 프레젠테이션 시나리오 만들기를 실시했다. 임원 프레젠테이션 발표자는 일부러 반다이 출신, 남코 출신, 통합 후 입사한 젊은 사원으로 정했다. 이 세 사람을 선택한 것은 프로젝트 멤버의 모든 층이 하나가 되어 공통 목표를 위해 만들어 낸 것의 상징이기도 했다.

이 기업 이념(그림 7-4)은 '전 세계의 자연스러운 일상×반다이 남코 엔터테인먼트=놀이'라는 생각을 기본에 두며 기업의 생각, 고객 관련, 통합 우위성에 대해 다음의 내용을 반영하여 설계되었다.

**• 기업의 생각**

지금까지의 '놀이'에 한정되지 않는 새로운 발상의 '아소비ASOBI(놀이)'를 세계에 제공한다.

**• 고객 관련**

지금 놀고 있는 사람이나 놀기 힘든 사람도 저절로 즐기고 노는 상황을 만들고 싶다.

**• 통합 우위성**

이전보다 더 시야를 넓혀서 기술과 아이디어, 서비스를 알고 어느 곳보다 더 빨리, 더 많이 우리답게 놀이를 제공한다.

그중에서도 가타카나명 '아소비(アソビ)'에는 여태껏 보지 못한 놀이의 이상적인 모습을 실현하겠다는 강한 마음과 놀이가 될 줄 몰랐던 장소와 시간을 '놀이'로 바꿔 나가겠다는 강한 뜻이 담겨 있다.

이렇게 책정된 '날마다 놀이로 더 많은 즐거움을 제공하는 기업More Fun For Everyone'이라는 태그라인은 프로젝트 멤버 15명이 토의하던 중에 임직원이 직접 만들어 낸 것이다. 그것은 최고경영자와 경영진의 '반다이와 남코가 아니라 반다이 남코로 만든다'라는 강한 리더십과 임직원이 워크숍에서 생각하고 정리한 보텀업 형 접근이 시너지 효과를 발휘하여 프로젝트를 이끌어 낸 성과가 분명하다.

**그림 7-3** 워크숍

그림 7-4 기업 이념

| | |
|---|---|
| 목표 | **날마다 놀이로 더 많은 즐거움을 제공하는 기업(More Fun For Everyone)** |
| 뜻 | **전 세계에 '놀이'를 제공하자** |

모두가 좋아하는 것을 전혀 다른 시점과 아이디어를 도입해 새로운 놀이로 바꿔 나가자!

지금까지 놀이라고 생각하지 못한 장소와 시간에도 계속 놀이를 제공해서 모든 사람의 마음을 두근거리게 하자!

전 세계 사람들에게 웃음과 감동을 줄 수 있다면 그보다 더 좋은 일은 없다!

### (3) 임직원의 행동 기반이 된 기업 이념, '날마다 놀이로 더 많은 즐거움을 제공하다'

기업 이념은 2015년 4월 반다이 남코 엔터테인먼트로 회사명을 변경할 때에 맞춰서 발표했다. 이것이 회사가 명실공히 다시 태어나 마음을 하나로 뭉쳐서 게임뿐만이 아닌 영역에 도전하는 '새로운 출발점'이 된다는 의식을 강화하기 위해서 발표 당일 아침에는 모든 임직원의 책상 위에 사장의 편지와 '날마다 놀이로 더 많은 즐거움을 제공하는 기업'을 소개하는 브랜드북을 놓았고, 새로운 출발과 그 의의를 회사 전체가 공유했다.

그 후에도 프로젝트 멤버가 임직원을 대상으로 한 기업 이념 설명회를 실시했으며 포스터 게시 및 사내 이벤트 '아소비 못토★데이' 개최 등 임직원과 기업 이념과의 접점을 계속해서 대량으로 준비해서 이념 내재화와 자기 업무화를 도모했다.

물론 고객을 비롯한 사외용으로도 새로운 브랜드 경험을 위한 다양한 방안을 전개했다. 일상에 놀이를 제공하는 이벤트 기획 '아소비 못토 프로젝트', 2018~2019년도 도쿄 마라톤과 연동해서 '철저히 놀기' 프로모션 이벤트, 자사의 다양한 놀이가 있는 활동을 소개하는 온드 미디어Owned Media(기업이 직접 소유하는 미디어) '아소비 못토ASOBI MOTTO' 등이 대표적인 사례다(그림 7-5).



### (4) 기업 이념을 임직원의 발상과 행동으로 연결하기

경영진의 리더십과 프로젝트 멤버들의 보텀업 형 접근이 시너지 효과를 발휘해 만들어 낸 기업 이념과 가타카나명 '아소비'에 담긴 생각은 '확실히 우리답다'며 임직원들이 이해하고 공감해서 받아들였다.

이 내재화의 영향을 받아서 반다이 남코 엔터테인먼트의 브랜딩은 기업 이념인 '실행, 달성'이라는 다음 단계로 나아가게 되었다. 이로써 행동 지침과 인재 요건에 해당하는 '밸류Value'를 개정했다. 기업 이념을 책정하기 전에 만들어진 밸류를 기업

**그림 7-5** 새로운 브랜드 경험을 위한 다양한 방안 전개

반다이 남코 엔터테인먼트는 도쿄 마라톤 2018~2019의 공식 파트너입니다.

이념에 어울리게 현재의 회사 상황에 맞는 것으로 진화시켜서 기업 이념의 체질화를 실현하고 지금껏 본 적 없는 새로운 엔터테인먼트를 창출하는 임직원을 계속 만들어 내는 것이 목적이었다.

밸류는 기업 이념과 사람, 현장을 연결하는 것이다. 그렇기에 경영기획부서와 인사부서가 하나가 되어 개정에 임했다.

임직원이 일상 업무와 행동 속에서 쉽게 사용할 수 있도록 만들기 위해서 외우기 쉽고, 읽을 때 리듬감을 주기 위해 정렬 순서에 스토리를 만드는 것을 목표로 했다. 오랫동안 사용하게 하여 임직원에게 내재화되도록 보편적으로 중요시해야 할 것과 반다이 남코 엔터테인먼트다움을 느낄 수 있는 내용을 포함시키기로 했다(그림 7-6).

새로운 밸류를 사내에서 전개할 때는 이것의 의미에 대한 설명을 덧붙인 밸류 카드를 모든 임직원에게 배부했으며, 사내보 등을 통해서 경영진이 릴레이 형식으로 직접 전하는 메시지를 전달했다.

또한, 기업 이념과 밸류의 내재화 상황도 조사해서 그 효과를 측정했다. 조사 결과 인지, 이해는 착실히 진전되는 한편, 입사 2, 3년 차 정도의 젊은 사원 중에는 '밸류를 의식한 행동까지는 못하겠다', '어떤 행동이 밸류를 의식한 행동인지 모르겠다'라고 느낀 경우가 사내 전개 후 이른 단계에서 나타났다.

그래서 행동과 인식을 연결할 수 있게 젊은 사원에게 친근한 존재인 관리직과 선배, 또래의 젊은 사람들의 생각과 행동을 공유하는 업무를 실시했다. 또한, 임직원 개개인이 자신이 좋아하는 밸류를 선택해서 자신이 하는 행동을 패널에 적어 인트라 사이트에서 서로 선언하는 활동도 전개하여 임직원 총 270명이 밸류에 관여하는 기회를 만들어 냈다. 그와 더불어 사장이 직접 각 부서를 돌아다니며 기업 이념과 밸류에 대해 모든 임직원과 대화를 나눴다. 이 회사에서는 이렇게 기업 이념과 밸류에 대한 임직원의 이해, 공감을 높이는 동시에 생각, 행동에 반영시키고 더 나아가 임직원끼리 서로 간의 이해를 지속적으로 확대하고 있다(그림 7-7).



**그림 7-6** 개정된 밸류

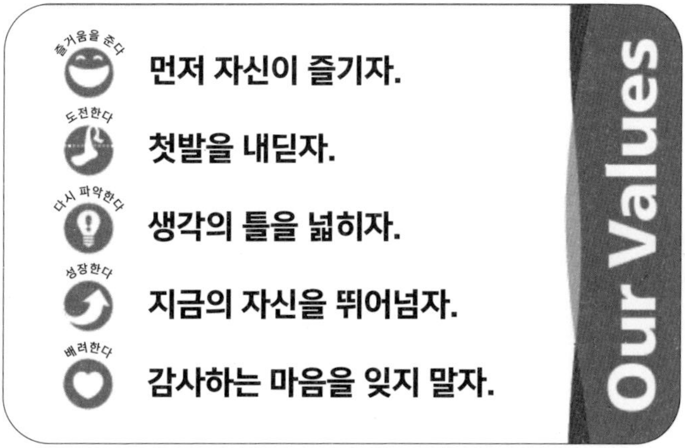

**그림 7-7** 임직원이 직접 참여하는 밸류 선언, 좌담회

## 3
## 모든 임직원의 활동 근거가 되는 기업 이념

◇◇◇◇◇◇◇◇◇◇◇◇◇◇◇◇◇◇◇◇◇◇◇◇◇

2014년부터 현재에 이르는 기업 브랜딩 결과 임직원의 의식과 생각, 행동은 뚜렷하게 변화했다. 통합 전의 출신 기업으로 서로를 평가하는 일이 없어지고 하나의 '반다이 남코'로 생각하게 되었다. 모든 임직원의 활동이 늘어났을 뿐만 아니라 사내 이벤트 참가 비율도 70퍼센트 정도를 유지하고 있다. '사내 이벤트에는 당연히 참가해야 한다'라는 의식이 싹터서 일체감이 형성되었다. 또한, 임직원 여행 장소도 예전에는 담당자의 주관으로 결정했는데 기업 이념인 '놀이, 즐거움'에 대응할 수 있는 장소를 선정 기준으로 삼아서 결정하게 되었다. 기업 이념의 전개로 임직원의 마음을 통합할 수 있었고 그와 동시에 모든 임직원의 활동 근거가 기업 이념 자체로 변모했다.

이러한 변화와 성과는 사외용 활동에도 나타났다. 예를 들면 '아소비 못토'나 '아소비 스토어' 등 놀이를 도입하는 경우가 늘어났다. 또 기업 이념 책정의 커다란 목적 중 하나였던 신규 사업 영역 확대의 경우에는 임직원의 의식 변혁을 실감할 수 있다. 이를테면 사내 비즈니스 콘테스트 응모 수가 2018년에는

130건에 육박할 정도로 활성화되었다. 실제로 사내 비즈니스 콘테스트를 거쳐 현실과 디지털의 융합으로 새로운 엔터테인먼트를 만들어 내는 신규 사업을 시작하여 30대의 젊은 나이에 사장에 취임한 사례도 나올 정도다. 게임으로 기른 노하우를 활용하여 광고를 스토리화해서 쇼핑을 놀이로 바꾸는 프로모션 수법을 도입한 사례도 있다.

반다이 남코 엔터테인먼트의 다음 성장 단계를 위해서 게임뿐만 아니라 엔터테인먼트 영역을 확대해 나가는 마인드 변혁을 착실히 진행하여 구체적인 사업 형태와 함께 계속 확장하고 있다고 할 수 있겠다.

또한 '날마다 놀이로 더 많은 즐거움을 제공하는 기업'이라는 기업 이념과 '놀이'를 도입한 각종 활동에 공감해서 입사하는 신입사원도 늘어나는 등 기업 브랜딩을 기점으로 한 새로운 성장 사이클의 기반 만들기도 진행 중이다.

## | 브랜드 관계자와의 인터뷰 |

주식회사 반다이 남코 엔터테인먼트
이사 **시미즈 마사히로**Shimizu Masahiro
경영기획 추진실 기업 커뮤니케이션부 제너럴 매니저
**나카쓰카 리코**Nakatsuka Riko

주식회사 반다이 남코 아트
기업 본부 경영기획부 계장
**마부치 마이**Mabuchi Mai(당시 프로젝트 멤버)

◇◇◇◇◇◇◇◇◇◇◇◇◇◇◇◇◇◇◇◇◇◇◇

### 브랜딩을 추진할 때 가장 신경 쓴 점은 무엇입니까?

2014년 4월 레이블 통합을 거쳐서 2015년 4월에 '반다이 남코 엔터테인먼트'로 회사명을 변경했습니다. 그 시기에 맞춰 사업 영역을 확대하고, 더 큰 존재감을 보여줘서 세계에서의 인지도를 높이려는 목적으로 기업 브랜딩 활동을 시작했습니다.

회사명과 레이블 통합은 어떤 의미에서 반다이와 남코를 어떻게 일체화할 것인가라는 목표의 형태를 알 수 있었습니다. 하지만 우리에게 어울리는 기업 이념을 만드는 것을 포함한 기업 브랜딩은 어려운 주제로 느껴졌습니다. 그래서 일단 우리가 직접 브랜딩에 대한 가설을 확실하게 세우는 것이 중요하다고 생각했습니다. 처음에 임직원 30명을 대상으로 인터뷰한 것은 현재 상황을 확실히 파악하고 분석해서 제대로 된 가설을 근거로 브랜딩에 임하기 위함이었습니다.

**그런 보텀업 형 접근을 위한 여러 가지 업무가 성공의 요인이었다고 생각합니까?**

오히려 중요한 것은 경영진의 프로젝트에 대한 이해와 협력이었습니다. 원래 레이블 통합을 두고 논의를 거치면서 당시의 사장은 '기업 이념 만들기와 내재화는 경영자인 내 일'이라는 생각이 강했습니다. 그런 상황에서 우리 회사의 과제와 기업 브랜딩의 성과 등 확실한 가설을 근거로 설득력 있는 프로젝트를 경영진에게 제안할 수 있었기 때문에 최고경영자가 직접 참여하는 형태로 프로젝트가 진행될 수 있었습니다. 이처럼 톱다운 형과 보텀업 형 접근이 서로 잘 통한 것이 프로젝트를 성공시킨 포인트였다고 봅니다.

**사무국과는 별개로 프로젝트 멤버를 뽑은 목적은 무엇입니까?**

단적으로 말하자면, 프로젝트의 사내 지위를 높이기 위함입니다. 그래서 프로젝트 멤버 15명을 선정하는 것이 매우 중요했습니다. 진정한 통합 회사를 목표로 하는 대응이기도 해서 반다이 출신, 남코 출신, 통합 후 입사한 직원은 물론 크리에이터, 영업, 관리부서 등의 직종, 사업 본부장에서부터 젊은 사원까지 남녀 비율도 포함해서 다양성을 띠게 했습니다.

그런 다음 책정 과정과 그 후의 내재화에도 대변인이 될 수 있는 사람이라는 점도 신경 썼습니다. 그런 중심인물이 멤버로 들어오면 프로젝트의 사내 이해도 진행되고 경영진과 임직원 모두 귀 기울여 듣습니다. 그것이 프로젝트 자체의 추진력도 되고 그 후의 사내 전개 전파력과 속도를 높이기도 한다고 생각했습니다.



**그 결과 모두가 우리답다고 생각할 수 있는 기업 이념이 탄생한 것이군요?**

돌이켜 보면 일단 가장 큰 성공 비결은 모든 임직원이 만족스럽다고 느끼는 '날마다 놀이로 더 많은 즐거움을 제공하는 기업'이라는 말을 만들어 낸 것입니다. 워크숍에서 많이 생각했기 때문인 듯한데, 발표 시에 '과연 그렇지. 우리다워'라는 사내의 분위기가 느껴졌습니다. 밸류도 마찬가지로 우리다워서 기억할 수 있고 일상생활에서 쓸 수 있다는 것이 임직원의 공통 인식이 되었습니다.

또한, 젊은 사원이 생각해 낸 것을 임원이 받아들이는 환경을 당시의 사장이 만든 것도 매우 중요했습니다. 이 프로젝트를 통해서 '남코와 반다이가 아니라 반다이 남코로 만든다'라는 사장의 강력한 의지가 다른 임원에게 영향을 줬습니다.

그때그때의 대처는 필사적으로 모든 방법을 동원한 것은 아니었습니다. 이를 실천해 보고 그것만으로는 부족한 것 같으면 다음 방법을 사용했어요. 이렇게 온 힘을 축적한 것도 프로젝트가 성공한 요인이라고 생각합니다.



### 일상의 브랜딩에서 특히 무엇을 중요하게 생각합니까?

사내외로의 전개와 방침으로 다양한 일에 임했지만, 특히 사내 브랜딩은 더욱더 강화해 나가야 한다고 생각합니다. 사업 기반은 커진 반면, 임직원의 의식이 아직 이를 따라가지 못하는 측면도 느꼈습니다.

일상의 행동 속에서 좋은 반응을 이끌어 내는 대응이 중요합니다. 그뿐만 아니라 규모가 더 큰 상징적인 활동이나 임직원의 마음 기반이 되는 활동을 제공하고 싶습니다. 그러한 방침을 체감한 임직원의 활동이 사외로 나와 고객에게서 지금보다 더 많은 공감을 얻는 것, 그리고 삶에 있어서 중요한 존재가 되는 것. 그런 브랜딩을 목표로 합니다.

그러기 위해서라도 채용 면에서 기업 이념을 실현할 수 있는 사람과 밸류에 공감할 수 있는 사람이 좀 더 많이 입사할 수 있도록 메시지를 널리 알리고, 입사한 사람을 육성하는 일을 더욱 강화해야 할 것입니다.

# 8 마쓰모토키요시 홀딩스 Matsumoto Kiyoshi

기업 브랜드와 개인 브랜드의
차이를 메우는 브랜딩

matsu
kiyo

1 개성이 사라진 혁신적인 브랜드

2 '마쓰키요다움'을 회복하는 브랜딩의 실천

3 '마쓰키요다움'을 나타내는 PB의 성장

| 브랜드 관계자와의 인터뷰 |

# 1
# 개성이 사라진 혁신적인 브랜드

◇◇◇◇◇◇◇◇◇◇◇◇◇◇◇◇◇◇◇◇◇◇◇◇◇◇◇◇◇

## (1) 드럭스토어 업계에 혁명을 일으킨 개성 있는 브랜드

1932년 일본 지바현 마쓰도시에 한 약국이 문을 열었다. '친절한 가게', '좋은 제품을 좀 더 저렴하게'를 신조로 삼은 그 약국은 진지하고 친해지기 쉬운 점주의 인품과 함께 좋은 평판을 얻어서 금세 인기있는 약국이 되었다. 점주의 이름은 마쓰모토 키요시Matsumoto Kiyoshi로 이것이 마쓰모토키요시의 원점이다(그림 8-1). 진심과 애정이 넘치는 창업 정신을 기본으로 기존 아이덴티티에 사로잡히지 않고 고객 만족을 추구하는 마쓰모토키요시의 정신과 미국에서 들어온 체인스토어 이론의 융합으로 지지를 확대하여 서서히 점포 수를 확대해 나갔다.

1987년에 문을 연 '우에노 아메요코점은 일본판 '도시형 드럭스토어'의 선구자가 되어 마쓰모토키요시가 급성장하는 계기가 되었다(그림 8-1). 그전까지는 약국이라고 하면 어디까지나 약을 구입하는 장소에 지나지 않아서 조명이 어두워 들어가기 꺼려지는 점포도 많았다. 그런 탓에 감기나 병에 걸리지 않으면 고객이 선뜻 찾는 일이 없었다. 우에노 아메요코점은 그러한 기존의 약국 이미지를 미국의 '드럭스토어'를 참고로 해서 밝고 개방적인 이미지로 새롭게 탈바꿈했다. 상품의 종류도 의약품에만 얽매이지 않고 다양한 카테고리의 상품을 갖췄으며 특히 신상품과 화장품 테스터도 많이 갖춰 놓아서 고객이 즐겁게 쇼핑할 수 있는 새로운 업종으로 변모시켰다. 이른바 일본의 도시형 드럭스토어 원형을 만들어 낸 것이다.

마쓰모토키요시는 그 후에도 수도권의 좋은 입지에 수많은 도시형 드럭스토어를 입점시켰다. 장소나 소비자의 요구에 맞춘 상품을 점포별로 갖춰 놓고 약사와 미용부원 등 전문 지식을 갖춘 점원의 컨설팅 서비스로 고객의 신뢰를 얻었다. 1995년에는 매출액 1,000억 엔을 돌파하여 명실공히 일본 최고의 드럭스토어로 성장했다.

창업자의 기존 아이덴티티에 얽매이지 않고 고객 만족을 추구하는 정신에서 탄생한 브랜드는 '참신함, 재미, 즐거움'을 특징으로 하며 '새로운 것과 재미있는 것을 찾으러 마쓰모토키요시로 훌쩍 떠난다'라는 소비 행동을 만들어 냈다.

그림 8-1 창업 시의 점포(왼쪽)와 우에노 아메요코점(오른쪽)

### (2) 자체 상표 'MK 커스터머' 발매

그 성장력을 발판으로 삼아 2005년 마쓰모토키요시는 자체 상표Private Brand(PB) 'MK 커스터머MK CUSTOMER' 발매를 단행했다. 당시 일본은 한창 디플레이션 불경기 상황이었기에 상품 개발 비용을 억제해서 저렴한 가격을 실현한 PB는 슈퍼마켓이나 백화점을 중심으로 인기를 얻어 급속히 시장을 확대했다. MK 커스터머도 그런 소비자의 요구에 대응하여 의약품, 식품, 일용품, 화장품과 슈퍼마켓, 백화점의 PB에는 없는 폭넓은 상품 종류로 2000SKU(최소관리단위)의 상품군을 갖춘 커다란 브랜드로 성장했다(그림 8-2).

그림 8-2 MK 커스터머

MK CUSTOMER
안심과 품질의 상징, MK CUSTOMER 상품.
찾는 물건은 어떤 품질입니까? 어떤 가치입니까? 개개인의 마음을 소중히 생각해서 탄생한 마쓰모토키요시의 'MK CUSTOMER 상품'은 헬스&뷰티부터 날마다 필요한 생활 아이템까지 안심하고 고를 수 있는 상품 종류를 갖췄습니다. 당신의 마음을 최고의 기준으로 삼기 바랍니다.



### (3) 사라지고 있는 '마쓰키요다움'

마쓰모토키요시는 순조롭게 꾸준히 성장했지만 2010년 이후 분기점에 서게 되었다. 자신이 만들어 낸 도시형 드럭스토어라는 독자성은 모방하는 경쟁 회사들이 똑같이 의약품 이외의 상품 갖추기를 강화해서 어느 순간 드럭스토어 업계의 전형이 되었기 때문이다. 규제 완화로 의약품 판매에 참여하는 이업종이 늘어난 점도 여기에 박차를 가했다.

한편 '무인양품'이나 '플라자PLAZA', '칼디커피KALDI COFFEE' 등 좀 더 독자성이 강한 상품 종류를 판매하는 곳도 늘어나서 마쓰모토키요시의 또 다른 독자성이었던 참신함, 재미, 즐거움이라는 이미지까지 다른 회사에 빼앗겼다. 2013년에 실시한 자사 조사에서도 마쓰키요다움인 혁신성과 탁월성이라는 점수가 몇 년 전과 비교해서 떨어진 것을 알 수 있었다. 마쓰모토키요시는 평범한 드럭스토어로 전락해 가고 있었다.

그 이후에도 M&A를 통한 경쟁 기업의 규모 확대와 전자상거래의 대두 등 업계를 둘러싼 환경 변화의 물결에 밀려서 마쓰모토키요시는 2016년에 업계 1위의 자리를 경쟁 회사에 내주게 되었다.

사실 그 무렵 PB 시장도 크게 변화했다. 세븐일레븐은 2011년 기존의 저가 어필에서 벗어나 고부가가치 어필형 PB '세븐프리미엄'을 시장에 도입했다. 또 세이유SEIYU가 개발한 PB '여러분의 보증'은 고객의 의견을 상품 개발에 도입해서 부가가치를 더욱 높여 크게 주목을 받았다.

PB에 대한 고객의 기대가 '저렴하면 좋다'에서 '음미하고 싶다'로 변화하는 한편 마쓰모토키요시의 MK 커스터머는 여전히 가격 어필에서 벗어나지 못했다. 그 결과 인지도 비율은 90퍼센트를 넘는 반면, MK 커스터머의 인지도 비율은 예상한 것보다 훨씬 더 낮은 상황이었다.

이 악순환에 창업가인 전무(당시에는 상무) 마쓰모토 다카시Matsumoto Takashi(이하: 마쓰모토)는 강한 위기감을 느꼈다. 이미 '친절한 가게', '좋은 제품을 좀 더 저렴하게'만으로는 살아남을 수 없다고 생각한 마쓰모토는 2015년 동질화에서 벗어나 마쓰키요다움을 회복하기 위해서 브랜딩 프로젝트를 시작했다.

## 2
## '마쓰키요다움'을 회복하는 브랜딩의 실천

◇◇◇◇◇◇◇◇◇◇◇◇◇◇◇◇◇◇◇◇◇◇◇



### (1) '마쓰키요다움'을 회복하기 위한 PB 리브랜딩

유통업에서의 브랜딩이라고 하면 가장 먼저 로고와 점포 디자인 리뉴얼에 착수하기 쉬운데, 마쓰모토는 그 첫걸음으로 MK 커스터머의 리뉴얼을 선택했다. 그 이유는 PB는 오리지널 상품이라서 다른 회사와의 차별화를 도모하기에는 가장 빠르고 알기 쉬웠으며, 임직원의 눈에 확실히 띄어서 회사의 진정성을  나타낼 수 있다고 생각했기 때문이다.

가격 어필에서 벗어나 업계에서 뛰어난 존재가 되기 위해 새로운 PB의 개발 방침은 마쓰키요다움과 더 나아가서는 이 회사의 경영 이념 및 철학을 구현화하는 브랜드로 규정지었다. 새 브랜드 네임 '마쓰키요'에는 그런 마음이 담겨 있다.

기업 브랜드 네임을 그대로 PB 브랜드 네임에 사용한 것은 알기 쉬운 반면, 위험도 따른다. 여러 종류의 상품을 갖춘 PB의 경우 어떤 상품 하나라도 고객의 기대에 못 미치면 기업 브랜드 전체에 부정적인 인상이 파급될 수 있기 때문이다. 그래도 마쓰모토가 굳이 마쓰키요라는 브랜드 네임을 고집한 것은 이 리브랜딩Rebranding 프로젝트에 거는 강한 결의를 사내외에 보여주기 위함이며, 고객의 곁에서 오랫동안 익숙해진 '마쓰키요'라는 호칭을 직접 말해서 고객에게 철저히 다가가는 브랜드가 되겠다는 결심이기도 했다.



MK 커스터머에서 마쓰키요로의 리브랜딩은 마쓰모토가 선택한 프로젝트팀의 멤버를 마쓰모토가 직접 지휘하는 체제로 진행되었다.

마쓰키요를 시작하면서 프로젝트팀은 고객 조사와 임직원들의 의견을 들었다. 또한, 다시 한번 창업가의 이야기를 듣고 마쓰모토키요시에 대한 창업가의 생각, 창업가의 DNA에 대해서도 확인했다. 마쓰키요가 구체적으로 나타내야 하는 마쓰키요다움과 마쓰모토키요시의 이상적인 PB는 무엇인지 검토를 거듭했다.

그 결과 '생활을 즐겁게 만든다'라는 브랜드 비전과 '아이디어를 활용해 일상생활을 좀 더 즐겁게 만드는 오리지널 브랜드'라는 브랜드 콘셉트가 책정되었다. 아름다워지거나 건강해지는 것은 목적이 아니라 어디까지나 날마다 즐거운 생활을 보내기 위한 과정인 것이다. 마쓰키요는 다양한 상품을 통해서 그러한 즐거운 생활을 실현하는 브랜드를 목표로 하게 되었다(그림 8-3). 이는 확실히 고객이 즐겁게 쇼핑할 수 있도록 참신함, 재미, 즐거움을 추구한 창업자 정신의 부활과 다름없었다.

### (2) 생활을 즐겁게 만드는 패키지 디자인

마쓰키요다움을 디자인으로 표현하려면 무엇이 필요한가? 마쓰모토키요시가 쌓아올린 참신함, 재미, 즐거움을 느끼게 하는 요소는 무엇인가? 프로젝트팀은 그 해답을 찾기 위해서 여러 번 논의를 거듭했다. 그 결과 딱딱한 가타카나 로고에 이르게 되었다.

프로젝트팀은 창업 당시에 이 로고가 탄생한 배경을 조사하면서 창업자가 직접 세부까지 고집해서 만든 것이라는 사실을 알아냈다. 또한, 그 로고는 일반적인 이탤릭체 글자에 비해서 극단적으로 예각인 빗각도 19도로 구성되어 참신함, 재미, 즐거움을 느끼게 하는 것도 재발견했다. 이런 요소들을 새 브랜드 로고 디자인에도 도입해서 마쓰키요다운 인상을 주는 동시에 창업 당시부터의 DNA를 이어받은 디자인으로 만들었다(그림 8-4).

패키지 디자인 개발에도 세부적인 면까지 철저히 고집했다.

**그림 8-3** 고객 조사로 이끌어 낸 마쓰모토키요시에 대한 기대

## 마쓰모토키요시에게 바라는 것은?

**생활이나 미용과 건강에 유용한 정보**

고객이 바라는 생활이나 미용,
건강에 유용한 새로운 뉴스를 점포
앞이나 인터넷에서 항상 배포

**상식을 깨는 선구적 느낌**

상식에 얽매이지 않고 기존의 PB에는
없는 마쓰모토키요시다운 상품 제공

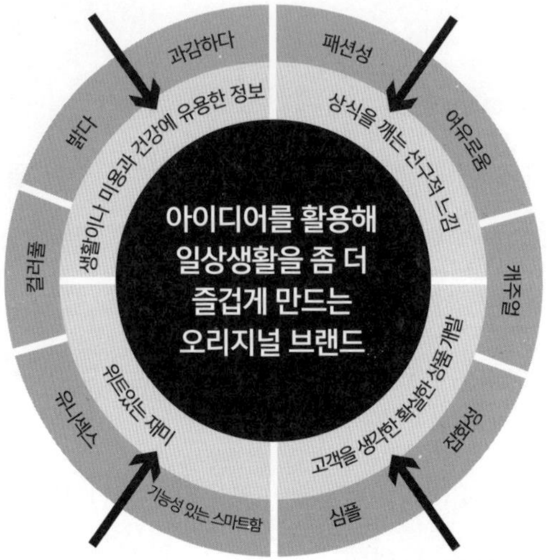


**위트있는 재미**

상품이나 패키지, POP 등에
일일이 색다른 즐거움과 재미를
더해서 고객의 일상생활을
즐거움으로 변화시킴

**고객을 생각한 확실한 상품 개발**

'고객에게 쓸모없는 상품은 팔지 않는다',
'창의적인 아이디어를 짜낸다', '고객의
미용과 건강을 응원해서 행복으로 이끈다'라는
기업 이념을 기반으로 한 상품 개발

일반적으로 PB 패키지는 상품 카테고리와 상관없이 비용을 삭감하기 위해서 공통 포맷을 사용한 간결한 디자인으로 만든다. 그러나 슈퍼마켓이나 편의점Convenience store(CVS)의 PB와는 달리 마쓰모토키요시의 PB는 의약품에서부터 식품, 일용품까지 상품군이 여러 종류로 나뉜다. 예를 들면 화장실 휴지 디자인과 두통약이나 인스턴트 카레의 디자인을 공통으로 하면 고객이 거부감을 느끼기 때문에 공통 포맷을 사용한 디자인은 적합하지 않았다. 또 무엇보다도 그런 간소한 디자인으로는 마쓰키요다움을 나타내기엔 부족해서 브랜드 비전으로 내건 '생활을 즐겁게 만드는' 것을 실현할 수 없다고 생각했다.

그런 경위를 거쳐서 로고와 마찬가지로 19도의 사선에 투톤 컬러를 사용한 디자인 시스템이 탄생했다. 이 시스템으로 개별 상품의 개성을 표현하며 모든 상품을 부감했을 때 한 가지 브랜드로서의 톤앤매너를 느끼게 하는 패키지 디자인을 완성했다(그림 8-5). 개발에 필요한 시간과 비용은 기존과 똑같아서 비용을 줄여 운용할 수 있다는 점도 또 하나의 특징이다.

그림 8-4 새 브랜드 로고

그림 8-5 새 브랜드의 패키지 디자인

### (3) 브랜드 운용을 위한 조직과 시스템의 구축

디자인 시스템을 구축한 후 마쓰모토는 브랜드를 적절히 운용하기 위해서 조직 개혁을 단행했다. 카테고리와 무관하게 일관적인 브랜드 품질을 유지하는 것이 중요하다고 생각했기 때문이다.

상품 개발에서는 카테고리마다 상하 관계로 이루어진 조직 구조를 재검토하여 카테고리와 무관한 상품 개발을 담당하는 상품개발과를 신설했다. 또 상품부서만 해 오던 PB 상품 개발에 관한 정기회의에 영업부서를 비롯해 다른 부서에서 참여하는 멤버를 늘려 상품 품질에 대해 다양한 관점에서 엄격하게 심사하는 체제를 도입했다. 브랜드 콘셉트 체크 시트도 작성해서 그 상품이 브랜드에 어울리는지 객관적으로 평가하고 최종적으로 마쓰모토가 확인해서 합격한 것만 마쓰키요 상품이 되는 규칙을 철저히 따랐다.

패키지 디자인에서도 디자인 개발 방법을 상세히 설명한 패키지 디자인 가이드라인을 만들었다(그림 8-6). 담당 디자이너의 기술과 센스에 좌우되지 않고 브랜드의 기준을 충족시킨 디자인이 가능한 구조도 구축했다.

그림 8-6 브랜드의 통일감을 유지하기 위한 패키지 디자인 가이드라인 작성

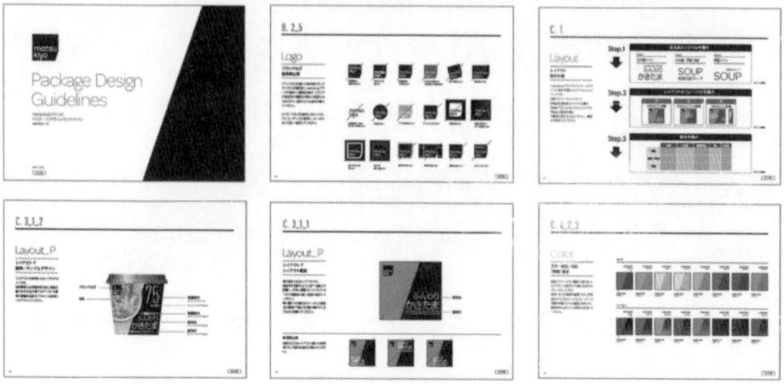




### (4) 임직원을 먼저 이해하게 만드는 내재화 활동

PB 개발의 새로운 기획을 완성시키는 한편으로 마쓰모토를 비롯하여 프로젝트 멤버는 임직원에 대한 내재화 활동에도 힘을 쏟았다. 임직원이 마쓰키요를 이해하고 그 품질과 디자인에 자부심을 갖는 것은 앞으로 생길 고객에게 브랜드를 내재화시킬 수 있기 때문이다.

사내 설문 조사에 따르면 기존의 MK 커스터머에 대해서는 '가격이 저렴하지만, 솔직히 품질도 불안하고 디자인 면에서도 내셔널 브랜드National Brand(NB)(제조업자가 소유하고 관리하는 상표)에 뒤떨어져서 직접 적극적으로 상품을 선택하기 어렵다'는 의견도 있었다. 이 말이 상징하는 부정적인 이미지를 없애는 것이 내재화의 첫 단계였다.

프로젝트 멤버는 PB 각 상품의 상세 내용을 정리한 브랜드 가이드북(그림 8-7)을 작성하여 모든 점포에 배포하는 것으로 내재화 활동을 시작했다. 이 가이드북은 단순히 상품 설명에 그치지 않고 개발 담당자가 고집한 점이나 고객이 자주 하는 질문을 정리한 것으로, 점포 앞에서 고객과의 소통을 더욱 원활하게 하여 마쓰키요를 적절히 내재화시키기 위한 도구로 삼았다.

**그림 8-7** 브랜드 가이드북

### (5) 개성 있는 상품을 통한 마쓰키요의 브랜드 경험

책자 배포에 그치지 않고 프로젝트 멤버는 직접 나서서 점장 회의, 신입사원 연수, 담당 임직원 연수 등 다양한 회의로 전역을 돌아다니며 브랜드 세미나를 개최했다. 마쓰키요에 담은 마음과 개발 배경 설명을 통해 사내의 이해를 도왔다. 실제로 이야기를 들은 임직원들은 '앞으로는 자신감을 갖고 고객에게 추천하고 싶다', '나도 사고 싶다'고 말했다고 한다.

### (6) 개성 있는 상품군의 개발

고객에게 마쓰키요다움을 실감하게 하여 새로운 '마쓰키요 경험'을 만들어 내기 위해서 어떤 상품이 개발되었을까? 그 상징적인 사례 몇 가지를 소개하고 싶다.

#### ① 약사와의 대화를 만들어 내는 의약품 패키지



마쓰키요와 다른 유통 PB와의 가장 큰 차이점은 풍부한 의약품 종류를 갖춘 것이다. 특히 의약품 패키지 개발을 중요하게 생각했다.

약을 찾는 고객은 자신의 증상에 대해서 가장 잘 들을 것 같은 상품을 선택하는 경향이 있다. 의약품 패키지는 대부분이 이 행동을 의식해서 디자인하기 때문에 점포 앞에서 눈에 잘 띄는 금박 가공을 많이 사용하거나 크고 굵은 글씨를 패키지 정면에 곁들이기 쉽다. 결과적으로 내용 성분과 효능 등에 대한 정보는 패키지 뒷면의 좁은 공간에 비좁게 배치된 경우가 허다하다.

그러나 점포 앞에서 이뤄지는 고객과 약사의 대화를 조사해 보니 약사는 상품을 설명할 때 패키지 뒷면에 작은 글씨로 기재된 성분과 증상 부분을 가리키며 '고객님에게는 이 상품이 가장 적합해요'라고 설명한다는 사실을 알았다. 즉, 고객이 바라는 정보는 뒷면에 비좁게 배치된 정보였다.

그래서 마쓰키요의 의약품 패키지에는 점포 앞에서 약사가 설명하기 쉽게 성분과 효능을 표면에 크게 배치하는 디자인을 채택했다. 패키지로 소비자의 구매 경험, 더 나아가서는 '마쓰모토키요시 경험'을 디자인한 것이다(그림 8-8).

**그림 8-8** 일반적으로 뒷면에 배치되는 성분과 효능을 표면에 배치하여 약사와 고객의 원활한 대화를 실현했다

• **두통약**

MK 커스터머

마쓰키요

• **비염약**

MK 커스터머

마쓰키요

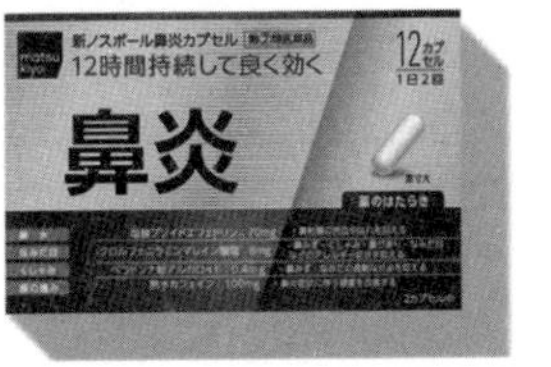

### ② 새롭게 디자인한 화장실 휴지 패키지

마쓰모토키요시의 점포 앞에는 화장실 휴지가 쌓여 있다. 즉, 화장실 휴지 디자인을 바꾸는 것은 마쓰모토키요시의 리브랜딩을 고객에게 널리 전하는 업무이며 브랜드 경험을 바꾸는 것으로도 직결된다. 이러한 이유로 화장실 휴지 디자인에도 힘을 쏟아서 개발을 진행했다.

화장실 휴지는 세대나 성별과 상관없이 모두가 구입하는 상품이지만 점포 앞에서 고객의 구매 행동을 관찰해 보니 패키지에 손잡이가 달려 있는데도 계산대에서 비닐봉투에 넣어 달라고 주문하는 고객이 많다는 사실을 알았다. 그 이유는 들기 불편해서가 아니라 들고 다니기 부끄러워서였다.

화장실 휴지는 사이즈도 크고 부피도 나간다. 대부분 고객이 감촉, 흡수력, 부드러움 등에 대한 상품의 특징이 크게 기재된 패키지를 집까지 들고 다니는 것에 거부감을 느꼈다.

마쓰키요의 화장실 휴지는 생활을 즐겁게 만든다는 브랜드 비전을 바탕으로 해서 오히려 '들고 다니는 것이 즐거워지는' 시점에서 디자인을 개발했다. 그렇게 탄생한 것이 쇼핑백, 카세트 라디오, 갓난아기 등의 그래픽을 전면에 배치한 디자인이다. 단순히 외관을 멋스럽게 만든 것이 아니라 들고 다닌다는 경험 자체를 디자인한 것이다(그림 8-9).

기존의 화장실 휴지 패키지 개발과는 전혀 다른 마쓰키요의 접근 방식은 신문, 텔레비전 등에서 널리 언급되는 동시에 SNS에서도 화제를 불러일으켜 마쓰키요의 내재화에 큰 역할을 완수했다. 또한, PB 패키지 디자인으로서는 처음으로 일본 및 해외에서 디자인상 7개를 수상했다. 마쓰키요가 그 존재감을 사회에 나타내는 계기가 되기도 했다.

**그림 8-9** 화장실 휴지 패키지

### ③ 반전을 추구한 에너지 드링크

확실히 마쓰키요다운 발상과 반전을 더한 히트 상품도 탄생했다. 대표적인 것이 에너지 드링크다(그림 8-10). NB의 1.5배에 달하는 대량의 성분 함유량을 특징으로 하는 이 상품은 SNS에서 '너무 위험하다', '마약같다'라는 반응으로 화제에 올랐다. 캔의 색상과 속에 든 액체의 색상을 일부러 각기 달리한 것도 그

인상을 더했다. 그야말로 참신함, 재미, 즐거움이라는 마쓰키요 다움의 면목이 생생하게 드러났다. 에너지 드링크는 마쓰모토 키요시의 에너지 음료 카테고리 매출에서 '몬스터 에너지'와 '레드불' 등의 NB 상품을 누르고 판매 개수, 매출액 모두 1위 상품이 되었다. 매출 금액은 당초보다 10배로 늘어나 일시품절될 정도였다.

**그림 8-10** 에너지 드링크

3

## '마쓰키요다움'을 나타내는 PB의 성장

◇◇◇◇◇◇◇◇◇◇◇◇◇◇◇◇◇◇◇◇◇◇◇◇

마쓰키요는 2015년 12월 시장에 투입한 이후 순조롭게 성장하고 있다. 아직 목표를 이루지는 못했지만, 그 매출 규모는 3년 만에 약 130퍼센트 커졌다.

당초에는 기존형의 가격 어필 PB에서 가치 어필 PB로 바뀌는 것에 대한 불안과 어울리는 상품을 만들어 낼 수 없는 것 등의 과제도 있었다. 하지만 정성을 다한 사내 내재화 활동으로 PB에 대한 사내 의식이 변화하고 현재는 '그 상품의 어떤 점이 생활에 즐거움을 더해 주는가?', '이런 품질로는 마쓰키요 브랜드를 손상시킨다'는 논의가 사내 곳곳에서 일어나게 되었다. 또한, 임직원들로부터 팔고 싶어지는 브랜드로 바뀌었다는 의견도 많아져서 더욱 적극적으로 고객에게 추천하는 모습을 일본 전역의 각 점포에서 볼 수 있게 되었다.

그리고 마쓰모토키요시의 브랜딩 프로젝트는 2막으로 돌입했다. PB를 개발할 때 이끌어 낸 마쓰키요다움을 토대로 각지에서 스토어 디자인 리뉴얼이 진행 중이다(그림 8-11). 또한, PB

와 연동한 새로운 업종으로 차세대 헬스케어 점포 '마쓰키요 LAB', 뷰티 특화형 'Beauty U', 차세대 도시형 점포 '하라주쿠역 오모테산도구치점' 등이 계속 생기고 있다(그림 8-12).

우리의 생활을 즐겁게 만드는 마쓰모토키요시의 도전은 오늘도 계속되고 있다.

그림 8-11 신마쓰도역앞점 전과 후

**그림 8-12** 신형 점포

모토야와타역앞점: 미용과 건강에 특화한
차세대 드럭스토어 '마쓰키요 LAB'
matsu
kiyo
LAB
マツモトキヨシ
Tax Free Shop
긴자 주오도리점:
일하는 여성을 대상으로
미용에 특화한 'Beauty U'
BEAUTY
U
matsukiyoLAB
하라주쿠역 오모테산도구치점:
젊은층을 대상으로 한 최신
도시형 점포
マツモトキヨシ

## | 브랜드 관계자와의 인터뷰 |

주식회사 마쓰모토키요시 홀딩스

전무이사 **마쓰모토 다카시**Matsumoto Takashi

◇◇◇◇◇◇◇◇◇◇◇◇◇◇◇◇◇◇◇◇◇◇◇◇

**이번 리브랜딩을 단행한 배경에는 어떤 위기감이 있었습니까?**

소매업 전체의 동질화 경쟁, M&A 등을 통한 경쟁기업의 규모 확대, 이업종의 의약품 판매 참여, 전자상거래의 대두……. 위기감의 배경을 말하자면 끝이 없습니다. 그런 환경 속에서 리브랜딩 이전에 우리 회사의 PB 상품이 어떻게 보였는지 소비자 조사를 통해 알게 된 사실은 상품 자체의 품질에 대한 평가는 좋았지만, 디자인은 좋은 평가를 받지 못했다는 점입니다. '독자성을 좀 더 보여주기 바란다', '마쓰모토키요시의 상품이라고 알 수 있게 해 달라'는 의견이 많았습니다.

해외 사례를 봐도 강한 기업일수록 브랜드가 강합니다. 끊임없이 변화하지 못하면 금방 경쟁력을 잃고 말지요. 우리 회사의 PB 전략은 일정한 평가를 받았지만, 앞으로의 시대에서 살아남으려면 좀 더 상위 브랜드로 키울 필요성이 있다고 느꼈습니다. 마쓰키요다움, 즉 브랜드 전략이 다음 세대의 승패를 가를 것이라고 생각했습니다.

## 그러한 '마쓰키요다움'을 회복하는 데 PB의 리브랜딩부터 착수한 이유는 무엇입니까?

경쟁 회사와의 거리가 좁혀지는 가운데 단기간에 서둘러 차이를 내세워야 했습니다. CI는 시간을 들여서 하는 것이라고 생각했고, 점포 리브랜딩은 리노베이션과 내재화 양쪽 다 시간이 듭니다. 그에 비하면 PB는 신규 상품을 내놓고 리뉴얼하는 데 점포와 비교하면 그다지 시간이 들지 않아요. 게다가 PB는 다른 회사에는 절대로 없습니다. 차이를 내기에는 가장 빠르고 알기 쉽지요. 또 일단 실제로 임직원의 눈에 띄게 하면 회사의 진심을 보여줄 수 있다고 생각했습니다.

**브랜드가 경영에 주는 영향이 어느 정도로 중요하다고 생각합니까? 또 브랜드를 보유하면 경영에 어떤 효과를 줄 수 있다고 생각합니까?**

브랜드 가치 향상은 고객과 거래처, 임직원 등 각 이해관계자에게서 안심과 신뢰를 얻을 수 있습니다. 그렇게 해서 로열 커스터머가 양성되고 거래처와의 비즈니스가 확대되며 신규 출점 협상도 원활하게 진행됩니다. 또 임직원 만족도도 향상되어 선순환이 일어나고 업적에도 좋은 성과를 줍니다. 그러기 위해서라도 지속적으로 브랜딩을 이어나갈 생각입니다.



**이번 리브랜딩을 추진하고 실행하는 데 가장 어려웠던 점은 무엇입니까? 그 점을 어떻게 극복했습니까?**

가장 어려웠던 것은 임직원의 의식 개혁이라고 할까요? PB의 경우 우리 그룹에서만 도입할 수 있는 상품이며 실제로 판매하는 것은 그룹 점포 임직원이기 때문에 그들이 확실히 그 상품을 이해하고 좋아하지 않으면 브랜드에 담긴 마음은 고객에게 통하지 않습니다. 그런 의미에서는 사내 내재화에 꽤 많은 힘을 쏟았습니다. 점장과 현장 담당자를 한곳에 모아서 일본 각지에서 브랜드 세미나를 열거나 브랜드 가이드북(PB 가이드)을 모든 점포에 배포하여 숙독하게 하거나 사내보에 PB 특집을 구성해서 소개하거나 점포에서 참가자를 모집한 PB 상품 개발 프로젝트를 실시하는 등 시간을 들여서 브랜드 교육에 주력했습니다. 새로워진 마쓰키요 브랜드가 임직원에게도 매우 인기가 있는 것은 그 성과라고 느낍니다.

### 앞으로는 어떻게 리브랜딩을 추진해 나갈 생각입니까?

PB 전개, '마쓰키요 LAB'이나 'Beauty U'와 같은 도시형 새로운 업종 등은 리브랜딩의 일환입니다. 하지만 너무 서두르지 않고 우리 회사의 강점인 6,000만을 넘는 고객 접점을 살린 각종 분석을 추진해서 PDCA 사이클을 반복 실행하여 착실히 추진해 나갈 예정입니다.

### 앞으로 마쓰모토키요시를 어떤 기업으로 만들고 싶습니까?

최근 저출산·고령화로 인구가 감소 추세이며 남녀 모두 평균 수명이 늘어나는 상황에서 건강 수명 연장에 공헌하는 것이 중요하다고 생각합니다. 소매업 전체가 동질화되어 어디서나 똑같은 상품을 구입할 수 있는 상황이 된 현재, 드럭스토어로서의 전문성과 독자성을 연마하여 차별화를 도모하고 끊임없이 '미용과 건강 사업 분야에서 1조 엔 기업을 목표로 한다'라는 비전에 매진하고 싶습니다.

# 9 야마하 모터
# Yamaha Motor

독자적인 브랜드 매니지먼트 방법으로
'개성 있는 다양성'을 실현하다

# YAMAHA

1 '개성 있는 다양성'을 살리는 브랜딩이란?

2 야마하의 독자적인 브랜드 매니지먼트 방법의 모색과 구축

3 착실하게 계속 성장하는 야마하

| 브랜드 관계자와의 인터뷰 |

## 1
## '개성 있는 다양성'을 살리는 브랜딩이란?

◇◇◇◇◇◇◇◇◇◇◇◇◇◇◇◇◇◇◇◇◇◇◇◇

### (1) 경쟁 우위의 원천이 되는 브랜드의 중요성



야마하 모터는 180개가 넘는 나라와 지역에서 사업을 전개하는 글로벌 기업이다. 그 연결 매출액의 해외 비율은 약 90퍼센트에 달하며 사업 영역은 이륜차, 보트, 선박, 자동차 엔진, 사륜 버기카, 스노모빌, 전동 자전거, 휠체어, 발전기, 로봇 공학, 수영장 등 여러 분야로 나뉜다. 예전의 모회사이자 악기 제조로 유명한 야마하 주식회사와 똑같은 브랜드를 사용하며 현재도 합동 브랜드 검토 조직과 활동을 실시하는 등 매우 개성 있고 기존의 일반적인 브랜드 이론과는 확실히 구분되는 독자적인 측면, 수법으로 브랜딩을 추진해 왔다.

이 회사는 '고객의 마음을 사로잡기Revs your Heart'라는 브랜드 슬로건을 목표로 세워서 2013년부터 본격적으로 글로벌 브랜딩을 진행했다. 이 활동은 혹독한 경영 환경 속에서 2010년에 사장(현 회장)에 취임한 야나기 히로유키Yanagi Hiroyuki(이하: 야나기)가 구조 개혁을 진행하는 한편 장기적인 경쟁 우위의 원천으로서 새롭게 브랜드의 중요성에 주목한 것이 계기였다.

왜 브랜드에 주목했을까? 앞에서 말한 대로 야마하 모터의 사업 영역은 광범위하고 그 제품은 세계 구석구석까지 퍼져서 인지도도 높다. 그러나 이런 폭넓은 사업 영역과 전개 지역을 하나의 브랜드로 실시하는 매니지먼트는 매우 어려워서 브랜드 가치가 오히려 떨어질 수 있는 위험도 있다. 기업 경영의 선택과 집중 트렌드에서도 콩글로머릿 디스카운트Conglomerate discount(다각적 사업을 하는 기업을 상대적으로 낮게 평가하는 현상)가 발생할 가능성도 우려되었기 때문이다.

2012년 주요 국가의 거점 장과 본사 경영진이 모이는 회의체 '글로벌 집행 위원회Global Executive Committee(GEC)'에서 브랜드는 주요 주제 중 하나로 간주되었다. 이듬해 2013년 3월 신 중기 경영 계획의 시작과 동시에 전 세계적으로 '고객의 마음을 사로잡기Revs your Heart'라는 브랜드 슬로건을 일관적으로 운용하기 시작했다.

'Rev'는 엔진의 '회전 속도를 올리다, 두근거리게 하다, 흥분하게 하다'라는 의미의 단어이다. 즉, 이것에 담긴 것은 엔진의 회전 속도를 올리듯이 고객의 마음이 뛰는 순간을 제공하겠다는 약속이며, 그것은 이 회사가 90년대부터 기업 목적으로 내걸어 온 '감동 창조 기업'을 직접적으로 슬로건화한 것이라고 할 수 있겠다.

브랜딩에 임하는 기업은 대부분이 이 단계에 도달했을 때 브랜딩이라는 산을 넘었다고 생각해서 안심하지 않는가?

### (2) 현상 파악을 기반으로 한 브랜딩의 시작

그러나 야마하 모터에서는 이 단계가 브랜딩의 출발점이라고 판단했다. 지향하는 자세는 보여도 그곳에 도달하는 과정은 알 수 없었기 때문이다.

아이덴티티에 도달하는 과정을 찾기 위해서 세계 주요 지역의 고객이 야마하에 품은 이미지 조사와 사내에서의 의견, 인터뷰를 통해 현상을 파악했다. 그 결과 그룹 내의 '야마하로서의 제공 가치(야마하다움)'의 공통 인식이 희미해졌고 브랜드 가치 향상 시점에서 기업 활동을 추진하는 체제가 약해졌다는 문제가 수면 위로 떠올랐다. 결과적으로 고객에게 브랜드로서의 제공 가치, 차별화 가치를 제대로 어필하지 못한 것도 분명해졌다. 야나기가 우려하던 글로벌화, 다양화를 통한 브랜드 가치의 희박화는 절박한 문제가 되어 있었다.

이를 해결하기 위해서 가장 먼저 임직원의 의식을 개혁하는 것이 중요했다. 그러나 야나기를 비롯한 경영진은 '개성 있는 다양성'이야말로 야마하 모터의 특징이며 오히려 무기로 삼아야 한다는 생각을 갖고 있었다. 서식 하나에 글로벌을 억지로 밀어 넣은 듯한 톱다운 형 내재화 활동은 선택지에 넣지 않는다는 뜻이다. 180개가 넘는 나라와 지역을 넘나들며 전개되는 다각적 사업 현장의 요구에 맞추면서도 어떻게 세계적으로 지향하는 자세를 실현할 것인가, 어떻게 그것을 사업 전략에 대처해 나갈 것인가가 브랜딩의 큰 명제였다. 이 장에서는 글로벌에서의 인터널 브랜딩 추진, 내재화 기반 만들기와 그 기반에 입각한 활동에 초점을 맞춰서 소개하겠다.



## 2
## 야마하의 독자적인 브랜드 매니지먼트 방법의 모색과 구축

### (1) 브랜드 가치 향상 시점에서 기업 활동을 추진하는 조직 체제 구축

글로벌에서의 인터널 브랜딩 추진, 내재화를 위해서는 기반을 반드시 구축해야 한다. 야마하 모터는 그 기반을 다음의 세 가지에서 찾아냈다.

① 브랜드 가치 향상 시점에서 기업 활동을 추진하는 조직 체제 구축
② 전 세계적으로 추진하는 '야마하다움'의 재정의
③ 브랜드 가치를 높이는 시점과 사업 전략 관계성의 명확화

먼저 브랜드 가치 향상 시점에서 기업 활동을 추진하는 조직 체제를 구축하기 위해 경영기획부서에 '브랜드 추진 그룹'이 조직되었다. 이곳에 다른 부서에 있던 브랜드 관련 업무를 집약시키는 동시에 경영기획부 산하에 둬서 경영 전략과의 밀접한 연계를 도모하는 체제를 구축했다.

그 뒤를 이어 경영 회의 자문 기관으로 '브랜드 위원회'가 신설되었다. 다양한 사업과의 제휴를 위해서 사업 본부장급 십여 명이 위원을 담당하고 브랜드 추진 그룹이 사무국이 되어 매달 한 번씩 브랜드에 관한 모든 과제를 검토하는 체제가 정비되었다. 이로써 본사의 책임 부서와 그 역할이 명확해지고 그 후의 모든 활동을 추진하는 체제가 마련되었다.

본사의 브랜드 관련 조직이 담당하는 역할은 규칙을 설정하고 현장이 규칙에서 벗어나는 것을 감시하며 브랜드를 지키는 경우가 많다. 그러나 야마하 모터의 브랜드 위원회가 담당하는 역할은 앞에서 설명했듯이 개성 있는 다양성을 중시하는 야나기의 리더십으로 사업과 거점의 '단속'이 아니라 '활성화(Activate)'하는 것으로 평가되었다. 현장에 개성을 발휘하기 위

한 도우미 역할로 브랜드 위원회는 무엇을 해야 하는가, 무엇을 할 수 있는가라는 점이 검토의 중심이 되었다. 이 스타일이 그 후의 야마하식 브랜드 매니지먼트 수법을 구축했다.

### (2) 전 세계적으로 추진하는 '야마하다움'의 재정의

브랜드 추진 체제가 정비되어서 야마하 모터의 브랜딩 기반 구축은 전 세계적으로 추진하는 '야마하다움'을 재정의하는 단계로 진행되었다. 앞에서 말한 고객의 마음을 사로잡기만으로는 어떻게 그것을 실현할 것인지 명확하지 않다는 과제가 부상했기 때문이다.

브랜드 추진 그룹이 원안을 작성하고 브랜드 위원회, 경영 회의, GEC에서의 논의를 거쳐서 탄생한 야마하다움은 '획기적 발상(発, Innovation)', '기쁨(悦, Excitement)', '신뢰(信, Confidence)', '매력(魅, Emotion)', '연결(結, Ties)'이라는 다섯 가지 키워드로 집약되었다. 그와 동시에 내재화를 위해서 기존에 존재하는 이념 체계도 정리했다. '감동 창조 기업', '고객의 마음을 사로잡기', '야마하다움'의 평가를 다음과 같이 브랜드 기본 구조(그림 9-1)로 명확히 나타냈다.

일반적으로 '-다움'의 규정은 문장으로 나타내는 경우가 많다. 그래서 키워드를 조합할 때 '-다움'을 표현하는 야마하 모터의 스타일은 처음 보면 이해하기 어려울 수 있다. 하지만 제품 개발과 사업 추진을 담당하는 임직원의 시점에서 보면 이 그림이 쉽게 이해되는 것을 깨달을 것이다.

결국, 이 그림은 야마하 모터가 만드는 제품과 서비스의 설계도로 판단할 수 있다. 자신들이 만들어야 하는 것은 감동을 창조하는 기계이며 다섯 가지 키워드는 그것을 구성하는 기본 부품이라서 하나라도 빠지면 기계는 움직이지 않는다. 모든 것이 서로 영향을 미쳐서 고객의 마음을 두근거리게 할 수 있다. 즉, 이해할 수 있는 것이다.

'야마하다움'이라는 자칫 정서적으로 흔들릴 수 있는 브랜드 아이덴티티는 다섯 가지 요소를 확인해서 확실한 윤곽을 드러내는 구조다. 게다가 한자를 사용해서 일본이라는 브랜드의 DNA도 반영시켰다. 야마하 모터의 브랜드 기본 구조는 다른 문화와 가치관을 가진 글로벌 임직원이 제품 만들기와 사업 활동을 하는데 확고하게 가치를 판단할 수 있는 지침이기도 하다.

**그림 9-1** 야마하 모터의 브랜드 기본 구조

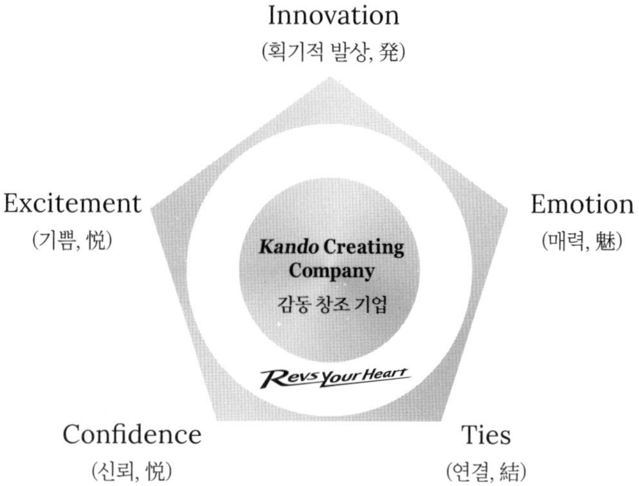




### (3) 브랜드와 사업을 연관 짓는 '야마하 감동 사이클' 구축

다시 정의된 야마하다움은 임직원 개개인의 활동에 반영되어야 비로소 가치를 발휘한다. 그러기 위해서는 임직원이 브랜드를 자신들의 업무에 반영시키는 것이 도움이 된다고 믿고 구현하는 구조가 필요했다.

구조 만들기는 일본과 해외 거점의 최고경영자 및 본사 경영진이 한곳에 모이는 글로벌 회의, GEC에서 실시되었다. 브랜드와 사업의 관계성을 명확히 해서 왜 브랜드 가치를 높여야 하는가, 그것은 어떻게 비즈니스와 이어지는가, 간접 부서의 임직원이라고 해도 브랜드와 자신의 업무가 어떻게 관계를 맺는가 등에 주목해서 철저한 논의가 이루어졌다. 그 논의를 토대로 해서 '야마하 감동 사이클'(그림 9-2)이 완성되었다. 야마하 감동 사이클은 '야마하다움'을 실현해서 '감동 창조 기업'이 되는 것을 브랜드 시점으로 가시화한 것이다.

야마하 감동 사이클은 사내, 파트너(딜러나 기타 사업 파트너)를 중심으로 한 Y 사이클, 기존 고객을 중심으로 한 C 사이클, 신규 고객을 중심으로 한 B 사이클로 구성되었다. 이로써 기존 고객에게 감동이 전파되고 또 기존 고객이 팬이 되어 새로운 고객을 끌어오는 순환 구조로 이루어져 있다. 또한, 이 사이클이 재무적인 가치를 창출해서 새로운 투자 자금이 되어 사내의 감동 창출로 환원된다는 비즈니스 시스템을 표현했다. 스스로 감동을 만들어 내는 출발점이라는 점, 파트너의 가치를 사내와 똑같이 평가하는 점, 기존 고객이 팬이 되어 신규 고객을 끌어오는 점 등 야마하 모터의 경영 사상이 반영되어 있다. 그리고 여기서 야마하다움은 브랜드 그 자체이고, 야마하다움을 모든 사업 활동을 통해서 제공하는 것을 브랜딩이라고 정의했다. 즉, 야마하에서는 임직원 개개인의 활동이 '브랜딩'이며 모든 임직원, 파트너의 업무와 브랜딩은 밀접한 관계를 맺고 있다는 뜻이다. 이 사이클을 추진하려면 임직원, 파트너가 어떻게 이것을 날마다 발휘하느냐 하는 점이 매우 중요한 요소가 된다.

그림 9-2 야마하 감동 사이클

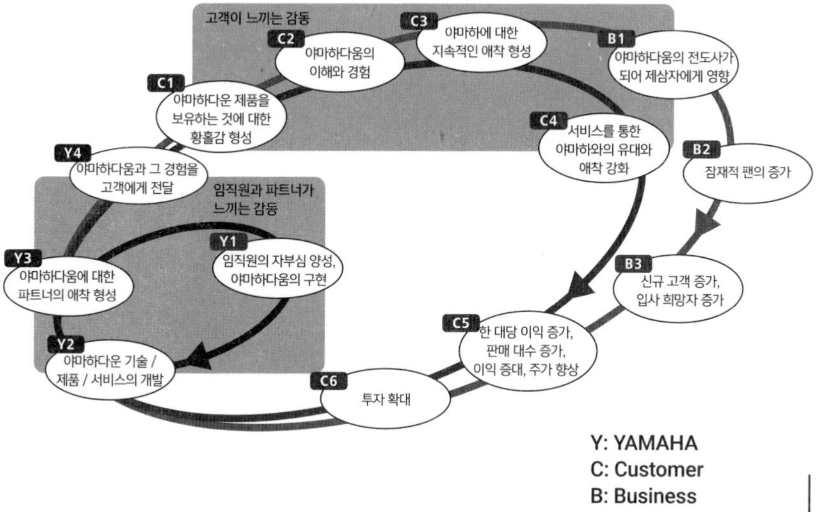




## (4) 브랜드의 평가 시스템 '브랜드 경쟁력 스코어' 도입

브랜드 추진을 위한 조직 만들기, 야마하다움의 재정의와 그 것을 임직원 개개인이 비즈니스에 활용하는 사이클의 구조 정비에 이어 야마하 모터의 브랜딩은 브랜드 가치를 높이는 시점과 사업 전략 관계성의 명확화 단계로 넘어간다.

'야마하 감동 사이클'의 반복 실행, 즉 브랜드 가치를 지속적으로 높이려면 현상과 활동의 결과를 분명히 파악해서 개선할 여지를 제공해야 한다. 그 방법으로 야마하 모터는 인터브랜드의 브랜드 가치 평가 접근법의 일부인 '브랜드 경쟁력 스코어 Brand Strength Score(BSS)'를 사용했다(그림 9-3).

BSS에는 나라별, 사업별 등의 평가 대상을 자유롭게 설정할 수 있어서 사내, 사외의 시점을 포함하여 사업, 나라와 상관없이 점수를 비교할 수 있다는 특징이 있다. 그래서 대부분의 글로벌 기업에 평가 시스템으로 채용되고 있다.

야마하 모터에서는 '글로벌에서의 기존 고객, 잠재 고객, 판매 경로, 임직원을 대상으로 한 브랜드 조사→주요 국가사업별 평가→거점 최고경영자와의 평가 결과 공유→과제, 원인 특정→활동 계획 구상과 GEC의 선언, 실행을 통한 재평가'라고 하는 2년에 한 번 돌아오는 평가 사이클을 도입했다.

BSS를 도입한 결과, 예를 들면 사업 모델이 다른 이륜차 사업과 해양 사업이 같은 지표로 점수화되어 전 세계에서 훑어볼 수 있게 되었다. 기존에는 매출액, 이익이나 점유율과 같은 지표 외에 전 세계를 넘나들며 평가하고 경영진이 그것을 논의하는 지표는 존재하지 않았다. 하지만 BSS를 활용하면 비교적 원심력이 강하고 독립 의식이 강한 각국 거점 장이나 사업 대표에게 새로운 시점을 제공할 수 있어서 경쟁의식이 싹트고 급속히 관심과 활동에 대한 참여가 높아졌다.

'브랜드 기본 구조', '감동 사이클', 'BSS'라는 세 가지 요소가 브랜딩 전체상으로 정리되어 추진 체제와 함께 기반 구축이 완성되었다. 이로써 야마하 모터의 글로벌 브랜딩은 사내에 이 기반을 내재화, 정착시켜 사회에 개성 있는 활동으로 전개해 나간다는 실행 단계로 넘어갔다.

**그림 9-3** 브랜드 경쟁력 스코어(BSS)

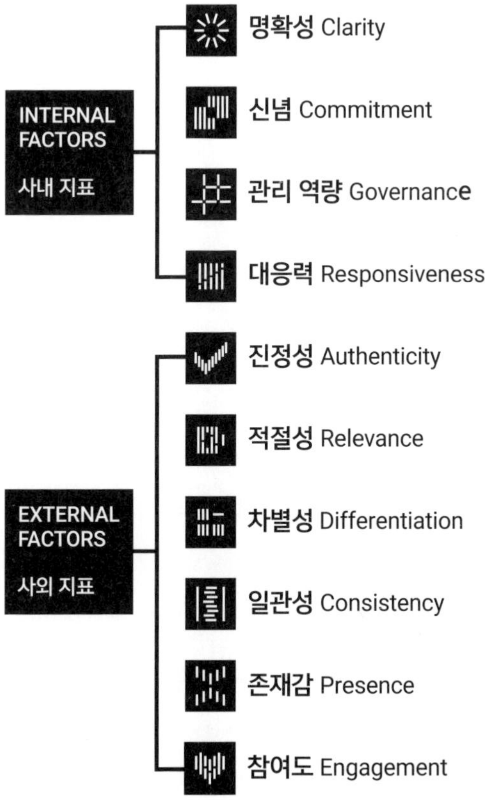

### (5) 사업 전략에 브랜드 시점을 반영시키는 활동 실행

야마하 모터에서는 구축한 기반을 토대로 ① 워크숍 형식을 통한 각국 거점에서의 활동 계획 검토 ② 본사 사업부를 통한 중기 경영 계획의 브랜드 시점에서의 활동 검토 ③ 브랜드 위원회에서 글로벌 공통의 전략, 업무 검토라는 세 가지 업무를 통해서 브랜드 시점을 반영시킨 사업 전략을 실현했다. 또한, 그 활동을 원활하게 추진하고 지속적인 정착을 위해서 ④ 경영층을 포함하는 본사 리더급 및 각국 리더급에 대한 실천적인 브랜드 연수도 실시했다. 경영진의 깊은 이해와 관여를 촉구하여 브랜드 시점을 반영시키는 밑바탕을 만들었다. 다음은 각각의 활동을 요약한 내용이다.

#### ① 워크숍 형식을 통한 각국 거점에서의 활동 계획 검토

각국에서 브랜드 가치를 높이기 위해 각국의 사업부를 넘나드는 간부급을 대상으로 하는 1.5일 합숙 형식의 워크숍 '글로벌 브랜딩 워크숍Global Branding Workshop'을 지속적으로 실시하고 있다(그림 9-4). 야마하 모터 그룹이 진행하는 브랜딩을 이해시키는 동시에 '야마하 감동 사이클'을 활용한 훈련 등으로 자신의 업무와 브랜드의 관계성을 이해한 후 BSS 결과를 근거로 브랜드의 과제와 그 원인을 깊이 탐구하여 직접 행동을 생각하는 것이 주안점이다.

**그림 9-4** 각국의 브랜드 워크숍

이 워크숍의 주최자는 각국 거점 장이며 본사 브랜드팀은 어디까지나 운영 도우미의 위치이다. 그래서 수많은 거점에서 대표가 모든 일정을 참가하며 워크숍의 결과로 나타나는 행동 계획에 대해서도 작성 단계부터 엄격하게 지적하는 등 참가 멤버도 진지하게 생각하여 대표에게 행동을 제안하는 실천적인 활동이 되었다.

여기서 검토된 활동 계획은 더욱 치밀해져서 글로벌 회의 GEC에서 각국 최고경영자가 직접 발표하고 행동을 선언한다. 본사에서는 그 실행을 순서대로 관리하지 않고 행동의 관리, 실행은 각국에 맡긴다. 각국에서는 각자 브랜드 위원회 등을 만들어 자율적으로 PDCA 사이클을 반복 실행하는 구조를 구축하며 전 세계적으로 사업에 브랜드 시점을 반영시키는 것이 정착되었다.



### ② 본사 사업부를 통한 중기 경영 계획의 브랜드 시점에서의 활동 검토

브랜드를 중점 과제로 삼은 기업은 많지만 모든 사업에 계획 수준으로 브랜드 시점을 반영시킬 정도까지 뛰어든 사례는 적다. 야마하 모터는 그것을 실천하는 보기 드문 사례다. 이 회사는 전 중기 경영 계획(2016~2018년)에서 '브랜드 가치 향상을 최고의 목표로 삼는다'고 정하고 기반 구축을 진행하며 현 중기 경영 계획(2019~2021년)에서는 좀 더 파고들어서 브랜드 시점에서의 활동을 모든 사업에 반영시키도록 설계했다. 활동 자체는 앞으로 실행되어 가겠지만 사업과 브랜드가 일체화하여 활동하는 구조를 간접 부서도 포함해서 실제로 만들었다는 점은 중요하다.

**③ 브랜드 위원회에서 글로벌 공통의 전략, 업무 검토**

경영 자문 기관으로 간주되어 매달 한 번씩 열리는 브랜드 위원회는 글로벌 과제에 대해 논의하며 해결책을 검토하는 자리다. 그곳에서는 야마하 브랜드를 '단속하는' 것이 아니라 어떻게 '활성화'할 것인가라는 명제로 활발한 논의가 진행된다. 글로벌에서의 목표 설정, 브랜드 강화 접근법, 이를 위한 글로벌 공통 업무 등이 검토, 결정된다.

야마하 모터의 독자적 자율형 브랜드 매니지먼트 스타일 "자율적 브랜딩Autonomous Branding™"(그림 9-5)도 여기서 만들어졌다. 이것은 사업과 거점을 활성화하는 수법으로 고안되었다. 사업의 다양성을 존중하고 사업/거점의 활동을 활성화하며 전 세계적으로 통일되는 것을 목표로 하는 브랜딩 접근법이다.

본사는 '야마하다움'을 내재화시켜서 각 사업, 거점의 활동을 활성화하는 틀과 도구 등을 제공하는 역할을 담당한다. 각 사업, 거점은 스스로 판단해서 그것을 선택, 활용하고 자율적인 브랜딩을 추진해 나가는 것을 목표로 한다.

"자율적 브랜딩Autonomous Branding™"을 촉진하는 콘텐츠로 사내용 글로벌 브랜드 사이트, 브랜드북, 브랜드 비디오 등 다양한 것이 만들어졌다. 2017년에 시작된 '야마하의 날Yamaha Day'도 그중 하나다. 전 세계에서 야마하 모터의 창립기념일을 축하하기 위해 시작된 이 날은 현재 야마하 주식회사와 공동으로 전 세계 임직원이 야마하 브랜드에 대해 생각하고 상상하는 날이 되었다. 임직원의 브랜드 의식 향상을 전 세계적으로 추진하는 것이 원래의 목적이지만, SNS 등을 통해 사외로도 확산되는 활동으로 성장하기 시작했다. 본사로서는 그 시스템, 동영상, 로고, 스티커 등을 제공하는데 대응 자체는 각국 거점에 자유롭게 맡겨서 다양하고 개성 있는 기획이 전개되고 있다(그림 9-6).

브랜드 가치 향상을 위해 회사가 협동하는 '합동 브랜드 위원회'도 실시하고 있다. 또한, 야나기와 야마하 주식회사의 사장 나카타 다쿠야Nakata Takuya는 브랜드를 주제로 대담을 나누고 양쪽 사내보에 등장했다. 또한, 글로벌 현장에서도 한층 더 협동해서 사회 공헌 활동과 광고 활동을 실시할 정도로까지 깊이 제휴하고 있다.

**그림 9-5** 자율적 브랜딩

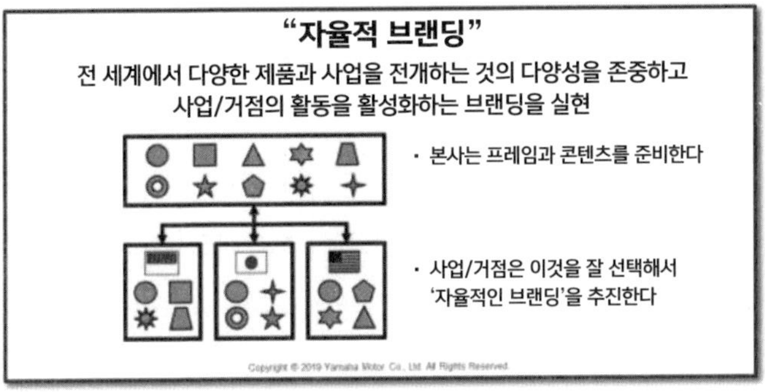


**그림 9-6** 야마하의 날

### ④ 지속적인 정착을 위해서 실시한 사내 내재화 활동

차기 중기 경영 계획 책정에 브랜드 시점을 반영시키는 밑바탕을 만들기 위해 부사장 이하 그룹 리더 이상의 임직원을 대상으로 반나절 동안 브랜드 연수를 실시한다. 또한, 인사부가 주최하는 신입사원 및 신임 간부직 등 계층별 연수 주제 중에도 반나절 일정의 브랜드 연수가 필수 항목으로 편성되어 있다. 또한, 각 사업부서가 실시하는 글로벌 회의 중에도 30~60분 브랜드 파트가 반영되어 야마하 모터 그룹이 추진하는 브랜딩을 설명하고 이해도를 높이는 활동을 실시하고 있다.

여러 계층별로 연수가 진행되어 브랜딩을 하는 이유가 무엇이며 야마하의 브랜딩은 자기 부서와 본인이 무엇을 해야 하는지 이해시켜서 자율적으로 활동할 수 있게 시스템화했다.

## 3
## 착실하게 계속 성장하는 야마하

2013년에 브랜드 슬로건 '고객의 마음을 사로잡기'를 책정한 이후 글로벌에서의 이상적인 브랜딩을 모색하며 그 내재화를 위해 착실히 준비해 왔다.

이 장에서 소개한 활동은 주로 사내용 내재화 활동을 중심으로 한 내부 반영 단계 부분이다. 글로벌 평균으로 80퍼센트 이상을 넘는 등 원래 높은 차원에 있던 기업에 대한 자부심을 에너지의 원천으로 삼아 어떻게 야마하답게 실현할 것인지 명확해져서 전 세계적으로 임직원, 딜러에게 깊이 내재화하기 시작했다. 또한, 야마하 모터도 경영 참고 수치로 설정한 브랜드 가치(야마하 주식회사와의 합산 수치)는 2015~2019년의 5년 동안 63퍼센트가 증가했으며 해마다 착실히 성장하고 있다(그림 9-7). 이는 브랜드 경영이 사업을 이끌어 가는 증거라고 할 수 있지 않을까?

본격적인 대외적 활동은 이제부터 시작이겠지만 브랜드를 경영으로 생각하는 사상과 구조가 구축된 현재, 세계 각국의 현장에서 고객 최적화를 목표로 한 개성 있는 다양한 활동이 실시되는 것은 쉽게 상상할 수 있다. 야마하 모터가 어떻게 감동 창조 기업을 구현하고 개성 있는 제품과 사업 활동을 통해서 우리의 마음을 두근거리게 하는지 기대해 보겠다.

**그림 9-7** 야마하의 브랜드 가치 추이(Best Japan Brands 2015-2019)
2015년→2019년, 야마하(+63%)는 톱30 평균(+24%)을 웃도는 성장

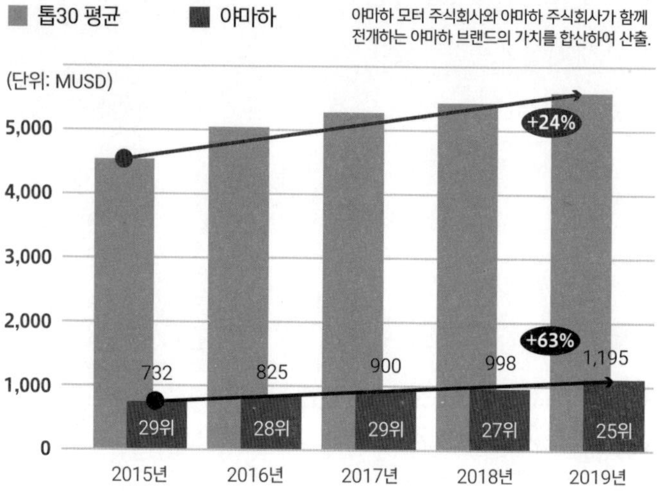

## | 브랜드 관계자와의 인터뷰 |

야마하 모터 주식회사
집행 임원 디자인 본부장 브랜드 위원회 위원장
**나가야 아키히로**Nagaya Akihiro

◇◇◇◇◇◇◇◇◇◇◇◇◇◇◇◇◇◇◇◇◇◇◇◇

### 브랜딩을 착실히 계획하고 실천하는 것의 원동력이 된 것은 무엇입니까?

우선 브랜드에 대해 이렇게까지 대응하게 된 계기는 선인이 구축한 브랜드를 망가뜨리는 것이 아닐까 하는 위기의식을 느꼈기 때문입니다. 확실히 커다란 자산을 계승했는데 그것을 잘 활용하고 발전시키지 못하는 현상에 대해 야나기 회장을 비롯한 최고경영자의 초조함이 매우 컸어요. 그게 브랜딩의 원동력이 되었다고 생각합니다. 하지만 야마하 모터의 브랜딩은 아직 목표를 이루지 못해서 성공이라고 부를 수 있는 차원은 아니라고 봅니다.

**본사 및 각국 브랜드 리더의 참여를 강화하기 위해서 고안한 것은 무엇입니까?**

단적으로 말하자면 초기에 KPI를 설정해서 수익을 쉽게 파악할 수 있는 구조로 만들었습니다. 인터브랜드의 BSS를 도입하거나 컨설팅을 의뢰하여 야마하 모터로서 공통의 목적을 규정하고 이른 단계에서 숫자를 나타내 실천한 것이 효과를 봤습니다. 또 각국 거점의 워크숍도 들 수 있지요. 그것이 성공 요인이라고 단언할 수 없지만, 단기간에 모든 사람의 마음이 하나가 된 것은 실감했습니다. 워크숍을 통해서 최고경영자를 포함한 브랜드 리더의 참여를 매우 강력하게 파고든 점도 큰 성과였습니다.

당초에는 브랜드에 대한 지식이 전무한 사람이 꽤 많았지만 지금은 매우 수준 높은 논의를 할 수 있게 되었습니다. 아직 BSS의 사내 지표는 개선할 여지가 있지만, 경영진의 브랜드에 대한 참여는 높아졌습니다. 평가가 수치로 나와서 다른 곳의 사업이나 거점과 비교할 수 있습니다. 야마하 모터의 경우, 비교당하면 지고 싶지 않다는 오기가 생겨서 하는 경우가 많았는데 그것도 좋게 작용한 듯합니다.

## 귀사의 독자적인 자율적 브랜딩 발상은 매우 독특하군요?

제가 브랜드 위원회의 위원장에 취임했을 때 최고경영자가 '단속하는 것이 아니라 활성화하는 브랜딩을 해 달라'고 요청했습니다. 저는 렉서스에서도 브랜딩을 담당한 경험이 있는데 그때의 방식과는 완전히 달라야 한다고 생각했습니다. 렉서스는 톱다운 형을 중심으로 하는 '서양적' 브랜딩이었기 때문입니다. 그에 비해 야마하 모터는 수평적인 연계를 매우 소중히 하는 기업입니다. 그래서 렉서스와는 다른 '동양적'인 독자적 방식으로 접근할 수 없을까 생각했습니다.

그렇게 탄생한 것이 '자율형'입니다. 중요한 점은 서식 하나로 전부 맞추는 것이 아니라 자율적인 커스터마이징 Customizing(생산업체나 수공업자가 고객의 요구에 따라 제품을 만들어 주는 일종의 맞춤 제작 서비스)을 전제로 한다는 점입니다. 가장 좋은 형태의 공식을 찾는 것이 아니라 사회의 움직임과 사람들의 생각, 회사 상태 등 더욱 다양화한 것에 맞춰 현장에서 자율적으로 커스터마이징하는 것이 중요하다고 봅니다.

**자율적인 커스터마이징을 위한 기준과 규칙이 설정되어 있습니까?**

어디까지 공통화하고 제한할 수 있는가 하는 점은 우리도 실험하는 중인데, 한 가지 확실한 것은 본사가 입법해서 그것을 단속하면 안된다는 것입니다. 브랜드 헌장이나 브랜드 포맷을 만들어 관리 및 확인하는 '브랜드 폴리스'와 같은 스타일이 되면 현장은 본사에서 답을 줄 때까지 움직이지 않게 되고 강요하기만 하면 반대로 남의 일로 생각해서 아무것도 하지 않게 됩니다. 브랜드 위원회 위원장으로서의 사명은 활성화하는 것인데 정반대로 현장은 의기소침해서 자기 일로 브랜딩을 하지 않게 되지요. 이를 해결하기 위해 본사는 뭔가를 제안하면 좋겠다고 생각했습니다. 법률을 만드는 것이 아니라 부품이나 기능을 만드는 등 현장에서 쓸 수 있는 무기를 만들어서 '마음대로 사용하라'며 부여하는 식으로 전환했습니다. 그렇게 하면 편리하기에 기꺼이 사용합니다. 자신들이 직접 커스터마이징하고 싶은 것이죠. 그리고 워크숍을 하거나 BSS 분석 결과를 줘서 하나씩 무기를 늘리고, 또 다른 거점의 대처를 서로에게 보이는 시스템으로 만들었습니다. 이는 다른 상황을 볼 수 있어서 한층 더 기대가 높아지는 결과를 가져왔습니다. 이는 인간의 진리 중 하나이며 그 점이 자율성의 근거라고 생각합니다.

## 자율적 브랜딩이 성립하게 만드는 비결은 무엇입니까?

이 생각을 성립시키려면 개발의 윗선이 처음부터 전 세계 임직원이나 관계자 마인드의 깊은 부분에 브랜드의 가치관을 어떻게 내재화시키느냐가 중요합니다. 바꿔 말하자면 모든 임직원에게 자신이 직접 브랜드와 관련되어 있다는 인식을 심어주어야 합니다. '브랜드의 가치관을 구현화하려면 어떻게 해야 하는가?'라고 개인적으로 생각하는 상태로 반영시킬 수 있다면 그것이야말로 진정한 브랜딩이 아닐까요? 그런 상태를 실현하기 위해서 앞으로도 브랜딩을 강화해 나가고 싶습니다.

# 10 B.리그 B.LEAGUE

브랜드의 핵심을 이루는 방침을 통해
현실과 디지털을 연결하여 새로운
브랜드 가치를 창조하다

B.LEAGUE

1 B.리그 설립 전야 / 일본 농구를 둘러싼 과제와 기회

2 B.리그 시작 / 사업과 브랜드의 기반 구축

3 B.리그 개막 / 브랜드의 실천과 성과

| 브랜드 관계자와의 인터뷰 |

## 1

# B.리그 설립 전야 / 일본 농구를 둘러싼 과제와 기회

◇◇◇◇◇◇◇◇◇◇◇◇◇◇◇◇◇◇◇◇◇◇◇◇◇◇

지금까지 9가지의 다양한 브랜딩 사례를 살펴봤는데 마지막으로 일본 프로 농구 리그 'B.리그'의 사례를 소개하겠다. '우리 회사는 B to B라서 농구 사례는 참고가 되지 않는다', 'B to C로 일반 소비자를 상대로 하는 비즈니스를 하고는 있지만, 우리 회사와는 시장이나 경쟁 환경이 너무 다르다'라고 생각하는 사람도 있을 수 있다. 하지만 당시 불가능하다고 생각되던 짧은 시간 동안 새 리그가 시작되고 개막 직후부터 눈부시게 성장한 원동력이 된 것은 관계자를 비롯한 기업 이해관계자 사이에서 확실히 공유된 명확한 비전이다. 또 그것을 실체화하는 온라인, 오프라인의 전략적인 업무 수행과 구조의 구축과 다양한 활동을 통합, 추진하는 리더십, 프로젝트팀 멤버의 열정, 활동 자체다. 그런 것은 브랜드의 힘에 따른다고 해도 과언이 아니다. 또한, 모든 업계의 브랜딩에서 배워야 할 점이 많은 사례라고 할 수 있다. 그 브랜딩은 어떤 것이었는지 순서대로 살펴보겠다.

### (1) 암초에 걸린 일본 농구계

'농구, 국제시합 금지/리그 통합 부진' 2014년 11월 27일 자 니혼게이자이신문 조간에 실린 이 충격적인 뉴스를 기억하는 사람도 있을 것이다. 당시 일본의 농구계는 한창 혼란한 시기였다.

1967년에 발족된 일본 농구 협회JBA, 일본 실업단 농구연맹이 주최하는 '전국 실업단 농구 리그'는 30주년을 앞에 둔 1996년 농구 일본 리그 기구JBL(2013년부터 기업 팀을 주체로 하는 내셔널 농구 리그NBL로 변경)가 운영하는 형태로 변경되었다. 미래의 프로 리그화가 그 목적이었다. 그 후 프로 리그화를 위한 검토가 시작되었지만, 논의는 지지부진했고 결국 2005년 프로 리그 추진파가 JBL에서 탈퇴, 독립하여 일본 프로 농구 리그(bj 리그)를 발족하는 사태에 이르렀다. 이 결과 일본 농구계는 일본 대표 리그를 주장하는 두 단체가 동시에 존재하는 이른바 분열 상태가 되었다. 또한, 이 사태는 그때까지의 과정에서 두 리그 간의 생각 차이를 둘러싼 대립, 경기 후퇴에 따른 기업 팀의 휴식, 해체 등이 가져온 운영 및 자금 면에서의 문제, 전체를 총괄하는 JBA의 무른 관리 등 여러 과제가 드러난 결과이기도 했다.

세계적으로 농구의 보급, 강화 관점에서 이러한 움직임을 문제로 삼은 국제 농구 연맹FIBA은 2008년에 JBA에 이러한 혼란을 수습하고 일본에서도 1국가 1리그로 규정할 것을 요구했다.

하지만 JBA는 리그 개혁과 '1리그화'에 대해 그 후에도 명확한 방도를 찾지 못했다. 결국에는 서두에서 소개한 기사의 처분, 즉 2016년 리우데자네이루 올림픽이 개최되기 2년 전 단계에서 그 예선도 포함하여 남자, 여자, 모든 세대를 통틀어 농구 일본 대표의 국제시합 참가 자격이 정지된다는 전대미문의 이상한 사태를 초래했다.

### (2) 잠재력이 큰 농구 시장

#### ① 스포츠 시장 전체에서 보는 시점

이처럼 달리 유례를 볼 수 없는 어려움에 직면한 농구계는 시장의 관점에서 보면 어땠을까? 일본의 대표적인 프로 스포츠 리그로는 야구와 축구를 들 수 있다. 여기서는 1993년에 J리그가 개막한 축구와 농구 두 시장에 대해서 B.리그가 개막한 해인 2016년 시점에서의 경기자 수, 관전 의향자 수, 시합 관전자 수, 사업 규모로 비교해 보겠다(그림 10-1).

두 리그를 비교하면 경기자 등록 수에서는 농구가 축구의 약 60퍼센트를 넘고, 관전 의향자 수도 50퍼센트에 조금 못 미치는 수준인 것에 비해 시합 입장자 수, 사업 규모에서는 전부 축구의 10퍼센트 정도로 큰 격차가 생겼다. 여기에는 현재 상황의 각 경기장, 아레나의 수용 규모 등 물리적인 조건에 따라 영향을 받는 부분이 조금은 있지만, 세계 수준에서는 축구의 2.6억 명을 넘어서 4.5억 명의 경기자 인구가 있는 세계에서 가장 흥행한 스포츠인 농구의 잠재력이 일본에서는 사업화라는 관점에서 아직 다 활용하지 못한 점, 사업으로서 성장할 수 있는 여지가 크다는 점을 알 수 있다.

**그림 10-1** B.리그 발족 년도의 각 경기자 수, 관전 의향자 수, 시합 관전자 수, 사업 규모의 비교

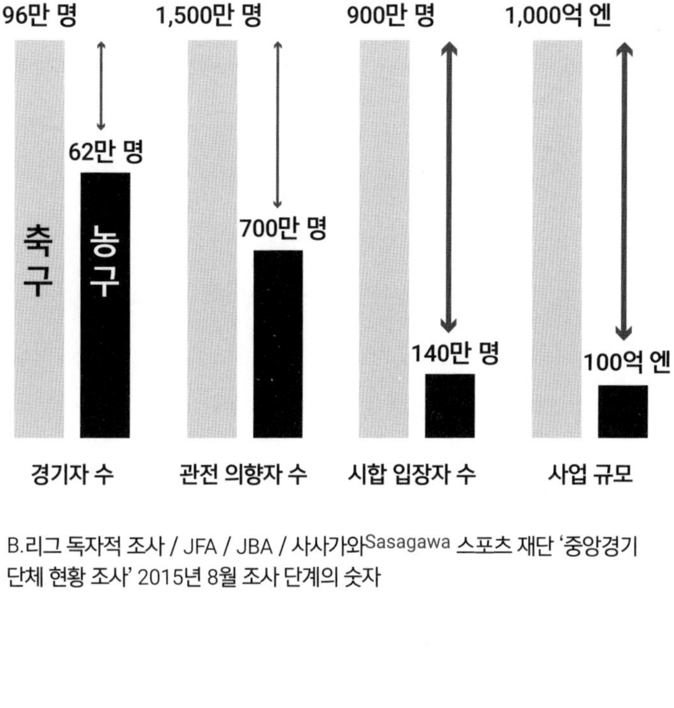


B.리그 독자적 조사 / JFA / JBA / 사사가와Sasagawa 스포츠 재단 '중앙경기단체 현황 조사' 2015년 8월 조사 단계의 숫자

### ② 대상에서 보는 시점

그다음으로 농구의 경기자 및 시합 입장자 특성에서 대상의 속성과 가능성에 대해 살펴보겠다.

세계에서 가장 흥행한 스포츠인 농구의 큰 특징 중 하나로 경기자의 남녀 비, 높은 여성 비율을 들 수 있다. 예를 들면 축구의 경우 경기자 등록 인구의 남녀 비는 97:3으로 남성이 압도적으로 많은 상황(일본 축구 협회 2018년도 발표 등록 선수 수)인 것에 비해 농구는 58:42(일본 농구협회 2018년도 경기자 등록 수)로 여성이 절반 가까이 차지한다. 이 경향은 시합 관전자의 속성에서도 마찬가지라서 축구 관전자의 남녀 비가 62:38(J리그 경기장 관전자 조사 2018 요약 보고서)인 것에 비해 농구는 49:51(B.리그 2018-19시즌 B.리그 티켓 구입자)이었다.

스포츠 종류를 불문하고 그 사업 기반을 구축해서 더 큰 성장을 가져오는 가장 중요한 요소는 당연히 입장자 수, 팬 확보다. 프로 야구라면 히로시마 도요 카프Hiroshima Toyo Carp의 '카프 여성'이나 후쿠오카 소프트뱅크 호크스Fukuoka Softbank Hawks의 '다카(鷹, 매)걸'로 상징되듯이 오랫동안 남성이 대부분을 차지한 관객 구성에서 전환을 도모하여 여성 팬 확보를 위한 대응을 적극적으로 실시하고 있다. 하지만 농구에서는 이런 업무가 필요 없어도 여성의 친화성이 높은 점이 시장을 확대하는 데 중요한 비결 중 하나다.

또한, 농구의 또 다른 큰 특징으로 젊은 세대의 관여가 큰 점을 들 수 있다. B.리그의 조사에 따르면 티켓 구입자의 세대별 분량에서 가장 많은 비중을 차지하는 것은 40대가 33퍼센트인데, 그 뒤를 이어 30대 28퍼센트, 20대 18퍼센트로, 여기에 10대를 더한 10~30대의 합계에서는 약 50퍼센트다(B.리그 2018-19시즌 B.리그 티켓 구입자). 이는 축구에서 가장 많은 세대가 40대 27퍼센트, 그다음으로 50대 20퍼센트(J리그 경기장 관전자 조사 2018 요약 보고서)인 것과는 대조적으로 10~30대의 합계에서 농구가 약 10퍼센트나 더 많다. 이것은 브랜딩 전략, 시장 전략을 생각할 때 또 하나의 큰 포인트다(그림 10-2).

**그림 10-2** 두 리그의 관전자 / 티켓 구입자 세대 분포

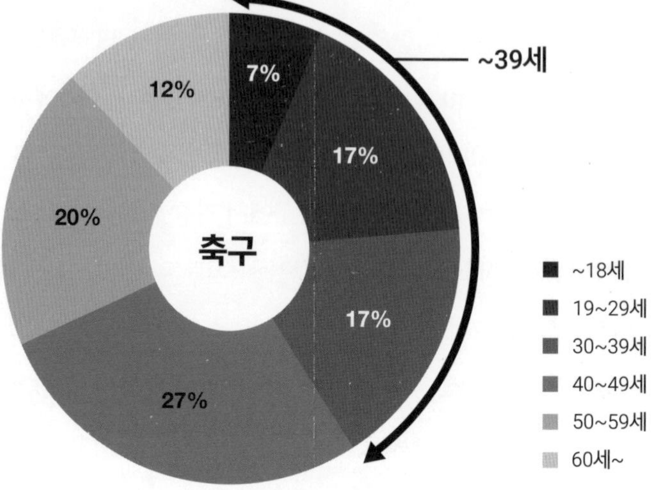


(J리그 경기장 관전자 조사 2018 요약 보고서)

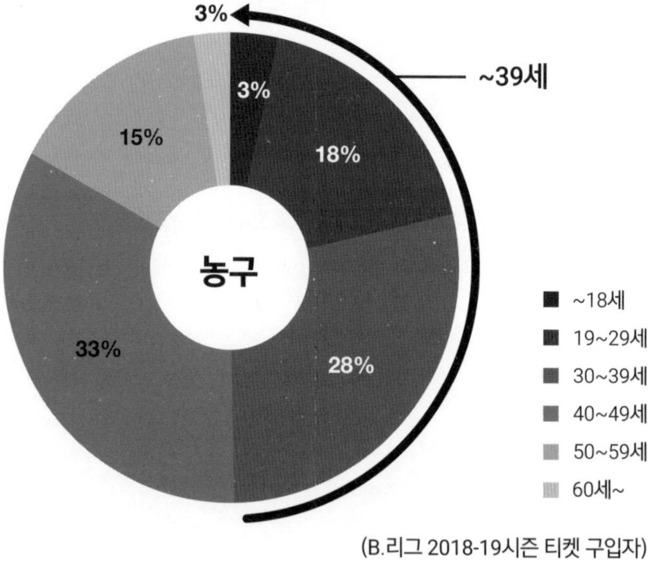


(B.리그 2018-19시즌 티켓 구입자)

## 2
# B.리그 시작 / 사업과 브랜드의 기반 구축

◇◇◇◇◇◇◇◇◇◇◇◇◇◇◇◇◇◇◇◇◇◇◇◇

### (1) 대책 위원회 설립과 B.리그의 시작

시장으로서 큰 잠재력을 보유하는 한편 조직으로서는 기능 부전에 빠진 일본 농구계는 2014년 제재에 이어 2015년 1월에는 FIBA의 '일본 2024 태스크 포스JAPAN 2024 TASK FORCE' 설립이라는 외압으로 일본 대표의 강화 체제 확립을 실현하는 조직 개혁을 꾀하며 단순한 두 리그의 통합이 아닌 완전히 새로운 리그를 설립하기 위해 움직이기 시작했다.

10년 후의 일본 농구의 이상적인 모습을 생각해서 공유한다는 장기적인 비전을 갖고 2020년 도쿄 올림픽, 패럴림픽은 물론 그 후의 2024년 파리 올림픽에서도 계속 일본 대표가 활약하는 것을 목표로 태스크 포스(대책 위원회)가 설립됐다. 회장으로 취임한 사람은 당시 일본 축구협회JFA 최고 고문(현 상담역)이었던 가와부치 사부로Kawabuchi Saburo(이하: 가와부치)다. J리그를 설립한 주역이자 축구인으로 유명한 가와부치의 기용은 사회적으로 놀라운 이슈였다. 그 후 JBA 회장, 2015년 4월에 설립된 새 리그 운영 모체인 일반사단법인 재팬 프로페셔널 바스켓볼 리그JPBL의 초대 회장(이사장)도 겸임하는 상황에서 발휘된 강력한 리더십은 그야말로 이 개혁, 브랜딩 활동을 추진하는 데 반드시 필요한 존재였다.

대책 위원회에서의 집중적인 논의에 따라 협회, 리그 개혁의 실마리가 보이고, 같은 해 6월에는 FIBA의 제재가 실질적으로 풀려서 새 리그 설립을 위해 본격적으로 준비하기 시작했다.

2015년 9월 새 리그 명칭은 약 100가지 안건 중에서 'B.리그'로 결정됐다. 바스켓볼의 'B'가 상징적으로 표현되어 be 동사처럼 무한한 가능성을 느끼게 하는 것에 더해 상표의 관점 등도 포인트가 되었다. 브랜드 로고도 농구의 인원수인 5와 관련지은 오각형으로 미래에 대한 가능성을 상징하고 용기와 자신감, 젊음을 표현한 디자인으로 결정했다.

리그는 그로부터 불과 1년 후인 2016년 9월에 개막했다. 가와부치의 주도로 모인 현 회장인 오카와 마사아키Okawa Masaaki를 필두로 사무국 멤버를 중심으로 한 관계자들은 그야말로 전속력을 내서 활동하게 되었다. 이제부터 어떻게 사업과 브랜드 기반 만들기를 추진했는지 살펴보겠다.

### (2) 비전의 명확화: 무엇을 목표로 할 것인가

기업 활동에서도 당연하지만, 스포츠 사업에서도 자신들은 무엇을 목표로 할 것인가, 무엇을 실현하기 위해서 활동할 것인가, 존재 의의는 무엇인가 등을 명확히 하는 것이 브랜드를 구축하는 데 있어서 중요한 것은 변함없다. 하물며 조직으로서의 과제를 떠맡은 상태에서 브랜드를 구축할 경우에는 더욱더 중요하다. 새 리그 설립을 위해서 JPBL은 농구를 국민적인 스포츠로 만들기 위한 세 가지 미션을 내걸었다.

**미션 1: 세계에서 통하는 선수와 팀 배출**

날마다 절차탁마하는 장소를 만들어 세계에서 통하는 선수와 팀을 배출하는 것이 B.리그의 사명이며 일본의 농구 경기력 수준을 끌어올려서 경기 인구의 저변을 확대한다.

**미션 2: 엔터테인먼트성 추구**

철저히 엔터테인먼트성을 추구한다. 이기든 지든 경기를 보러 가서 즐거웠다고 말하게 할 수 있는 엔터테인먼트성을 중시해서 연출한다.

**미션 3: 꿈의 아레나 실현**

체육관이 아니라 비일상 공간을 마음껏 즐길 수 있는 꿈의 '아레나Arena(경기장)'를 만들어 지역에 뿌리내린 스포츠클럽이 된다. 경기뿐만 아니라 스포츠를 통해서 인생을 즐길 수 있는 환경을 제공하여 B.리그의 분위기를 띄운다.

이 미션은 그림의 떡처럼 이루지 못하는 것이 아니며 개념적, 추상적이지도 않다. 구체성이 있어서 협회, 리그, 팀, 선수가 하나가 되어 공유하고 노력하며 실천하면 장래에 달성할 수 있다는 것이 중요한 포인트다.

### (3) 사업 방침 설정: 이를 실현하기 위해 무엇을 할 것인가

위에서 설명한 이념을 실현해서 사명을 완수하기 위해 필요한 것은 무엇인가? 농구계뿐만 아니라 일본 스포츠계가 글로벌과 비교해서 뒤떨어지는 요소, 본질적으로 부족한 요소는 무엇인가? 협회, 리그 모두 완전히 새로 만들어야 하는 상황에서 프로 스포츠 리그 운영 선진국인 미국을 통해 배우고 이끌어 낸 사업 방침은 다음과 같다.

#### ① 디지털 마케팅 추진: 리그 통합 데이터베이스 구축

프로 야구계에서는 고객 데이터를 각 팀이 개별적으로 관리한다. 그래서 고객 단위로 본 경우 티켓 구입에서부터 경기장에서의 음식, 물품 구입에 이르는 구입 내역이나 똑같은 고객이 다른 팀 경기도 보러 갔는가, 일 년에 몇 번이나 관전하고 어느 정도의 금액을 사용하는가 등의 데이터를 파악하는 기술이 없다. 이른바 CRM(고객관계관리)을 실천하지 못하는 상황이 되었다고 한다. B.리그에서는 데이터 관리에 대해 팀의 장벽을 없애고 리그 통합 데이터베이스인 데이터 매니지먼트 플랫폼Data Management Platform(DMP)을 구축했다. 고객이 로그인 ID 하나로 B1(상위 리그), B2(하위 리그) 총 36개 팀의 모든 서비스를 받을 수 있도록 데이터 관리 일원화를 실현했다. 이 데이터베이스로 다양한 마케팅 업무를 효과적으로 전개할 수 있게 되었다.

### ② 권익 통합: 사업회사 B.마케팅 설립



미국 메이저리그MLB의 2018년 수익이 103억 달러(약 1조 1,100억 엔)를 기록했다고 2019년 1월 미국 경제지 포브스Forbes가 보도했다. 일본 야구기구NPB의 수익(각 구단 합산)이 1,800억 엔 정도인 것과 비교하면 확실히 월등한 차이가 나는 스케일이다. 하지만 1990년대 초반 두 리그의 수익은 1,500억 엔 정도로 거의 비슷한 수준이었다고 한다. NPB에 크게 차이를 벌리며 MLB가 이 정도로 큰 성장을 가능케 한 것은 바로 '권익 통합'에 있었다.

MLB는 1994년 선수회 파업을 계기로 리그 권한의 강화에 착수하여 그전까지 각 팀이 개별적으로 대응한 TV 방영권 협상 및 스폰서십, 티켓 판매, 웹 사이트 개발, 운영 등 다양한 마케팅 활동을 리그로서 일괄 통합해서 취급하여 가치의 최대화와 시장 규모를 확대했다.

B.리그도 이러한 형태를 목표로 해서 사업회사 B.마케팅 B.MARKETING을 신설했다. 이곳에서도 팀의 장벽을 없애서 JBA와 B.리그의 법인 권한 가치 최대화와 여러 단체에 관한 권리 및 수익 사업 집약에 따른 의사 결정, 고객 대응력 신속화를 도모하기로 했다.

### (4) 타깃의 명확화: 누구에게 접근할 것인가



앞에서 설명했듯이 농구 시장은 특히 젊은 세대, 여성층을 중심으로 한 700만 명으로 추정되는 잠재적 팬층을 보유해서 아직 잠재력이 남아 있다. 하지만 한정된 마케팅 예산을 어떤 대상에게 투자해야 시장 확대를 효과적이고 효율적으로 이뤄낼 수 있을까? 이것을 검토하기 위해 B.리그는 농구 관전 의향자에게 인터뷰를 실시하여 그 특성(페르소나)인 다섯 가지 특징을 'SAMIT'로 정의했다. 이 SAMIT는 다음의 각 키워드 머리글자를 따온 것이다.

**S**ociability & **S**tylish(사회성 & 스타일리쉬): 1인 관전형이 아니라 집단 관전형이며 유행을 따르는 것을 좋아한다.

**A**ctive(활동적인): 집에 있는 것보다도 밖에서 활동하는 것을 좋아한다.

**M**obile/**M**agazine First(모바일/잡지): TV나 PC가 아니라 스마트폰이나 잡지로 정보를 수집한다.

**I**nfluencer & **T**rend(인플루언서 & 추세): 적극적이며 유행에 민감하다.

이렇게 주력해야 할 대상을 명확히 해서 시간적으로나 예산적으로도 한정된 상황에서 좀 더 초점을 맞춘 마케팅 활동을 실천할 수 있게 되었다.

### (5) 'B.리그다움'의 정의: 어떻게 할 것인가

#### ① 태그라인 "경계를 깨부수기"

요즘 기업의 사업 성장 면에서도 시장이나 경쟁 회사, 소비자를 둘러싼 환경의 극적이고 급속한 변화에서 기존의 연장선상이 아니라 '비연속적인 성장'을 생각해야 살아남을 수 있는 시대가 되었다.

B.리그가 처한 상황은 내용적, 시간적으로 확실히 파괴적인 사고방식이 필요했기에 그 생각을 담은 태그라인으로 '경계를 깨부수기BREAK THE BORDER'가 개발되었다. 여기에는 기득 가치와 업계의 상식, 이전까지의 얽매임 등 눈이 보이지 않는 벽과 경계를 없애서 뛰어넘는 동시에 농구라는 스포츠가 가진 가능

성을 무한히 확장하여 늘 성장하는 리그를 만들겠다는 강한 의지가 나타나 있다.

실제로 앞에서 설명했듯이 일본 프로 스포츠 최초로 많은 일을 하는 등 B.리그의 모든 활동이 태그라인을 구체적으로 나타냈다. 그것은 브랜드의 방침이 협회, 리그, 팀 관계자는 물론 리그 운영에 관여하는 파트너 사이에서도 공유되어 사업 활동 지침으로 확실히 뿌리내린 증거라고 할 수 있겠다. 또한, 바스켓볼의 B를 고집한 슬로건 개발도 B.리그에 뚜렷한 특징을 부여했다.



### ② 브랜드의 세계관 규정

B.리그가 생각하는 새로운 농구는 어떤 기준으로 판단하며 그것을 목표로 할 때 어떻게 시각화, 언어화할 것인가? 다양한 접점에서의 활동 속에서 이런 표현 지침을 책정하는 것은 그 브랜드다움을 구축하는 데 매우 효과적이며 중요하다. B.리그는 그 존재를 단순히 농구의 보급, 발전에 그치지 않고 사람들의 인생과 사회를 더 좋게 바꿀 수 있는 잠재력을 지닌 사람들의 기대감을 양성하는 것으로 설정했다. 그리고 그 표현의 방향성으로 '쿨Cool', '스타일리쉬Stylish', '혁신'이라는 3요소를 규정했다.

또한, 로고 마크를 포함한 브랜드 기본 요소의 각종 규정에 포토 스타일 규정을 포함한 'B.리그 크리에이티브 가이드라인B.

LEAGUE CREATIVE GUIDELINE'을 개발했다. 제작에 관여하는 관계자끼리 공유해서 이상적인 표현의 방향성을 위한 일관성 있는 크리에이티브 표현을 추진했다(그림 10-3).

브랜드 기반 만들기는 사업 기반 만들기와도 같다. B.리그의 경우 전제에 있었던 조직 상황, 시간적 제약이라는 조건이 상황을 더욱 가속하는 측면은 있었다. 하지만 리그 안팎의 수많은 기업 이해관계자를 하나로 결속해서 새로운 생각에 대한 공감을 얻고 이상적인 방향으로 함께 나아갈 때 이러한 기반을 어떻게 명확하고 확실하게 만들 수 있느냐가 매우 중요해졌다.



## 3
## B.리그 개막 / 브랜드의 실천과 성과

B.리그로서의 브랜드 위치, 생각, 표현의 방향성이 명확해졌으며, 병행해서 준비된 다양한 사업 틀의 정비를 거쳐서 드디어 2016년에 개막했다. 여기서는 구축된 브랜드의 기반이 어떻게

**그림 10-3** 'B.리그 크리에이티브 가이드라인'으로 일관성 있는 표현 추진

구체적인 전략으로 반영, 실천되었으며 성과를 올렸는지 그 주된 활동부터 살펴보겠다.

### (1) 리그 개막전

2016년 9월 22일 B.리그는 관중으로 꽉 들어찬 국립 요요기 경기장 1 체육관에서 역사적인 개막전을 맞이했다. 태그라인인 '경계를 깨부수기'의 핵심은 B.리그의 다양한 활동 전체에 주입되어 전개되었다. 특히 개막전은 시간, 공간의 측면에서 B.리그의 세계관이 남김없이 표현된 브랜드의 상징적인 이벤트가 되었다.

공식전에서는 세계 최초로 전면 LED 코트에서의 경기 개최, 지금까지의 스포츠 관전에서는 볼 수 없었던 '비일상 공간'을 창출하는 웨어러블 LED 라이트 '프리플로FreeFlow'를 사용해서 고객과 하나가 된 빛을 연출하고 브랜드 앤섬을 제작한 PKCZ® 외에도 아티스트의 세리머니 등으로 브랜드 메시지인 '상식을 파괴하라', '한계를 뛰어넘어라' 자체가 개막전 연출 주제인 '혁신적(Innovative)'이고 '놀라우며(Surprising)' '신나는(Exciting)' 표현으로 결실을 맺었다. 이 개막전은 B.리그 브랜드로서 최고의 팁오프Tipoff(농구 경기의 시작을 알리는 점프볼)가 되었다(그림 10-4).

그중에서도 공식전에서 세계 최초로 전면 LED 코트를 채용한 것은 기술 면을 포함해 여러 가지 어려움을 극복하고 개막전 광고 예산 전체를 쏟아부어 최종적으로 실현한, 이른바 건곤일척의 수법이기도 했다. 경기는 후지TV 전국 지상파, NHK-BS1에서 이원 생중계를 했고 온라인에서도 스포나비라이브(현 바스켓 LIVE), 라인 라이브LINE LIVE에서 방송되었다. 그 반향의 크기는 방송 종료 직후인 21시 정각의 야후 재팬 실시간 검색 순위에서 20개 중 무려 19개가 농구 관련 단어가 차지한 것에도 나타난다.

이 흐름은 B.리그 공식 사이트 접속을 더욱 급증(기존의 10배인 400만 PV)시켜서 같은 날 24시 정각까지 기존보다 두 배 이상으로 티켓이 판매되었다. 개막전에서 인터넷 검색, 구입, 다음 경기 관전이라는 실시간과 디지털의 융합, 하이브리드가 실현된 것은 그 후의 B.리그 마케팅이 나아가야 할 길을 보여주기도 했다.

참고로 후지 TV에서 중계한 이 리그 개막전은 세계 최대 규모의 국제 미디어 콘테스트 2017년 뉴욕 페스티벌에서 그 획기적인 경기장 연출과 신기술을 활용한 방송 기술의 혁신적인 대응이 높이 평가를 받아 제작 디자인, 미술 디렉션 부문에서 동상을 수상했다. 그야말로 경계를 넘은 평가로 이어진 커다란 성과 중 하나다.

그림 10-4 B.리그 개막전

## (2) 디지털 마케팅 전략

### ① SNS 영향력 강화: 리그, 팀, 선수의 미디어화

야구, 축구와 비교하면 기존의 일본에서는 농구에 대한 주목도, 노출도가 압도적으로 적은 환경에 있다. 그런 상황에서 B.리그는 스스로 정보 전달 능력을 갖고 미디어화해야 했다. 그래서 개막 전인 2016년 7월에 B1/B2 총 36팀의 페이스북과 트위터 공식 계정을 개설(공식 인증화)했다. 또한, 각 클럽에 소속 선수 다섯 명 이상에게 트위터 계정을 개설해 정보 전달 능력을 더욱 강화하는 동시에 팀과 선수가 팬에게 더 친근한 존재로 느껴질 수 있는 구조를 만들었다.

중요한 것은 리그 전체의 수익에 따른 각 클럽의 분배금을 결정하는 리그에 대한 공헌도 평가 지표 중 하나로 각 팀의 SNS에서 나타나는 영향력(팔로워 수, 리트윗 수 등)을 추가한 점이다. 팀에게는 SNS에 힘을 주는 것이 팬과 수익 확대로 직결되며 팬에게도 자신의 리트윗이 응원하는 클럽의 분배금 증가로 이어져서 팀을 직접 지지할 수 있다는 독특한 구조가 만들어졌다.

### ② '권하고 싶어지는' 접근 방식



앞에서 대상층에 관한 조사 결과에서 그 특성을 SAMIT으로 정리한 내용을 소개했는데, 이 조사에서 또 하나 대상의 행동에 관한 중요한 포인트를 알 수 있었다. 그것은 처음 농구 경기를 관전한 계기를 물었더니 모두가 '같이 가자고 권해서'였던 점이다. 즉, 잠재 고객에게 경기를 보러 가게 하려면 접점 분석과 ROI Return on investment(투자자본수익률) 관찰 등 정통적인 마케팅 접근 방식보다도 핵심적인 팬이 누군가에게 권하기 쉬운 환경을 만드는 것이 더욱 효과적이라는 뜻이다. 젊은 세대의 핵심적인 팬에게 모바일을 통해서 어떤 정보를 전달하면 다른 누군가에게 알리고 싶어질까? 권하고 싶어질까? 그 콘텐츠와 미디어(SNS)의 활용을 생각하는 데 중요한 시점이 된다. 또한, B.리그의 웹 사이트나 애플리케이션의 UI/UX 설계, 개발도 이러한 시점을 의식해서 진행되고 있다(그림 10-5).

**그림 10-5** B.리그 카드 컬렉션 게임 'B.스마코레'

### ③ 각 SNS의 특성에 맞춘 정보 제공

B.리그에서는 트위터, 인스타그램, 페이스북, 라인의 네 가지 SNS에 중점을 두고 각각의 특성에 맞춰 구분해서 사용하며 정보를 제공한다.

- **트위터: 핵심적인 팬으로부터의 확산**

확산을 노릴 때는 젊은층 사용자가 많은 트위터에서 핵심적인 팬이 공유하거나 누군가에게 전하고 싶어지는 콘텐츠를 만든다. 농구는 다른 스포츠와 비교하면 빠르게 진행되고 활기찬 움직임, 풍부한 득점 장면이라는 특징이 있어서 매력적인 콘텐츠 소재로 충분하다. 콘텐츠 홀더로 경기 영상 제작, 저작을 보유하면 파인 플레이(경기에서 선수가 보여주는 멋지고 훌륭한 기술) 모음이나 덩크슛 영상, 인기 선수의 특집 숏클립 등을 재빨리 편집, 전개할 수 있는 체제가 된 것도 트위터의 특성을 한층 더 높인다(그림 10-6).

**• 인스타그램: 여성의 유입 기회 창출**

여성을 위해서는 인스타그램이 주로 운용된다. 농구 팬뿐만 아니라 B.리그의 존재를 아직 잘 모르는 사람들에게도 정보를 접할 기회가 되도록 패션이나 굿즈Goods(연예인이나 애니메이션 등과 관련해서 특정한 브랜드에서 출시하는 상품), 할로윈이나 크리스마스 등 계절 이벤트 측면에서 게시물을 올리거나 해시태그 등에도 아이디어를 발휘해서 농구 관련이 아닌 외부에서의 유입 기회를 늘리도록 적극적으로 대처하고 있다.

**• 라인, 페이스북: 티켓 구입으로의 전환**

라인과 페이스북은 주로 티켓 구입으로 전환할 때 사용된다. 특히 라인은 푸시 기능으로 이용자에게 직접 정보를 전달할 수 있으며 주로 연락 수단으로 쓰이는 미디어라는 점에서 경기 스케줄 통지나 친구와의 공유를 통한 티켓 구입으로 원활

**그림 10-6** 디지털 콘텐츠

B.리그 공식 트위터

B.리그 스마트폰 티켓 애플리케이션

하게 유도할 수 있도록 접속성을 높이는 아이디어를 마련해 놓았다. 또 페이스북에서도 라이브 전송 등으로 친구와의 양방향 커뮤니케이션에서 쉽게 권할 수 있고 함께 티켓을 구입하기 쉬워지는 콘텐츠 만들기를 의식하고 있다.

### (3) 활동의 성과

이러한 각 SNS의 특성에 맞춘 활용에 더해서 올스타 게임의 SNS 연동 기획 등 수많은 노력으로 대응한 결과 B.리그는 착실히, 급속하게 팬층을 확대했다. B.리그 개막 전인 2016년 NBL과 bj 리그를 합쳐서 13만 명이 안 되던 SNS 팔로워 수가 B.리그 개막 후인 2017년 5월에는 단숨에 그 세 배인 약 40만 명 이상을 기록했으며 또 그 1년 후에는 스포츠계로서는 혁신적인 방법이었던 라인이 후원하는 스탬프를 실시해서 전년의 10배 이상인 460만 명을 돌파했다.

이러한 상승 추세는 당연히 시즌 입장자 수에도 영향을 주어 B1/B2 합계 인원수는 B.리그 첫해인 2016-17시즌에 223.8만 명(전년의 NBL과 bj 리그 합계에서 38.4퍼센트 증가), 2017-18시즌에는 250.2만 명(전년 대비 11.8퍼센트 증가)으로 스포츠업계의 상식을 뒤집는 경이적인 성장을 보였다(B.리그 프로필에서). 한편 최종적인 사업 성과로 B.리그 클럽의 운영 수입은 첫해 149.7억 엔에서 2017-18시즌은 194.9억 엔(전년 대비 30.2퍼센트 증가)을 기록하며(B.리그 2017-18시즌/2017년도 클럽 결산 개요에서) 큰 성장을 이뤘다.

또한, 이 흐름은 B.리그 멤버를 중심으로 구성되는 일본 대표팀을 강력하게 후원하는 형태가 되었다. 2019년 2월 24일 FIBA 농구 월드컵 2019 아시아 지구 2차 예선 최종전에서 승리를 거두며 남자 일본 대표 아카츠키 파이브AKATSUKI FIVE는 일본에서 개최한 2006년 이후 13년 만에, 예선을 통과한 출전으로는 1998년 아테네 대회 이후 실로 21년 만에 FIBA 월드컵 출전을 결정했다. 긴 침체기를 거친 일본 농구계는 날마다 그 밝은 기운을 회복하고 있다.

## | 브랜드 관계자와의 인터뷰 |

공익사단법인 재팬 프로페셔널 바스켓볼 리그
상무이사, 전무국장
**아시하라 가즈마사**Ashihara Kazumasa

◇◇◇◇◇◇◇◇◇◇◇◇◇◇◇◇◇◇◇◇◇◇◇◇

### 어떤 점이 브랜딩의 가장 큰 성공 포인트였습니까?

이번 브랜딩은 아무것도 없는 상태에서 만들어야 하고 시간도 전혀 없었습니다. 설립할 때는 전략이나 다양한 개별 요소를 다루는 방법도 물론 매우 중요하지만 모든 것은 '사람'이 만들어 내는 것입니다. 그런 의미에서는 매우 좋은 멤버가 모였습니다. 성공 포인트는 역시 '사람'과 그곳에서 만들어진 '풍토'에 있었습니다.

당시를 돌이켜 생각해 보면 힘든 상황이었는데도 모두 이상할 정도로 궁지에 몰린 느낌이나 비장감은 없었고 불평불만을 내뱉는 사람도 없었습니다. 해야만 하는 상황이었고 '어떻게든 되겠지'라며 긍정적으로 생각하는 사람이 많았던 것 같습니다. 이런 방향으로 나아갈 수 있었던 것은 당시 가와부치 회장의 존재가 컸습니다.

조직에 다양성은 중요하지만 팀워크나 철학, 근간에 있는 생각을 확실히 공유할 수 있는, 좋은 의미에서 동질화하는 부분이 필요했습니다. 그 위에서 '1년 후를 향해 힘차게 나가자!'라는 풍토가 만들어졌다고 생각합니다.

**설립에서 사업 성장에 이르는 속도가 빨라서 깜짝 놀랐습니다.**

스포츠 사업에 대해서 기존에 생각하던 '일단 보급하면 강화되어 최종적으로 수익이 오른다'라는 사이클로는 절대로 수익이 오르지 않고 사업은 성장할 수 없습니다.

농구뿐만 아니라 협회나 리그 등 일본 스포츠 조직에는 학교 스포츠의 연장으로 보는 관점이 강해서 지금까지 좀처럼 비즈니스나 돈에 관한 이야기를 하기 어려웠다는 점이 그 배경에 있을지도 모릅니다. 그러나 이 사이클을 계속 반복해서 이 정도로 많은 사람에게 보급해도 농구는 오랫동안 올림픽에 출전하지 못했고 프로 야구도 힘과 수익에 특별한 상관관계도 보이지 않았습니다.

그래서 B.리그에 참여하기 전부터 이 사이클을 '먼저 수익을 올리고 그것을 보급, 강화에 활용한다'는 정반대의 흐름으로 바꿔야 한다고 생각했습니다.

이런 흐름은 브랜딩에도 통하는 점이 있는 듯합니다. 각각의 선수나 팀이 저마다 활약해서 결과적으로 전체가 물든다는 것이 아니라 이상적인 방향을 나타내서 전체를 물들이듯이 먼저 수익을 올린다는 생각을 중심으로 바라본 것이 그 후의 사업 태도나 구조를 결정하는 데 중요했다고 느꼈습니다.

## 개개인이 "경계를 깨부수기"를 실천하고 있습니까?

기존 아이덴티티를 파괴하는 것, "경계를 깨부수기BREAK THE BORDER"라는 생각은 원래 사내에서 가와부치와 오카와가 늘 '과거의 연장선상에서 행동하지 마라'라고 한 말을 현대풍으로 심플하고 알기 쉽게 표현한 것입니다. 최종적으로 브랜드의 태그라인으로서 외부로도 전달하게 되었지만, 그 과정에서는 '두 가지를 하나로 만든다', '좀 더 관계를 맺는다', '이기는 것에 주목한다' 등 표현의 측면에서 꽤 논의가 있었습니다. 그런 상황에서 좀 더 우리가 가져야 하는 생각으로서, 소중히 여겨야 할 정신으로서, 기존 아이덴티티를 파괴하고 새로 도전하는 자세를 표현하는 것으로 자리를 잡았습니다.

이 생각을 공유하는 내재화 활동은 시간도 없어서 딱히 행동하지 않았지만, 이 말을 설정하자마자 단번에 사내에

퍼졌습니다. 미팅 등을 할 때 임직원 모두가 계속 '그것은 기존 아이덴티티를 파괴하는 것인가?'라고 논의하며 판단 기준이 되었습니다. 이런 생각이 말로 표현되고 내재화해서 브랜드가 되며 모든 것을 만드는 힘이 되어 최종적으로 성공으로 이어졌다고 생각합니다. 조직 안에서의 브랜드 만들기, 인터널 브랜딩이 중요하다는 것을 이번에 새삼 느꼈습니다.

### 더욱더 진화하려면 무엇이 필요하다고 생각합니까?

벤처 기업이 대기업으로 성장하는 과정에서도 흔히 볼 수 있는데 획기적인 것을 유지하기란 쉽지 않다고 느낍니다. 현재는 막 시작한 상태라서 이념 아래 '쿨', '스타일리시', '혁신'을 확실히 말해야 하는 시기라고 이해하지만, 어느 단계에서 그런 것을 뛰어넘은 새로운 아이덴티티, 가치 형성이 필요해질 때가 올 것입니다. 이를 위해서라도 우리는 무엇 때문에 스포츠 단체와 농구 사업을 하는지 다시 한번 생각해서 이것을 늘 의식하며 논의하고 공유해야 합니다. 그렇게 해야 사업과 브랜드의 표현, 경기 자세 등으로 이어진다고 생각합니다. 앞으로 또 모두 함께 "B.리그 2.0", "경계를 깨부수기 2.0"에 대해 새롭게 논의하게 되지 않을까요?

**프로 야구의 '야구장의 베이스볼파크화'와 같은 대응을 생각합니까?**

가장 큰 접점인 아레나를 중심으로 한 지역과의 연계나 해외에서 브랜드의 잠재 영향력을 높여 비즈니스로 이어나가는 새로운 업무나 모델 구축 등 B.리그가 허브 역할을 맡아 각 클럽을 이끌고 엔진이 되어 농구계 전체의 수준을 끌어올리기 위해서 해야 하는 활동은 아직도 많습니다. 그 속에서 절대로 잊어서도 안 되고 소중히 해야 하는 것은 스포츠는 커뮤니케이션 도구 중 하나에 불과하다는 것입니다. 또한, 농구를 통해서 사람들의 현실적인 커뮤니케이션을 풍요롭게 하고 싶다는 것입니다.

사람과 사람을 이어주고 거리를 좁히며 사이좋은 세상을 만드는 것이 중요합니다. 그것을 비즈니스로 성립시킬 수 있고 관여하는 사람도 행복하게 만들 수 있는 것이 스포츠의 훌륭한 점이라고 생각합니다.

# 정리하기

1 브랜딩 트렌드

2 성공적인 브랜딩을 위한 공통 포인트

3 앞으로의 브랜딩에 관하여

# 1
# 브랜딩 트렌드

◇◇◇◇◇◇◇◇◇◇◇◇◇◇◇◇◇◇◇◇◇◇◇◇

## (1) 10가지 사례를 이해하기 위해 필요한 시점

지금까지 소개한 10가지 기업 사례는 업종(B to B, B to C, B to B to C 등), 계층(기업, 사업, 서비스), 지역(국내 중심, 글로벌 중심), 기업 이해관계자(사내 및 사외로의 내재화 활동 등) 등 저마다 개별 과제를 갖고 있다.

또한, 이 책의 에피소드는 도대체 왜 브랜딩이 필요하다고 생각했는지, 해결이 필요한 과제는 무엇이었는지, 브랜딩을 시작하기까지 사내에서 어떤 대화가 오고 갔으며 합의에 이르렀는지 브랜딩 담당자의 실제 경험을 반영시켜 구성했다. 각 사례를 통해 앞으로 독자가 브랜딩을 검토하며 필요한 프로세스(어떻게 사내를 설득하고 협력자를 늘리며 다른 부서를 끌어들일 것인가 등)를 생각할 때 참고할 수 있을 것이라 생각한다.

여기에서는 10가지 사례를 다시 한번 정리하겠다. 그 과정에서 브랜딩 활동의 공통적인 성과로 이어지는 내용을 유형화하였다.

이를 통해 '전략 & 경험 기반 구축'에서 '경험의 장 제공'에 이르는 각각의 점으로 이루어진 활동이 선으로 연결되어 사내외로 내재화시키기 위한 과정을 알 수 있을 것이다. 또 그 과정이야말로 일관성이 있고 매력적이며 공감을 부르는 차별 우위성을 가진 브랜드 확립의 요점이라고 할 수 있다.

### (2) 글로벌 시장에서 본 일본 기업의 브랜딩

10가지 사례의 브랜딩 활동을 좀 더 깊이 이해하기 위해서 먼저 기업을 둘러싼 비즈니스 환경의 변화를 이해해야 한다. 또한, 브랜드 전략이라는 시점에서 대부분의 기업에서 볼 수 있는 공통된 경향을 글로벌 평가와 함께 다루며 살펴보겠다.

현재 일본 기업을 둘러싼 비즈니스 환경은 글로벌화의 가속, 저출산화와 지방 산업 쇠퇴 등으로 크게 변화하고 있다. 그 결과 많은 기업들이 더 큰 성장이 예상되는 해외 시장으로 미래의 가능성을 찾아서 적극적으로 도전하고 있다.

그런데 경쟁상대인 해외 기업과 비교할 때 일본 기업은 브랜드로서의 존재감을 충분히 발휘하고 있을까?

안타깝지만 대답은 'NO'라는 것이 우리의 견해다. 아직도 장인 정신에 의지하는 기술력을 지키고 유지하는 것이 가장 좋은 경쟁 우위라고 생각해서 그 기능을 전면에 내세워 어필하는 전략을 고집하는 기업이 수두룩하다. 여전히 기업 측의 논리나 유통 체제의 생각에 따른 서비스, 상품 개발이 이뤄지고 있다. 이 경향은 업종, 사업 규모, 거쳐 온 역사와 상관없이 일본 기업 고유의 특징이다. 전쟁 후 부흥에서 깜짝 놀랄 만큼 빠른 속도로 경제 성장을 이뤘고, 그 결과 'Japan as Number One'으로 평가받아서 세계의 본보기가 된 과거의 성공 경험이 변화의 흐름에 뛰어드는 것을 주저하게 만들지도 모른다.

우리 회사가 2000년부터 해마다 발표하는 베스트 글로벌 브랜드 순위에서 나라별로 순위에 오른 브랜드를 보면 톱100을 차지하는 일본 브랜드 수는 3위(8개사, 2018년도)로 미국, 독일의 뒤를 잇는 톱3 수준을 유지하고 있지만, 이 숫자는 순위를 만든 당초부터 큰 변화가 없다. 한편 한국, 중국 등 동아시아에서는 새로 순위에 오르는 브랜드가 늘어나면서 전 세계적으로 존재감을 착실히 높이고 있다.

또한, 다른 시점에서도 일본 기업이 보유하는 브랜드의 가치를 생각해 보고 싶다. 앞에서 설명한 브랜드 순위에서 평가되는 브랜드의 가치는 금액으로 환산할 수 있는 경제적 가치다. 하지만 문화적 가치의 시점으로 봐도 일본은 그 실력에 비해 세계에서 브랜드 파워를 충분히 어필하지 못하는 것이 아닐까?

외국인 여행객이 일본을 방문하는 목적은 당초 일본 제품을 싹쓸이해 쇼핑하는 등의 이유가 컸는데, 다시 일본을 찾는 큰 이유는 역사, 전통을 경험하는 것이나 음식, 패션, 오락 등의 문화적 가치를 경험하는 '고토 소비(사용 가치를 중시하는 경험 소비)'가 중심을 이룬다.

어디까지나 관광이라는 한정된 측면이기는 하지만 일본을 방문하는 여행객이 일본에서 찾은 매력은 대부분 그들 스스로가 발견한 것이다. 외부의 시선으로 보면 일본은 우리가 생각하는 것보다 더 많은 매력이 넘치는 경험을 제공할 수 있는 나라다. 그런데도 내향적인 시점에서 벗어나지 못하고 자신이 보유한 브랜드의 문화적 가치도 간과하고 있다고 할 수 있다.

이런 경향은 기업 브랜딩 활동에서도 마찬가지다. 대부분의 기업에서는 창업 때부터 소중하게 생각한 기업 이념, 오랫동안 길러온 기업 풍토 등 그 기업이나 제품의 성장을 뒷받침해 온 브랜드의 기반을 갖고 있다. 그렇지만 사외는 물론 사내에서도 그 매력을 충분히 내재화하지 못하는 사례가 많다. 자신의 브랜드 가치를 모르는 것이다.

다음 장의 그림에서 볼 수 있듯이 일본에는 장수 기업이 많다. 그 요인을 해외와 비교해 보면 가족 경영 기업이 많은 것과 비교적 안정적인 시장 환경에서 찾을 수 있다. 또 가장 큰 이유는 인재 육성이나 기술 계승에 따른 사회 공헌을 기업 이념으로 삼는 경향이 있어서 기업과 임직원 사이에 신뢰 관계가 커지고 그 신뢰 관계로 수많은 어려움을 극복하여 기업과 임직원이 가족 같은 특별한 관계로 맺어져 눈에 보이지 않는 연대가 구축된 것에 있다고 할 수 있다. 이것은 사실 매우 중요한 브랜드 가치다.

그러나 그 숫자에 반해서 일본 기업이 유럽이나 미국의 글로벌 기업과 비교해 높은 사회 공헌 의식을 가진 훌륭한 브랜드로 소개되는 경우는 드물다. 하지만 실망할 필요는 없다. 관점을 바꾸면 일본 기업에는 여전히 우리가 모르는 높은 브랜드 파워, 잠재력이 숨어 있다는 증거이기도 하다.



| 창업 200년 이상인 장수 기업 수

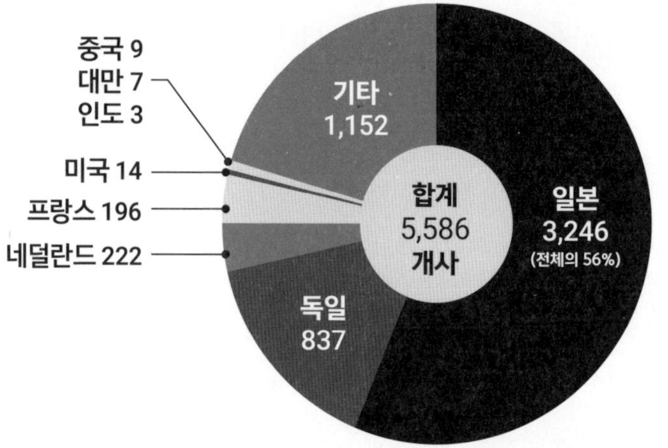


(한국중앙은행 2008년 보고서를 토대로 작성)

### (3) 글로벌화 속에서 살아남기 위해 필요한 것

우리는 기업이 세계적으로 비즈니스 성장을 이루려면 여태껏 가장 중요하게 생각해 온 기술력, 서비스나 제품 자체의 눈에 보이는 차별 우위성을 연마할 뿐만 아니라 '브랜드'로서의 존재 가치를 구축하는 것에 비결이 있다고 생각한다.

세계적으로 브랜드를 성장시키기 위한 첫 단계는 다른 문화나 가치관을 지닌 고객이 그 사업, 서비스, 상품을 사용하고 소유해서 누리는 경험이 어떤 의미를 찾는지 아는 것에 있다. 브랜드는 결코 저절로 생기거나 성장하지 않는다. 전 세계에서 좋은 평가를 얻는 브랜드는 모두 브랜드를 키우는 노력을 아끼지 않고 계속 투자했을 것이다.

브랜드의 육성은 전략 책정부터 크리에이티브 표현까지 통합적으로 구성되어서 유기적으로 각각의 활동이 이어지고 전개되어야 비로소 가능해진다. 지금이야말로 자신들의 브랜드를 육성하는 방법론을 확립해야 한다.

글로벌 브랜드를 만들기 위해서 중요한 점은 무엇인가? 그중에서 일본 기업에게 부족한 것은 무엇인가?

다음 항목에서는 기업의 브랜드 육성에 대한 과제에 주목하여 깊이 생각해 보겠다.

# 2
# 성공적인 브랜딩을 위한 공통 포인트

◇◇◇◇◇◇◇◇◇◇◇◇◇◇◇◇◇◇◇◇◇◇◇◇

## (1) 과제에 대한 고찰 포인트



인터브랜드가 브랜딩을 지원하는 클라이언트는 국적, 업종 모두 다양하게 나뉘는데 일본 계열 기업과 접할 기회가 많은 인터브랜드 재팬의 경험을 돌이켜 보면 브랜딩이 실패하는 사례에는 공통점이 있다는 사실을 알 수 있다.

'우리 브랜드가 시장에서 얼마나 강점을 발휘하는지 검증하고 싶다'라는 과제가 상담의 출발점이라는 점이다. 이런 생각은 이미 브랜딩이 진행 중이고 그 브랜드가 고객에게 실체화했다는 자기 인식에서 비롯된다. 실제로 우리가 상담 의뢰를 받는 기업의 대다수가 이미 브랜딩의 중요성을 깨달아서 브랜드가 경영과 직결되는 것, 브랜드의 '이론'을 이미 지식으로 보유하는 사람들이 많다.

의뢰를 받고 우리가 사내외를 대상으로 한 브랜드 조사와 검증 분석을 실시하면 클라이언트의 기대와 다른 결과가 나오는 경우도 꽤 많다. 그런 경우 거의 90퍼센트가 넘는 기업이 활동의 리뷰와 재검토에 착수한다. 그 활동의 접근 방식과 수법은 업종이나 표출되는 과제에 따라 다양하기는 하지만 예를 들어 광고 활동을 포함한 마케팅 활동이나 인사부가 이끄는 사내 활동 등 어떤 사업 활동에 결부되어 PDCA를 기능하게 한다. 이 부분의 원동력은 회사만의 반사 신경을 갖고 실행하는 힘을 가진 기업이 많다.

그러나 거기서 도출되는 '브랜드 과제 개선 사항의 현장 활동에 대한 반영' 단계에 들어서면 이야기는 달라진다.

대부분의 경우 어디까지나 자기 기업의 시스템, 풍토, 사고방식의 좁은 틀 안에서 나온 발상이나 수단일 뿐이며 기껏 사외로 시선을 돌렸다고 해도 동종 회사의 모범 경영을 벤치마킹하려고 하는 범위를 벗어나지 않는다. 또한, 사외 정보를 얻고 싶어도 한계가 있어서 자사 발상의 시점에서 효과가 발휘되는지 알 수 없는 수단을 반복 실행하여 그 후에도 계속 똑같은 과제에 휩쓸리게 된다. 이른바 '같은 장소를 정기적으로 온 힘을 다해 끊임없이 제자리걸음하는' 비효율적인 상황에 빠진다. 결과적으로 용기를 갖고 자사의 브랜딩 활동에 임했는데도 최근 단기 사업 실적의 회복을 위한 단발적인 만회 활동에 예산과 인적 자원도 바꿔야 하는 사태가 벌어진다. 브랜딩 활동 자체가 축소되어 계속해 왔다고 해도 어중간한 규모와 내용에서 벗어나지 못해 브랜드 파워가 한층 더 저하되고 만다는 악순환에 빠지는 기업도 존재한다. 그런 사례를 접하면 우리도 답답해질 때가 많다.

위의 고찰에서 일본 계열 기업이 실패하는 브랜딩 활동의 공통적인 특성은 다음과 같이 한정할 수 있다.

(1) 브랜딩 활동 이론에 대한 깨달음과 중요성의 인식이 향상되고 있으며 본보기와 같은 초기 활동에 전개하는 기동력이 강하다.

(2) 한편 그 활동을 반영하는 발상이나 수법(=활성화)이 자사 시점의 틀을 벗어나지 못해서 강한 기반으로 뿌리내리게 할 수 없다.

(3) 그 결과 계속적인 활동으로 구조화, 체질화할 수 없다.



위의 세 가지 가설이 일본 계열 기업의 글로벌 수준에 대한 경쟁력 향상을 저해하는 요인이 되었다. 그렇다면 앞에서 소개한 10개 기업의 사례 중에서 이런 고찰 포인트에 대한 힌트를 도출할 수 없을까? 간략하게 설명해 보겠다.

### (2) 10가지 사례를 통해 배우는 성공 포인트: 요점 리뷰

앞에서 소개한 10가지 기업의 사례를 읽은 사람은 각 회사의 사례에 대한 설명을 보며 '이 기업의 이 활동은 우리 회사에서 대응하는 것과 비슷하다, 몇 년 전에 대응한 적이 있다'라고 느꼈을지 모른다. 하지만 아직 '점' 상태에 멈춰 있지 않은가? 여기에서는 각 '점'을 '선'으로 이어 나가는, 즉 '체계화'라는 시점에서 되돌아보겠다.

## ① 산토리 홀딩스

| | |
|---|---|
| 1. 목적 | • 그룹 전체의 글로벌 성장을 위한 일체감 형성, 글로벌 내 시너지 효과 강화 |
| 2. 도전 | • 과반수를 구성하는 해외 임직원을 포함하여 공통의 일관된 생각을 구축해 내재화하는가 |
| 3. 주요 대응 사항 | • 이념 체계의 재정리, 규정화<br>• 브랜드 관리 체제 개편<br>• 글로벌 수준의 사내 내재화 활동 |
| 4. 성과 | • 해외 임직원의 브랜드 내재화 활성화: 사내 내재화 활동의 일환이었던 사내 어워드의 해외지사 응모가 3년 만에 두 배로 증가<br>• 임직원 참여 증가: '산토리에서 일하는 것을 자랑스럽게 생각한다'라는 생각이 해외 그룹 회사의 매니지먼트 급에서 90퍼센트 이상<br>• 산토리 이념이 결실을 맺은 글로벌 히트 상품 개발 |
| 5. 활동상 특징 | • 브랜드의 '약속'을 설정: '물과 함께 살아간다'라는 단순하면서 힘 있는 콘셉트를 그룹의 약속으로 규정. 신중한 대화를 거듭해서 해외 임직원의 이해와 공감을 이끌어내는 사내 내재화 활동을 전개<br>• 해외 그룹 회사와의 공유/끌어들이기: 브랜드의 세계관, 언어/시각 면의 생각을 언어화하여 다양한 애플리케이션을 활용해 일본 및 해외의 임직원 2만 1,000명에게 배포. 각종 워크숍 개최 등 전 세계적으로 사내 내재화 활동 전개 |

## ② 다이와 하우스 공업

| | |
|---|---|
| 1. 목적 | • 다각화한 사업 브랜드를 하나로 만들어 장기적인 성장으로 이어지는 그룹 브랜드 구축 |
| 2. 도전 | • 대규모 그룹 전체를 어떻게 해서 브랜드 중심으로 결속할 것인가 |
| 3. 주요 대응 사항 | • 그룹 브랜드의 아이덴티티, 브랜드 심벌, 브랜드 체계 책정<br>• 내재화 활동/브랜드 가이드라인 책정<br>• 사내/사외 커뮤니케이션 실시 |
| 4. 성과 | • 그룹 심벌 도입 이후의 연결 매출액 4배: 그룹 회사(자회사/관련 회사)가 성장해서 매출액이 상승<br>• 임직원 참여 증가: 풀뿌리 같은 내재화 활동으로 그룹 임직원의 95퍼센트가 브랜드 로고에 대한 애착 형성 |
| 5. 활동상 특징 | • 경영층의 강력한 리더십: 기업 브랜드 위원회의 그룹 전체와 장기 시점에서의 지속적인 브랜딩을 실천<br>• 시대 변화 반영: 시대의 변화와 근원을 모두 고려한 심벌/가이드라인 개발<br>• 접점을 통한 전략적 노출: 브랜드 이미지 창출에 효과적인 접점을 선발, 또한 그룹 전체/개별 사업 서비스를 각각 의도적으로 누출하는 방침을 바꿔서 효과적인 브랜드 가치 축적을 실현 |

### ③ 잇푸도

| | |
|---|---|
| 1. 목적 | • 라멘을 일본 식문화로 전 세계에 전개해서 비즈니스 성장을 실현 |
| 2. 도전 | • 라멘이라는 일본 특유의 지역색이 강한 식문화를 통해서 어떻게 글로벌 수준의 성공을 거둘 수 있는가 |
| 3. 주요 대응 사항 | • 브랜드 아이덴티티, 브랜드 로고의 명확화<br>• 외부 협업의 최대화 |
| 4. 성과 | • 30주년 이벤트는 SNS를 중심으로 화제를 불러 광고 환산 대비 3억 7천만 엔의 매체 효과를 창출<br>• 외부 협업의 적극 활용을 통한 브랜드 인지, 이미지 확보 |
| 5. 활동상 특징 | • 상품을 뛰어넘은 브랜드 콘셉트 설정: '일본 문화=JAPANESE WONDER', '상식을 파괴한다'라는 광범위하고 명확한 콘셉트를 내걸어서 상품을 뛰어넘어 협업 자세 자체를 브랜드화<br>• 다양한 협업 실천: 브랜드 아이덴티티를 근거로 업종, 장르를 뛰어넘은 다양한 글로벌 협업 기획 실현 |

④ 요코가와 전기

| | |
|---|---|
| 1. 목적 | • 세계에서 경쟁력을 갖춘 기업 브랜딩 실시 |
| 2. 도전 | • 본사/글로벌과 양극화하는 상황에서 어떻게 현지를 끌어들여 현지 사업 활동의 능동적인 반영으로 이어나갈 것인가 |
| 3. 주요 대응 사항 | • 기업 브랜드의 아이덴티티, 사업 브랜드 체계 등의 책정<br>• 브랜드 가이드라인 개발<br>• 글로벌 수준의 사내 내재화 활동 |
| 4. 성과 | • 폭넓은 글로벌 임직원의 브랜드 내재화 달성: 임직원의 기업 브랜드 슬로건 인지도 약 100퍼센트, 늘 의식해서 일하는 비율 50퍼센트 이상 달성<br>• 인지도 확보: 기존 고객의 기업 브랜드 슬로건 인지도 약 50퍼센트 달성 |
| 5. 활동상 특징 | • 경영 전략과 연결한 활동: 장기 경영 구상, 창립 100주년과 연결한 브랜딩을 실천. 현장까지 브랜드 내재화가 이루어지는 추진 체제 구축<br>• 로컬, 글로벌과의 양방향 전개: 본사에서 해외 로컬로의 톱다운 형 접근이 아니라 가이드라인 실시에 대해서도 해외 담당자와의 설명회를 신경 써서 실시하는 등 양방향 접근 방식의 현장 전개 |

### ⑤ 카야노야

| | |
|---|---|
| 1. 목적 | • 브랜드 제공 가치를 재확인하고 사내외 활동으로 전개 |
| 2. 도전 | • 어떻게 임직원 개개인이 상품 만들기, 점포 밖 활동으로 제공 가치를 실현하고 구현화할 수 있는가? |
| 3. 주요 대응 사항 | • 브랜드 제공 가치의 명확화<br>• 고객에 대한 경험 제공으로 이어지는 브랜드 표현 지침 책정<br>• 사내 워크숍을 통한 내재화 활동 |
| 4. 성과 | • 브랜드를 강화하며 착실히 점포 수를 확대<br>• 임직원 개개인의 행동에 반영: 인사부의 연수 프로그램에도 편성되는 등 모든 임직원이 확고하게 판단, 행동할 수 있는 기반 정비 실현 |
| 5. 활동상 특징 | • 기능, 정서적 가치의 정리를 포함한 제공 가치의 가시화: 기능적 가치뿐만 아니라 정서적 가치도 포함한 양쪽을 정리, 정의해서 브랜드의 세계관을 감각적으로도 받아들일 수 있는 수준으로 언어화<br>• 현장 임직원을 주축으로 한 사내 내재화 활동: 상품, 점포 앞, 고객 응대 수준에서 실현할 수 있는 것을 목적으로 하며 사내 내재화 활동의 경우에는 현장의 점장을 포함한 워크숍을 포함시키는 등 고객에게 가장 가까운 임직원을 끌어들이는 접근 방식으로 실천 |

### ⑥ 파나소닉

| | |
|---|---|
| 1. 목적 | • 사업 구조 전환을 위한 글로벌 브랜딩 |
| 2. 도전 | • B to C에서 B to B로, 토털 솔루션 제공 기업으로서의 사업 구조 전환을 어떻게 실현할 것인가 |
| 3. 주요 대응 사항 | • 브랜드 체계 변경<br>• 목표로 하는 사업 영역의 가시화<br>• 어필 브랜드 자산의 개발 및 광고 활동 |
| 4. 성과 | • B to B 브랜드 인상 강화: B to B 솔루션 사업의 이미지를 개선. '혁신적', '진보적', '기술적'인 브랜드 인상 강화<br>• 구매 의향 상승: 새로운 브랜드 자산 접촉자 70퍼센트의 구매 의욕이 상승, 유럽 전시회 부스에 방문한 사람도 대폭 증가 |
| 5. 활동상 특징 | • 주력 사업 영역과 맞춘 체계의 재검토: 전략상 주력 사업 영역을 구조적으로 브랜드 체계와 함께 정리하여 사내에서 가시화하는 것을 사업 활동 전개의 기점으로 설정<br>• 분석을 근거로 하는 접점 선발과 브랜드 광고 어필 자산 재검토: 과제 시장이었던 유럽 시장의 접점 특성을 분석해서 매체, 접근법을 집약, 브랜드 광고 어필 자산을 정리한 뒤 전략적이며 효율적으로 인상 강화 실행 |

## ⑦ 반다이 남코 엔터테인먼트

| | |
|---|---|
| 1. 목적 | • 비즈니스 성장, 사업 영역 확대를 위한 새로운 목표로 브랜드 아이덴티티의 책정과 실천 |
| 2. 도전 | • 다른 두 문화의 회사를 어떻게 하나로 묶어서 성장을 이끄는 새로운 기업 문화를 구축할 것인가 |
| 3. 주요 대응 사항 | • 새로운 기업 이념/행동 지침/밸류 책정<br>• 사내 내재화 활동/이벤트 실시<br>• 기업 이념, 코어 밸류를 실제 서비스, 사업에 반영 |
| 4. 성과 | • 사내 내재화 활동의 성공: 임직원 참가율 70퍼센트로 사내 내재화 활동을 계속 실시하여 다른 문화를 지닌 사업 회사끼리 강한 팀워크를 형성. 새로운 기업 이념 아래 반석이 되는 약속 구축<br>• 대응하는 상징, 롤 모델 탄생: 사내 콘테스트 참가자가 신규 사업에서 사장 취임. 브랜딩 과정을 거친 비즈니스 리더십 구현 |
| 5. 활동상 특징 | • 초기 단계에서 젊은 사원 끌어들이기<br>• 기업 이념과 사내 내재화 활동과의 연동<br>• 브랜딩을 통한 젊은 리더십 발굴<br>• 새로운 브랜드를 구현하는 사업과의 연동 |

## ⑧ 마쓰모토키요시 홀딩스

| | |
|---|---|
| 1. 목적 | • '마쓰키요다움'의 재설정과 상품, 점포 앞 전개 실현 |
| 2. 도전 | • 어떻게 '마쓰키요다움'을 상품과 점포 앞 등 고객의 경험 수준에 반영시켜 실천할 것인가 |
| 3. 주요 대응 사항 | • '마쓰키요다움'의 재설정<br>• 브랜드 체계 정리<br>• 점포 앞 경험을 의식한 세계관, 브랜드 디자인 책정<br>• 브랜드 내재화를 위한 사내 내재화 활동 |
| 4. 성과 | • 매출 포트폴리오 변화: 자사 PB의 매출 규모가 3년 만에 약 130퍼센트 성장<br>• 상품 디자인의 높은 평가 확보: 해외, 일본의 디자인상에서 7관왕 달성 |
| 5. 활동상 특징 | • 계승해야 할 자산의 명확화: 창업자의 생각, DNA를 조사해서 계승해야 할 브랜드 자산으로 '마쓰키요다움'을 명확화<br>• 기업/상품 브랜드 관계성의 명확화: 기업/상품 브랜드 관계성을 정리하고 디자인 리뉴얼과 사내 내재화 활동 등을 실시<br>• 현장 임직원을 끌어들이는 내재화 활동: 점포 앞 최전선에서 활동하는 임직원을 끌어들여 신입 연수와 점장 회의 등 다양한 자리에서 브랜드 내재화 활동에 대응하고 지속적으로 실시 |

## ⑨ 야마하 모터

| | |
|---|---|
| 1. 목적 | • 글로벌 성장의 가속화와 브랜드 가치 향상 |
| 2. 도전 | • 어떻게 본사 주도로 글로벌 브랜딩을 효과적으로 실현할 것인가 |
| 3. 주요 대응 사항 | • '야마하다움'의 언어화<br>• 브랜딩 활동의 KPI화<br>• 글로벌 수준의 사내 내재화 활동 실시 |
| 4. 성과 | • 중기 경영 계획의 공통 언어화: 차기 중기 경영 계획에 브랜드를 반영시켜서 각 부서가 공통 축으로 전략을 도모하는 구조를 구축<br>• 성과의 가시화, 공유화 구조 구축: 내재화 활동이 일회성으로 끝나지 않도록 활동성과를 수치화 모니터링해서 각 거점이 능동적으로 대응하는 자세의 형성<br>• 야마하의 브랜드 가치 향상(Best Japan Brands 2015년→2019년 +63%) |
| 5. 활동상 특징 | • 지속적인 관측을 감안한 구조 만들기: 광범위한 글로벌 수준의 브랜딩 활동이 지속되도록 활동 자체에 공통 지표를 마련하여 추적할 수 있는 시스템을 책정<br>• 글로벌 임직원의 능동적 참여: 본사와 각 거점, 거점 내 임직원끼리의 커뮤니케이션이 활발해지도록 자기 업무화로 이어지는 내재화 활동을 계획, 실시<br>• 경영에서의 브랜드 공통 언어화: 차기 경영 계획에 포함하여 모든 부서의 횡적 연계를 브랜드 중심으로 공통화 |

⑩ B.리그

| | |
|---|---|
| 1. 목적 | • 젊은 세대, 여성층에 대한 브랜드를 확립해서 프로 리그로 확고한 사업 기반의 구축 |
| 2. 도전 | • 스폰서 수입에 의존해 온 비즈니스모델에서 전환하여 어떻게 고객을 확보하여 확고한 사업 기반을 구축할 것인가 |
| 3. 주요 대응 사항 | • 브랜드 콘셉트 쇄신<br>• 표현 지침 책정<br>• 접점 전략 책정<br>• 현실과 디지털을 연결하는 양방향 마케팅 전략 실행 |
| 4. 성과 | • 연간 방문자 수는 2년 연속으로 두 자리 비율 증가, 250만 명 돌파. 영업 수입도 첫해 대비 30퍼센트 증가, 194.9억 엔 달성<br>• SNS 팔로워 수는 첫해 대비 10배 이상 늘어난 460만 명 돌파 |
| 5. 활동상 특징 | · 기존의 비즈니스모델에서의 전환: 스폰서 수입에 의존한 비즈니스모델에서 벗어나 브랜드로 수익을 올려 지속적으로 성장할 수 있는 전략으로 전환/실천<br>· 분석을 근거로 하는 접점 전략 실천: 대상 동선을 의식한 치밀한 분석을 근거로 접점, 매체를 선발, 디지털을 구사한 양방향 전달 실시 |

### (3) 브랜드 대응 방법의 다섯 가지 포인트

10가지 브랜드의 대응 방법을 체계화하면 다음의 다섯 가지로 집약할 수 있다.

**포인트 1: 사업 과제(전략)와 직결된 명확한 목적 설정**

브랜딩의 단서가 되는 배경, 목적이 모호하지 않고 자사가 직면하는 경영 과제와 변화하는 사업 환경에 대한 대응의 필요성 등이 명확히 설정되어 있다.

**포인트 2: 사람 중심으로 판단하지 않는 규칙 설정**

대응 활동 자체는 방법에 공통성은 있어도 각 회사의 독자적인 사업 활동 스타일, 직면한 사내외 과제를 추가한 후에 설계한 추진, 운영 방법을 취한다.

**포인트 3: 현장 임직원까지 끌어들이는 브랜드 내재화**

활동에서는 브랜드가 고객 접점에서 착실히 반영되는 것에 주목해서 현장 임직원 등을 포함한 여러 기업 이해관계자를 끌어들인 개방적이며 지속적인 내재화 활동을 통해 자기 업무화를 의식한다.

**포인트 4: 시장 접점에서의 브랜드 구현화**

시장 트렌드는 물론 브랜드 대상을 근거로 하는 사전 분석을 고려한 뒤에 매체를 선발해서 모두 다 골고루가 아니라 전략적이며 효과적인 브랜드 전개를 실현한다.

**포인트 5: 활동성과의 정량적 가시화**

브랜딩이 사업 전략의 일환으로 간주되기 때문에 비즈니스 영향력과 직결되는 정량적 결과 지표가 설정되어 있다.

이 다섯 가지 포인트를 브랜드가 시장에서 구현화되기까지의 과정과 연속성 속에서 체계적인 방법에 주목한 시점에서 정리해 보겠다.



### (4) 포인트의 체계적 정리

먼저 이 포인트는 세 가지로 크게 구분할 수 있다.

**① 포인트 1+포인트 2 – 전략 & 경험 기반 구축**

회사 전체에 공통되는 특성은 브랜딩의 목표가 명확하다는 점이다. 도래하는 사업 환경의 변화와 현재 직면하는 과제에 연결시키는 형태로 명확한 브랜드 콘셉트를 설정한 것을 알 수 있다. 또한, 브랜드 전략이 현장에서 실행될 때 사람 중심으로 판단하는 상태에 빠지지 않도록 중장기적으로 '체질화하는' 것을 의식했음을 엿볼 수 있다. 구체적으로 언어적, 시각적으로 규정화하는 것, 또 병행해서 브랜드 체계를 구조적으로 정리하는 시도에 착수하는 기업도 많고 구조화와 체질화의 정리를 브랜딩 초기 단계에 착수하는 것도 주목해야 할 점이다.

**② 포인트 3+포인트 4 – 경험 제공**

전략 및 체계 기반 정리에 이어 고객 접점에서의 브랜드 활성화에서도 전략적인 시도를 취한 사실을 알 수 있다. 가장 공통적인 점은 접점에서 브랜드를 전개할 때 절대로 골고루 전개하지 않도록 브랜드 대상을 의식해서 분석한 뒤에 매체도 제한해 브랜드를 전달하는 점이다.

고객의 접점은 디지털을 중심으로 매우 빠른 속도로 변화하고 있다. 한편 그런 일반적인 흐름을 받아들인 뒤 자사의 브랜드 대상 접점 동선으로 끌어와서 가장 큰 효과를 발휘하는 접점은 어디인지를 실천하기 전에 분석, 선발하여 이를 중심으로 시도해서 영향력을 최대화한 것을 알 수 있다. 이런 '실천 전의 계획화'라는 점도 공통적인 경향으로 이해할 수 있다.

**③ 포인트 5 – 효과 검증**

이 단계까지 착수한 기업은 글로벌화로 전략을 전환하려고 하는 경향이 있다. 본사와의 거리가 가까운 해외 판매 회사 구석구석까지 철저한 브랜딩을 의식한 대응일수록 활동에 정량적인 지표를 마련해서 그 후의 지속적인 활동을 이끄는 요인으로 기능하게 하려는 점이 특징이다.

이처럼 앞에서 말한 '브랜드가 유기적으로 시장 전개되는 과정'에서 체계적으로 정리한 것이 아래의 그림이다.

일정한 성과를 올린 기업에서 익힌 것을 형식적으로 지식화한 과정으로 가정하면 거기에서 성공하는 브랜딩의 커다란 힌트를 찾아낼 수 있지 않을까?

우리가 날마다 클라이언트와 함께 임하는 브랜딩은 대부분의 경우 이 그림의 과정 중 하나에 해당한다. 하지만 과연 이러한 전체상을 바라보고 철저히 대응할 수 있을까? 온갖 사정이 있어서 매우 적을 것으로 예상된다.

브랜드는 사업 성장을 이끈다고 주장하는 우리에게도 이 전체를 포함한 정리는 다시 한번 큰 깨달음을 주는 포인트였다.

| 다섯 가지 포인트의 과정화

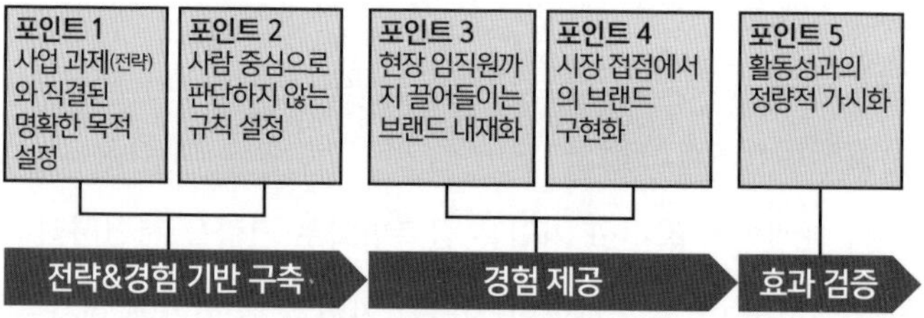

# 3
# 앞으로의 브랜딩에 관하여

◇◇◇◇◇◇◇◇◇◇◇◇◇◇◇◇◇◇◇◇◇◇

## (1) 강력한 글로벌 브랜드 육성의 필요성

인터브랜드 재팬은 1983년 사무소를 설립한 이후 기업의 경쟁 우위를 확립할 수 있는 브랜드 전략 소개와 계발 활동, 개별 컨설팅 업무를 통해 수많은 클라이언트의 브랜딩을 지원해 왔다. 그 역사는 버블 경제와 리먼 쇼크, 동일본대지진 등 일본 경제 전체의 큰 부침을 겪으며 브랜드가 비즈니스의 중요한 자산으로서 매니지먼트 대상으로 진화하게 된 과정과 겹친다.

요즘 브랜드를 둘러싼 환경은 크게 달라졌고 이를 따르듯이 대부분의 브랜드도 진화하고 있다. 상품 제조 능력을 기반으로 큰 경쟁 우위를 만들어 내서 비즈니스를 확대할 수 있다는 기존의 방정식이 시장의 성숙화와 테크놀로지의 진화로 성립되지 않게 되었기 때문이다. 유럽과 미국을 중심으로 한 기업은 이런 환경의 변화에 대해 브랜드를 경쟁 회사와의 차별화 수단으로 삼아 적극적으로 활용해서 시장에서의 우위는 위치를 확보하는 동시에 높은 수익성을 얻고 있다. 그러나 현재 일본 브랜드는 이 변화에 충분히 대응하지 못한다고 할 수 있다. 한층 더 성장하려면 상품 제조 능력을 혁신과 연결하고 브랜딩이라는 방법을 구사해서 지속적으로 성장하는 것이 중요하지 않을까? 그 말은 즉, 전 세계의 훌륭한 기업도 능가하는 '강력한 글로벌 브랜드'의 육성을 의미한다.

비즈니스의 지속적인 성장에 브랜드가 어떻게 효과를 발휘할까? 그리고 강력한 브랜드를 구축하려면 어떤 브랜딩을 실시해야 할까? 그 힌트를 일본에서 브랜딩 활동에 종사하는 사람들에게 제공하고 싶다. 그런 생각에서 우리 인터브랜드 재팬에서는 2018년에 새로운 어워드로 '재팬 브랜딩 어워즈Japan Branding Awards'를 설립했다. 수상 브랜드는 이미 여러 가지 브랜딩을 시도해서 높은 성과를 올린 기업이다. 그 브랜딩 활동에서 얻은 지식은 결코 적지 않을 것이다.

이번 10가지 사례에서 소개한 내용은 제1회 어워즈에서 수상한 브랜드가 대처한 브랜딩 활동이다. 수상한 기업 모두 브랜드로 비즈니스를 성장시키겠다는 큰 목표를 버리지 않고 어느 것 못지않게 훌륭하게 대응했으며 우리도 많은 깨달음과 배움을 얻을 수 있었다. 앞에서 소개한 다섯 가지 포인트는 지속성이 있는 브랜드 향상 구조를 만들기 위해서 매우 중요하다고 생각한다.

| 재팬 브랜딩 어워즈 2018

## (2) 앞으로의 시대에 필요한 브랜딩 대응 방법

앞부분에서는 세계적인 흐름으로서 테크놀로지의 진화에 따른 정보량의 증가, 우리와 우리를 둘러싼 세계의 관계 변화에 대해서 설명했다. 특히 디지털 세계에서는 IoTInternet of Things(사물인터넷, 사물 하나하나가 인터넷과 연결된다는 의미)의 급속한 발전으로 기술 진화와 보급 속도가 비약적으로 빨라져서 기업과 소비자와의 관계성이 크게 달라졌다. 기업이 소비자에게 제품과 서비스를 일방적으로 보내는 것이 아니라 기업과 소비자가 가치를 공동 창조하는 시대다. 우리는 모두 비즈니스에서, 또는 일상생활을 하는 사람으로서 이를 실감하지 않을 수 없다. 소비자와 가치를 공동 창조하는 시대에서는 소비자를 둘러싼 환경이 극적으로 변해가는 이상 그 경쟁 우위는 오래 가지 않는다. 이는 최근 브랜딩 세계에서 모두가 직면한 문제 중 하나다.

가치를 공동 창조하는 시대 속에서 승자가 되려면 사회와 사람들의 생각, 기대를 재빨리 파악해서 새로운 가치관을 제시하고 그 가치에 대해 새롭게 소비자의 기대와 공감을 형성해서 이전까지의 경쟁 환경 중심을 직접 바꿔 나가야 한다. 그것은 구체적으로 어떤 것일까? 다음에 예를 들어 보겠다.

먼저 애플Apple의 사례를 소개하겠다. 2002년에 스티브 잡스가 '애플은 80억 달러를 소매업에 투자한다'고 발표했을 때 사람들은 그가 구체적으로 무엇을 하려고 하는지 이해하지 못했다. 2002년 당시 실제 점포에 투자하는 PC/휴대전화 제조사는 없었기 때문이다. 삼성이 베스트 바이Best Buy나 다른 점포에서 제품을 판매하는 상황에서 스티브 잡스는 소비자와 직접 관계를 맺는 것이 더욱 필요하며 중요하다고 생각했다. 또한, 앞으로 애플의 사업에는 고급스러운 요소도 필요하다고 생각하기도 했다. 이를 위해서는 브랜드가 지향하는 자세를 구체적으로 나타내는 고급스러운 직영점이 필요하다고 생각했다. 이런 소비자와의 관계성을 중심에 두고 용기 있는 결단을 내려서 실천할 수 있는 브랜드야말로 늘 끊임없이 진화할 수 있다.

또 하나 2005년에 인터브랜드가 담당한 GEGeneral Electric(제너럴 일렉트릭)의 사례를 소개하겠다. GE는 비즈니스에서 '환경'의 의미를 '에코매지네이션Ecomagination(친환경적 상상력)'으로 재정의하여 '비즈니스, 소비자, 그리고 환경에 좋은 일을 시작한다'고 발표했다. SDGsSustainable Development Goals(지속 가능한 발전 목표)가 필요한 지금은 매우 일반적인 개념이지만, 15년 전에 그것을 진심으로 추구하는 기업은 거의 없었다. 현재 GE의 에코매지네이션 관련 사업은 300억 달러 규모가 되었는데, 사업 초기에 GE는 1억 달러의 매출을 잃었다. 중요한 것은 그들이 기존 사업의 연장선상에 있는 1억 달러의 고객을 포기하더라도 장래에 대한 비즈니스 구상을 확립해서 300억 달러 규모의 사업을 창조하기에 이르렀다는 점이다.

앞으로는 단순히 고객과 관계를 맺어 요구 충족도를 높이는 것만으로는 부족하다. 지금 고객의 기대, 사회의 기대가 비즈니스의 변화를 웃도는 속도로 변화하고 있기 때문이다. 새롭게 파괴하는 접근 방식으로 비즈니스에 참여하는 대부분의 스타트업 기업은 기존 기업을 훨씬 웃도는 속도로 기존 아이덴티티를 깨뜨리고 매사를 변화시키며 경쟁 격화에 박차를 가하고 있다.

기업이 브랜드 가치를 높이려면 브랜드의 세계관과 차별성을 전하는 것은 물론 고객 경험을 중심으로 한 브랜드의 이상적인 자세를 한층 더 모색해야 한다. 고객의 기대가 변화하는 속도가 기업이 제공할 수 있는 브랜드 경험의 점진적 개선 속도를 크게 웃도는 현재 상태로는 지금까지의 전략이 아니라 고객의 기대를 웃도는 위치를 차지할 만한 커다란 전략적인 대처가 필요하다.

좀 더 전략적으로, 더욱 과감하게. 앞으로 브랜드에 대처할 때의 역점은 특히 이 두 가지가 중요하다는 것을 언급해 두고 싶다.



### (3) 브랜딩 실천의 필수 요소

마지막으로 브랜딩을 성공시키기 위해서 필수적이라고 할 수도 있는 중요한 포인트가 있다. 지속성과 그것을 끝까지 해내는 열정이다.

브랜드는 고객의 머릿속에서 만들어지는 것이며 그 브랜드를 만들어 내는 활동 자체도 처음부터 정답이 있는 것은 아니다. 일일이 모색하고 끝까지 생각해서 고민하며 실천하는 것이다. 이 책을 집필하며 각 회사의 브랜딩 담당자에게 이야기를 듣는 동안 새삼 느꼈다. 또 모두 한결같이 브랜딩에 대한 대응을 단발적으로 끝내는 것이 아니라 그 여세를 계속 유지하는 것이 어렵다고 말했다. 내재화 활동의 성과는 하루아침에 나타나는 것이 아니다. 하지만 지속시키면 착실히 사내에 변화의 징조가 나타나고 그 변화는 더 큰 파도가 되어 기업 자체의 변혁으로 이어진다. 이를 위해서는 브랜딩을 시작한 당초의 열정을 잃지 말고 활동을 꾸준히 해 나가는 것이 중요하다. 이 책이 조금이라도 더 많은 독자의 브랜딩 실천에 유용한 재료가 되기를 바란다.

**| 편집자 소개 |**

**나미키 마사히토(並木将仁, Namiki Masahito)**

주식회사 인터브랜드 재팬 대표이사 사장 겸 CEO.

전략 컨설팅펌에서 기업 전략, 사업 전략, 브랜드 마케팅, 디지털, M&A 등에 관한 컨설팅을 중심으로 기업의 성장을 포괄적으로 지원했다. 특히 옴니채널omni-channel & 디지털 시대의 고객 경험 향상을 통한 브랜딩을 강점으로 한 여러 가지 컨설팅 서비스를 실시했다. 그 후 2015년에 인터브랜드에 참가하여 브랜드 가치를 향상시키는 데 중점을 두고 클라이언트 지원을 실천하고 있다.

(이하 주식회사 인터브랜드 재팬)

**미쓰하타 쇼지**
(光畑彰二, Mitsuhata shoji)
Chief Marketing Officer

〈클라이언트 서비스 & 솔루션 그룹〉

**나카무라 마사미치**
(中村正道, Nakamura Masamichi)
Executive Director

**구로키 히데아키**
(黒木英明, Kuroki Hideaki)
Senior Director

**우에노 신지**
(上野真嗣, Ueno Shinji)
Senior Director

**히로이 유고**
(広井勇吾, Hiroi Yuugo)
Senior Director

**야마무로 모토후미**
(山室元史, Yamamuro Motohumi)
Director

〈전략 그룹〉

**다나카 히데토미**
(田中英富, Tanaka Hidetomi)
Executive Director

**야베 히로유키**
(矢部宏行, Yabe Hiroyuki)
Executive Director

**스스키 아사코**
(薄阿佐子, Susuki Asako)
Executive Director

**하타케야마 히로미쓰**
(畠山寛光, Hatakeyama Hiromitsu)
Executive Director

**사토 노리코**
(佐藤紀子, Sato Noriko)
Senior Director

**마쓰모토 유이치로**
(松本裕一郎, Matsumoto Yuuichiro)
Director

**고마키 이사오**
(小牧功, Komaki Isao)
Director

〈크리에이티브 그룹〉

**미야기 요시히코**
(宮城愛彦, Miyagi Yoshihiko)
Senior Design Director

## | 인터브랜드에 대하여 |

인터브랜드Interbrand는 1974년 영국 런던에 설립된 세계 최대의 브랜딩 전문회사다. 브랜드를 '살아 있는 비즈니스 자산Living business asset'으로 정의하여 항상 고객의 기대를 뛰어넘은 과감한 도전을 해 나가는 브랜드가 성장한다고 생각한다. 전세계 16개 오피스를 거점으로 총체적인 솔루션을 제공해 클라이언트 브랜드와 비즈니스의 성장을 촉진시키는 데 주력하고 있다.

인터브랜드의 '브랜드 가치 평가Brand Valuation™'는 ISO가 세계 최초로 브랜드의 금전적 가치 측정을 통한 세계 표준이다. 이는 ISO에 인정받아 글로벌 브랜드의 가치를 평가한 브랜드 순위인 '베스트 글로벌 브랜드Best Global Brands'를 비롯한 각종 브랜드 가치, 브랜드 강도 분석 리포트를 공표하고 있다.

인터브랜드에서는 첨단 방법을 사용하는 전략 분석팀과 높은 예술성을 보유한 크리에이티브 팀이 한 팀이 되어 프로젝트를 추진한다. 브랜드 가치 평가, 브랜드 전략 구축을 이끄는 전략 컨설턴트, 브랜드 로고 패키지, 공간, 디지털 디자인을 개발하는 디자이너, 네이밍 슬로건, 메시지를 개발하는 카피라이터 등이 소속되어 있어서 브랜드 전략 구상부터 브랜드 경험 개발에 이르는 전반적인 과정을 자사의 리소스로 해결한다.

# 브랜딩의 7가지 원칙

이야기로 배우는 브랜드 성장 전략

**초판 발행일** 2021년 4월 22일
**1판 2쇄** 2023년 11월 8일
**발행처** 유엑스리뷰
**발행인** 현호영
**지은이** 인터브랜드 재팬
**옮긴이** 박재영
**디자인** 임지선
**편 집** 권도연
**주 소** 서울시 마포구 백범로 35, 서강대학교 곤자가홀 1층 경험서재
**팩 스** 070.8224.4322
**등록번호** 제333-2015-000017호
**이메일** uxreviewkorea@gmail.com

**ISBN 979-11-88314-73-7**

**BRANDING NANATSU NO GENSOKU JISSENHEN**